应用型本科高校"十四五"规划经济管理类专业数字化精品教材

NATIONAL TAXATION

国 家 税 收

主　编◎王　薇
副主编◎王　婷
参　编◎江　丽　肖华东　王　琼

华中科技大学出版社
http://press.hust.edu.cn
中国·武汉

内 容 简 介

本书严格遵照我国最新的税收法规与政策(更新至 2023 年 6 月),分九章系统地介绍了我国现行的税法体系,注重帮助学生完善在财税方面的知识结构和能力结构,有利于学生增进对国家税收制度的认识;同时融入课程思政理念,介绍了与社会主义市场经济体制相适应的税收文化,有利于培养学生正确的税收观念,增强学生的税收法定意识、纳税遵从意识、纳税人权利意识,培养家国情怀,从而进一步坚定对中国特色社会主义制度的信念,提升制度自信。

本书可用于财税类专业学生"税法""国家税收""税收制度"等课程的教学,也可用作金融学、国际贸易学、会计学、管理学等专业学生的参考读物,同样可以作为税务工作人员和企业财务管理人员的学习参考书。

图书在版编目(CIP)数据

国家税收/王薇主编. —武汉:华中科技大学出版社,2024.1
ISBN 978-7-5772-0602-8

Ⅰ. ①国… Ⅱ. ①王… Ⅲ. ①国家税收—中国 Ⅳ. ①F812.42

中国国家版本馆 CIP 数据核字(2024)第 022871 号

国家税收
Guojia Shuishou

王 薇 主编

策划编辑:周晓方 宋 焱
责任编辑:黄 军
封面设计:廖亚萍
责任校对:张汇娟
责任监印:周治超

出版发行:华中科技大学出版社(中国·武汉) 电话:(027)81321913
　　　　　武汉市东湖新技术开发区华工科技园 邮编:430223
录　　排:华中科技大学出版社美编室
印　　刷:武汉市籍缘印刷厂
开　　本:787mm×1092mm　1/16
印　　张:20
字　　数:484 千字
版　　次:2024 年 1 月第 1 版第 1 次印刷
定　　价:49.00 元

本书若有印装质量问题,请向出版社营销中心调换
全国免费服务热线:400-6679-118　竭诚为您服务
版权所有　侵权必究

应用型本科高校"十四五"规划经济管理类专业数字化精品教材

编 委 会

顾 问

潘 敏

主任委员

张捍萍

副主任委员

黄其新　　王 超　　汪朝阳

委 员（以姓氏拼音为序）

何 静　李 燕　刘 勋
肖华东　邹 蔚

主编简介

王 薇

女,湖北武汉人。武汉大学经济学学士,香港大学经济学硕士。现任江汉大学商学院金融与国际贸易系金融教研室教师,具有十余年"财政学"与"国家税收"等课程的授课经验和丰富的税务实务操作经验。在财政与税收领域钻研多年,发表多篇学术论文。对会计专业技术资格考试、税务师考试、注册会计师考试的税法科目也有一定的研究,具有较丰富的备考辅导经验。

总 序

在"ABCDE+2I+5G"(人工智能、区块链、云计算、数据科学、边缘计算+互联网和物联网+5G)等新科技的推动下,企业发展的外部环境日益数字化和智能化,企业数字化转型加速推进,互联网、大数据、人工智能与业务深度融合,商业模式、盈利模式的颠覆式创新不断涌现,企业组织平台化、生态化与网络化,行业将被生态覆盖,产品将被场景取代。面对新科技的迅猛发展和商业环境的巨大变化,江汉大学商学院根据江汉大学建设高水平城市大学的定位,大力推进新商科建设,努力建设符合学校办学宗旨的江汉大学新商科学科、教学、教材、管理、思想政治工作人才培养体系。

教材具有育人功能,在人才培养体系中具有十分重要的地位和作用。教育部《关于加快建设高水平本科教育 全面提高人才培养能力的意见》提出,要充分发挥教材的育人功能,加强教材研究,创新教材呈现方式和话语体系,实现理论体系向教材体系转化、教材体系向教学体系转化、教学体系向学生知识体系和价值体系转化,使教材更加体现科学性、前沿性,进一步增强教材的针对性和时效性。教育部《关于深化本科教育教学改革 全面提高人才培养质量的意见》指出,鼓励支持高水平专家学者编写既符合国家需要又体现个人学术专长的高水平教材。《高等学校课程思政建设指导纲要》指出,高校课程思政要落实到课程目标设计、教学大纲修订、教材编审选用、教案课件编写各方面。《深化新时代教育评价改革总体方案》指出,完善教材质量监控和评价机制,实施教材建设国家奖励制度。

为了深入贯彻习近平总书记关于教育的重要论述,认真落实上述文件精神,也为了推进江汉大学新商科人才培养体系建设,江汉大学商学院与华中科技大学出版社开展战略合作,规划编著应用型本科高校"十四五"规划经济管理类数字化精品系列教材。江汉大学商学院组织骨干教师在进行新商科课程体系和教学内容改革的基础上,结合自己的研究成果,分工编著了本套教材。本套教材涵盖大数据管理与应用、工商管理、物流管理、金融学、国际经济与贸易、会计学和旅游管理7个专业的19门核心课程教材,具体包括《大数据概论》《国家税收》《品牌管理:战略、方法与实务》《现代物流管理》《供应链管理理论与案例》《国际贸易实务》《保险学基础与应用》《证券投资学精讲》《成本会计学》《管理会计学:理论、实务与案例》《国际财务管理理论与实务》《大数据时代的会计信息化》《管理会计信息化:架构、运维与整合》《导游业务》《旅游市场营销:项目与方法》《旅游学原理、方法与实训》《调酒项目策划与实践》《茶文化与茶艺:方法与操作》《旅游企业公共关系理论、方法与案例》。

  本套教材的编著力求凸显如下特色与创新之处。第一,针对性和时效性。本套教材配有数字化和立体化的题库、课件PPT、知识活页以及课程期末模拟考试卷等教辅资源,力求实现理论体系向教材体系转化、教材体系向教学体系转化、教学体系向学生知识体系和价值体系转化,使教材更加体现科学性、前沿性,进一步增强教材的针对性和时效性。第二,应用性和实务性。本套教材在介绍基本理论的同时,配有贴近实际的案例和实务训练,突出应用导向和实务特色。第三,融合思政元素和突出育人功能。本套教材为了推进课程思政建设,力求将课程思政元素融入教学内容,突出教材的育人功能。

  本套教材符合城市大学新商科人才培养体系建设对数字化精品教材的需求,将对江汉大学新商科人才培养体系建设起到推动作用,同时可以满足包括城市大学在内的地方高校在新商科建设中对数字化精品教材的需求。

  本套教材是在江汉大学商学院从事教学的骨干教师团队对教学实践和研究成果进行总结的基础上编著的,体现了新商科人才培养体系建设的需要,反映了学科动态和新技术的影响和应用。在本套教材编著过程中,我们参阅了国内外学者的大量研究成果和实践成果,并尽可能在参考文献和版权声明中列出,在此对研究者和实践者表示衷心感谢。

  编著一套教材是一项艰巨的工作,尽管我们付出了很大的努力,但书中难免存在不当和疏漏之处,欢迎读者批评指正,以便在修订、再版时改正。

丛书编委会

2022年3月2日

前 言

"国家税收"属于财政学学科体系的一个分支,研究税收理论、制度、政策和管理,是经济管理类课程体系中一门注重应用的基础课程。开设这门课程,有利于学生增进对国家税收制度的认识,增强税收法治观念,培养家国情怀,进一步坚定对中国特色社会主义制度的信念,提升制度自信。本书在编写过程中,注重帮助学生完善在财税方面的知识结构和能力结构,可以用于财税类专业学生"税法""国家税收""税收制度"等课程的教学,也可用作金融学、国际贸易学、会计学、管理学等专业学生的参考读物,同样可以作为税务工作人员和企业财务管理人员的学习参考书。

本书具有以下特色。

(1)根据最新税收法规编写,精炼重点。本书严格遵照最新的税收法规与政策(更新至2023年6月),包括深化增值税改革的相关政策和提振经济的减税降费政策等。

(2)以学生为本。本书选取了大量具有实践意义的案例,提供了丰富的电子资源和课后习题,既给教师留下了专业化引导的空间,又为学生提供了思考和探究的空间。

(3)注重课程思政。本书在编写的过程中适当介绍了与社会主义市场经济体制相适应的税收文化,有助于培养学生正确的税收观念,增强税收法定意识、纳税遵从意识、纳税人权利意识,能够潜移默化地帮助学生形成正确的价值观。

本书的编写人员为从事"财政学""国家税收"等课程教学工作十余年的专业教师,包括王薇、王婷、江丽、肖华东与王琼。在编写过程中,本书编者参考了相关教材、专著和新闻报道等资料,在此对这些资料的作者表示衷心的感谢!由于编者水平有限,加上国家税收法律法规仍处于不断变迁和完善过程中,本书的错漏和不足之处在所难免,希望读者批评指正。

编　者

2024 年 1 月

目 录

第一章 税收概论 ……………………………………………………………… 1

第一节 税收概述 …………………………………………………………… 3
第二节 税法概述 …………………………………………………………… 7

第二章 增值税 ………………………………………………………………… 17

第一节 增值税的概念与分类 ……………………………………………… 18
第二节 税制要素 …………………………………………………………… 20
第三节 一般计税方法应纳税额的计算 …………………………………… 40
第四节 简易计税方法应纳税额的计算 …………………………………… 51
第五节 进出口环节的税务处理 …………………………………………… 58
第六节 征收管理 …………………………………………………………… 65

第三章 消费税 ………………………………………………………………… 69

第一节 税制要素 …………………………………………………………… 70
第二节 计税依据 …………………………………………………………… 78
第三节 应纳税额的计算 …………………………………………………… 83
第四节 征收管理 …………………………………………………………… 95

第四章 企业所得税 …………………………………………………………… 99

第一节 税制要素 …………………………………………………………… 100
第二节 应纳税所得额 ……………………………………………………… 102
第三节 资产的税务处理 …………………………………………………… 119
第四节 税收优惠 …………………………………………………………… 126
第五节 应纳税额的计算 …………………………………………………… 133
第六节 征收管理 …………………………………………………………… 141

第五章 个人所得税 · · · · · · 149

- 第一节 纳税义务人与征税范围 · · · · · · 150
- 第二节 税率与应纳税所得额的确定 · · · · · · 156
- 第三节 税收优惠 · · · · · · 163
- 第四节 应纳税额的计算 · · · · · · 165
- 第五节 征收管理 · · · · · · 187

第六章 关税和船舶吨税 · · · · · · 192

- 第一节 税制要素 · · · · · · 194
- 第二节 应纳税额的计算 · · · · · · 198
- 第三节 减免规定 · · · · · · 205
- 第四节 征收管理 · · · · · · 207
- 第五节 船舶吨税 · · · · · · 209

第七章 资源类税 · · · · · · 214

- 第一节 资源税 · · · · · · 215
- 第二节 环境保护税 · · · · · · 227
- 第三节 城镇土地使用税 · · · · · · 235
- 第四节 耕地占用税 · · · · · · 240
- 第五节 烟叶税 · · · · · · 245

第八章 行为类税 · · · · · · 248

- 第一节 印花税 · · · · · · 249
- 第二节 契税 · · · · · · 256
- 第三节 土地增值税 · · · · · · 265
- 第四节 车辆购置税 · · · · · · 279
- 第五节 城市维护建设税 · · · · · · 285
- 第六节 教育费附加和地方教育附加 · · · · · · 289

第九章　财产类税 …………………………………………………………… 292

　　第一节　房产税 ……………………………………………………………… 294
　　第二节　车船税 ……………………………………………………………… 299

参考文献 ………………………………………………………………………… 306

第一章　税收概论

◇ **学习目标**

■ **1.知识目标**

(1)掌握税收的含义和分类；
(2)掌握税法的含义和税收制度的要素；
(3)掌握税收的原则；
(4)了解我国税收法律体系。

■ **2.能力目标**

(1)能够理解税收的本质；
(2)能够区分不同税率下相应税额的计算方式；
(3)能够理解不同税种的内容；
(4)能够理解不同分类标准下各种税收的名称；
(5)能够清楚税收主体各方的权利、义务及其相互关系。

■ **3.情感目标**

(1)理解税收立法和执法的区别；
(2)建立税收取之于民、用之于民的认知；
(3)培养遵纪守法、为国纳税的社会责任感。

◇ **学习重难点**

1.税收的含义、分类和原则。
2.税制要素的相关术语：总则、纳税义务人、课税对象、税目、税率、纳税环节、纳税期限、纳税地点、减税免税、罚则、附则等。
3.按课税对象对不同税种进行的分类：流转税、所得税、资源税、行为税、财产税和特定目的税。
4.了解税收法律关系的构成要素，税收法律关系的产生、变更和终止。

本章关键词

税收　税收原则　税法　税制要素　税收法律关系

导入案例

落实税制改革　服务经济发展大局

科学的财税体制是优化资源配置、维护市场统一、促进社会公平、实现国家长治久安的制度保障。党的十八大以来,财税体制改革全面发力、向纵深推进。税务部门认真贯彻落实党中央、国务院决策部署,狠抓税制改革,推动各项改革举措落地,在攻坚克难中不断取得新突破,更好地发挥了税收在国家治理中的基础性、支柱性、保障性作用。

这是一场范围广、程度深、力度强的新一轮税制改革。

2013年党的十八届三中全会通过的《中共中央关于全面深化改革若干重大问题的决定》提出要"落实税收法定原则"。我国税收立法的进程随之明显加快。截至目前,现行18个税种中已有12个完成立法,税种立法工作有序稳妥推进。2022年12月27日,增值税法草案提请全国人大常委会首次审议,税收立法再进一程。

税收立法按下"快进键"的背后,是税制改革在破浪前行。

增值税改革年年深化、步步推进,适应国际潮流、具有中国特色的现代增值税制度基本建立;个人所得税改革分三步平稳落地,历时25年的综合与分类相结合的个人所得税制度成功建立;后移征收环节,稳步下划地方,消费税征收靶向性更强;从全面推行资源税从价计征、扩大水资源税试点,到环保税开征、资源税法实施,"多税共治""多策组合"的绿色税收体系框架构建形成;等等。

"党的十八大以来,我国不断深化税制改革,不断完善现代税收体系,税收服务经济社会发展大局作用不断彰显,其中在税制建设方面实现的诸多历史性突破必将在我国税收发展史乃至经济发展史上留下浓墨重彩的一笔。"中国税务学会副会长、中国人民大学财政金融学院教授朱青表示。

这更是一场顺应新形势新要求,服务构建新发展格局、贯彻新发展理念、推动高质量发展的税收制度改革。

资料来源:王君星.守正创新,深化改革,奋力推进新征程税收现代化[N].中国税务报,2023-01-16(1).

第一节 税收概述

一、税收的概念、本质和特征

（一）税收的概念

税收是政府为了满足社会公共需要，凭借政治权力，按照国家法律规定，强制地、无偿地取得财政收入的一种分配形式。马克思主义学说对税收概念作出如下界定：第一，税收是与国家的存在直接联系的，是政府机器赖以存在并实现其职能的物质基础，也就是政府保证社会公共需要的物质基础；第二，税收是一个分配范畴，是国家参与并调节国民收入分配的一种手段，是国家财政收入的主要形式；第三，国家在征税过程中形成一种特殊的分配关系，即以国家为主体的分配关系，因而税收的性质取决于社会经济制度的性质和国家的性质。

（二）税收的本质

税收在本质上是国家凭借政治权力参与并调节社会产品分配的一种特殊分配关系，是一个国家上层建筑的重要组成部分，对宏观经济具有调节作用。具体表现为如下几点：
(1)税收是国家取得稳定财政收入的重要保证；
(2)税法是调控人们经济行为的重要法律依据；
(3)国家依据税法对经济领域中的相关违法活动进行监督、检查；
(4)税收是国家主权和经济利益的一部分，平衡国际税收，有利于协调国际经济和贸易。

（三）税收的特征

税收的本质必然要求税收具有"三性"，即强制性、无偿性和固定性。

强制性是指税收由国家依靠政治权力强制征收，并非由经济主体自愿缴纳。税收的强制性主要体现在国家凭借政治权力依法征税，纳税人必须依法纳税，否则将受到法律制裁。强制性是国家取得财政收入的基本前提，也是国家满足社会公共需要、实现国家职能的重要保证。

无偿性是指国家取得的税收收入，既不需要返还给纳税人，也不需要对纳税人直接支付任何报酬。无偿性是税收本质的体现，是"三性"的核心，是由财政支出的无偿性决定的。

固定性是指国家在征税之前就通过法律形式预先规定了征收数额和课税对象之间的数量比例，不经法定程序不能随意改变。

二、税收原则

税收原则最早由亚当·斯密进行系统论述。随着税收实践的发展和人们认识的深化，可以将其归纳为四项原则:税收法定原则;税收公平原则;税收效率原则;实质课税原则。

（一）税收法定原则

税收法定原则又称为税收法定主义，是指国家要依法征税，人民要依法纳税。税法主体的权利义务必须由法律加以规定，税法的各类构成要素都必须且只能由法律予以明确。税收法定原则是税法原则的核心。

（二）税收公平原则

税收公平原则包括税收横向公平和纵向公平，是指税收负担应当根据纳税人的负担能力分配，负担能力相等，则税负相同;负担能力不等，则税负不同。

（三）税收效率原则

税收效率原则包括经济效率和行政效率。经济效率要求税收的征收有利于资源的有效配置和经济体制的有效运行;行政效率要求提高税收行政效率，节约税收征管的人力物力等成本。

（四）实质课税原则

实质课税原则是指应根据客观事实确定是否符合课税要件，并根据纳税人的真实负担能力决定纳税人的税负，而不能仅考虑相关外观和形式。

三、税收的分类

（一）按课税对象划分

课税对象又叫征税对象，是区别一种税与另一种税的重要标志。课税对象按其性质不同，可划分为流转额、所得额、资源、行为、财产和特定对象(特定行为)六大类，因此也可以将我国现行税收分为相应的六大类，即流转税、所得税、资源税、行为税、财产税和特定目的税。①

1. 流转税

流转税以货物、劳务、服务、无形资产或者不动产买卖的流转额为课税对象，在流转过程

---

① 为叙述方便考虑，本书的章节安排并未严格遵照这里的分类标准，而是将增值税、消费税、企业所得税、个人所得税、关税(船舶吨税在此章一并介绍)等收入占比高、影响面广的税种单独成章，将土地增值税和特定目的税中的税种根据习惯做法并入资源类税、行为类税、财产类税的有关章节进行讨论。

中的特定环节征收的税,包括商品销售收入额以及各种劳务、服务的业务收入额。流转税主要是在生产和流通领域发挥调节作用,是我国的主体税种。我国现行的流转税主要有增值税、消费税、关税。

2. 所得税

所得税是以纳税人的纯所得额或者总所得额为课税对象,增减成本费用等法定项目后加以征收的税。我国现行的所得税主要有企业所得税、个人所得税、土地增值税。

3. 资源税

资源税指以各种应税自然资源或者其他资源为课税对象征收的税。我国现行的资源税主要包括资源税、环境保护税和城镇土地使用税。

4. 行为税

行为税指就特定行为的发生,依据法定计税单位和标准,对行为人加以征收的税。行为税是国家利用税收法律形式,对某些行为进行规范和引导的税收。我国现行的行为税主要有印花税、契税。

5. 财产税

财产税是以纳税人拥有或支配的法定财产为课税对象,根据财产占有或者财产转移的事实,加以征收的税。我国现行的财产税包括房产税和车船税。

6. 特定目的税

特定目的税是指为了达到某种特定目的,对特定对象和特定行为征收的各种税。我国现行的特定目的税包括城市维护建设税、车辆购置税、耕地占用税、船舶吨税和烟叶税。

(二)按计税依据分类

按照计税依据,可以将税收分为从价税、从量税、从价从量复合税。

1. 从价税

从价税是以课税对象的一定价值形式(收入、价格、金额等)为计税依据,按一定比例的税率计征的各种税,如增值税、个人所得税、房产税等。凡有价格,都可以从价计征。

2. 从量税

从量税是指以课税对象的实物形式(重量、件数、容积、面积等)为计税依据征收的各种税。从量税一般实行定额税率。我国现行的消费税、资源税等税种的部分税目,适用从量税。从量税不受价格变化的影响,取得的税收收入不会随商品价格的上升而同步增长。

3. 从价从量复合税

从价从量复合税是将从价税和从量税混合使用的税收。例如,在消费税中,对粮食白酒既实行从价税又实行从量税,就属于从价从量复合计税方法。

(三) 按税收与价格的关系分类

按税收与价格的关系,可以将税收分为价内税和价外税。

1. 价内税

价内税是指税金包含在商品价格之中的各种税。例如消费税的计税依据为含消费税的价格,是价内税。

2. 价外税

价外税是指税金不包含在商品或服务价格之中的税收。如增值税的计税价格不包含增值税税金,税款独立于商品价格之外,价款与税额分开记载。

(四) 按税收收入的归属分类

按税收收入的归属,可以将税收分为中央税、地方税、中央与地方共享税。

1. 中央税

中央税是指税收收入全部归中央政府支配使用的税种,如消费税、关税等。

2. 地方税

地方税是指税收收入归地方政府支配使用的税种,如城镇土地使用税、耕地占用税等。

3. 中央与地方共享税

中央与地方共享税是指税收收入的使用权同时属于中央政府和地方政府,税收收入由中央政府和地方政府按一定比例分享的税种。如国内增值税,中央和地方各自分享50%。

(五) 按税收负担能否转嫁分类

按税收负担能否转嫁,可以将税收分为直接税和间接税。

1. 直接税

直接税是指纳税人就是税收的实际负担人(负税人)、税负不易转嫁的各种税,如企业所得税、个人所得税、车辆购置税等。

2. 间接税

间接税是指纳税人与负税人不一致,纳税人能够通过销售商品等方式将税负全部或部分转嫁给他人的各种税,如关税、消费税、增值税等。

第二节 税法概述

一、税法的含义

税法是由国家最高权力机关或其授权的行政机关制定的调整国家在筹集财政资金方面形成的税收关系的相关法律规范的总称,由一系列单行税收法律法规及行政规章制度组成,是正确处理国家与纳税人之间因税收而产生的税收法律关系和社会关系的法律体系。

我国最高权力机关为全国人民代表大会,全国人民代表大会及其常务委员会行使国家立法权。同时,在特定的法律框架和规则下,地方立法机关一般也拥有一定的税收立法权。另外,国家最高权力机关还可以依法授权特定行政机关制定某些税法,获取授权的行政机关也属于制定税法的主体。

税法的调整对象是税收分配过程中形成的权利义务关系。它与税收的调整对象是不同的,税收的调整对象是税收分配关系。

税法的表现形式有法律、条例、决定、命令、规章等。

税法既要保证国家税收收入,又要保护纳税人的权利,兼顾和平衡纳税人的权利与义务。

二、税法的构成要素

税法的构成要素又称课税要素,是指各种单行税法具有的共同的基本要素的总称。税法要素一般包括总则、纳税义务人、课税对象、税目、税率、纳税环节、纳税期限、纳税地点、减税免税、罚则、附则等项目。

(一) 总则

总则主要包括立法依据、立法目的、适用原则等。例如,我国企业所得税法规定:"在中华人民共和国境内,企业和其他取得收入的组织(以下统称企业)为企业所得税的纳税人,依照本法的规定缴纳企业所得税。个人独资企业、合伙企业不适用本法。"此条突出了该法制定的目的和适用范围。

(二) 纳税义务人

纳税义务人或纳税人又叫纳税主体,是税法规定的直接负有纳税义务的单位和个人。纳税人有自然人和法人两种形式。自然人是基于自然规律而出生的有民事权利和义务的主体,包括本国公民、外国人和无国籍人。法人是基于法律规定享有权利能力和行为能力,具有独立的财产和经费,依法独立承担民事责任的社会组织。我国的法人主要有四种:机关法人、事业单位法人、企业法人和社会团体法人。自然人可划分为居民个人和非居民个人,个体经营者和其他个人(除个体工商户之外的个人,即自然人)等;法人中的企业法人可划分为居民企业和非居民企业等。

与纳税人紧密联系的两个概念是代扣代缴义务人和代收代缴义务人。代扣代缴义务人是指虽不承担纳税义务,但根据规定,在向纳税人支付收入、结算货款、收取费用时有义务代扣代缴其应纳税款的单位和个人。例如,企业向员工发放应税工资薪金时,是个人所得税的代扣代缴义务人。代收代缴义务人是指虽不承担纳税义务,但根据规定,在向纳税人收取商品或劳务收入时,有义务代收代缴其应纳税款的单位和个人。例如,在消费税征收过程中,委托加工应税消费品的受托方为代收代缴义务人。

纳税人与负税人不是同一概念。纳税人是税法规定的直接负有纳税义务的单位和个人,负税人是实际负担税款的单位或个人。纳税人与负税人可以是一致的,也可以分离。例如,个人所得税的纳税人与负税人是一致的,而增值税的纳税人与负税人是不一致的。

(三) 课税对象

课税对象又叫征税对象、征税客体,是指税法规定的对什么征税,也是征纳税双方权利义务共同指向的客体或标的物。例如,消费税的课税对象是应税消费品,个人所得税的课税对象是个人应税所得等。课税对象决定了各个税种的名称,是最基本的税法要素,也是区别一种税与另一种税的标志。课税对象按其性质的不同,通常可划分为流转额、所得额、财产、资源、行为五大类,因此,也将税收分为对应的流转税或称商品和劳务税、所得税、财产税、资源税和行为税(如果加上前述的特定目的税,则税收可以分为六大类)。

与课税对象相关的两个基本概念是税目和税基。税目是在税法中对课税对象分类规定的具体的征税项目,反映具体的征税范围。例如,《消费税暂行条例》规定了包含烟、酒、小汽车等在内的 15 种应税商品。并非所有的税种都有税目,如企业所得税就不需要设置税目。

税基又叫计税依据,是计算课税对象应纳税款的直接数量依据,是对课税对象的量的规定。例如,《消费税暂行条例》规定,计算小汽车的应纳消费税税额时,以小汽车的价格为税基。

(四) 税率

税率是对课税对象的征收比例或征收程度,即税额与税基之间的比例。税率是计算税额的尺度，也是衡量纳税人税收负担轻重的标志。税率可划分为比例税率、定额税率和累进税率三大类，税率类型不同，税率与课税对象数额之间的关系也不一样，如图 1-1 所示。

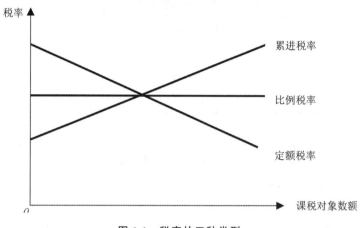

图 1-1　税率的三种类型

1. 比例税率

比例税率是指对同一课税对象，不分数额大小，规定相同的征收比例。例如，我国的增值税和企业所得税等采用的是比例税率。比例税率又分为三种具体形式，即单一比例税率、差别比例税率和幅度比例税率。

(1) 单一比例税率，是指对同一课税对象的所有纳税人都适用同一比例税率。

(2) 差别比例税率，是指对同一课税对象的不同纳税人适用不同的比例征税。例如，增值税对不同行业分别适用不同的比例税率，同一行业适用相同的比例税率。

(3) 幅度比例税率，是指对同一课税对象，税法只规定最低税率和最高税率，各地区在该幅度内确定具体的适用税率，例如城镇土地使用税。

比例税率符合税收的效率原则，但不能针对收入不同的纳税人实施不同的税率，因此较不符合税收的公平原则。

2. 定额税率

定额税率又称固定税率，即按课税对象确定的计算单位，直接规定一个固定的税额，适用于从量计征的税种。目前采用定额税率的有城镇土地使用税、车船税和部分资源税税目等。

3. 累进税率

累进税率是指随着税基增大而随之提高的税率，即按税基的大小划分为若干等级，不同等级的课税数额分别适用不同的税率，课税数额越大，适用税率越高。累进税率分为全额累进税率、超额累进税率和超率累进税率，我国税制仅设置了超额累进税率和超率累进税率。

1) 全额累进税率

全额累进税率是把课税对象的应税数额划分为若干等级，对每个等级分别规定相应税率,当税基超过某个级距时,课税对象的全部数额都按提高后级距的相应税率征税,如表 1-1 所示。

表 1-1　某三级全额累进税率表

级数	全月应纳税所得额(元)	税率(%)
1	5 000(含)以下	10
2	5 000～20 000(含)	20
3	20 000 以上	30

例如,某纳税人某月应纳税所得额为 20 000 元,按表 1-1 所列税率,适用第 2 级次,应纳税额＝20 000×20％＝4 000(元)。如果某纳税人某月应纳税所得额为 20 001 元,按表 1-1 所列税率,适用第 3 级次,应纳税额＝20 001×30％＝6 000.3(元)。

由此可见,全额累进税率虽然计算方法简便,但税收负担不合理,特别是在划分级距的临界点附近,税负呈跳跃式递增,甚至会出现税额增加超过课税对象数额增加的不合理现象,不利于鼓励纳税人增加收入。

2) 超额累进税率

超额累进税率指把税基的大小分成若干等级,每一等级规定一个税率,税率依次提高,依所属等级同时适用几个税率分别计算税额,各级税额之和为应纳税款。目前,我国在个人所得税中使用超额累进税率。

表 1-2 为假定某个人所得税所适用的三级超额累进税率表。

表 1-2　某个人所得税三级超额累进税率表

级数	全月应纳税所得额(元)	税率(%)	速算扣除数(元)
1	5 000(含)以下	10	0
2	5 000～20 000(含)	20	500
3	20 000 以上	30	2 500

假如,某人某月应纳税所得额为 6 000 元,按表 1-2 所列税率,其应纳税额计算如下:第 1 级次的 5 000 元适用 10％的税率,应纳税额＝5 000×10％＝500(元);第 2 级次的为 1 000(元)(6 000－5 000)适用 20％的税率,应纳税额＝1 000×20％＝200(元);其该月应纳税额＝5 000×10％＋1 000×20％＝700(元)。

为了简化计算,也可采用速算法。速算法的原理是:基于全额累进计算的方法比较简单,可将超额累进计算的方法转化为全额累进计算的方法。对于同样的课税对象数量,按全额累进方法计算的税额比按超额累进方法计算的税额多,即有重复计算的部分,这个多征的常数叫速算扣除数。速算扣除数是超额累进方法按照全额累进方法计算的换算常数。因此,可以用公式表示为:

　　　　　按超额累进方法计算的税额＝按全额累进方法计算的税额－速算扣除数

接上例,某人某月应纳税所得额为 6 000 元,如果用速算法计算,则 6 000 元月应纳税所得额＝6 000×20％－500＝700(元)。

3) 超率累进税率

超率累进税率是累进税率的一种。超率累进税率选取课税对象的某一百分比指标为计税起点,将其按百分比划分为若干个等级,并分别规定每一个等级的税率。当课税对象的百分比增加到更高一级时,仅就超过的部分按高一级税率课税。课税对象的百分比愈高,适用税率也就愈高。目前我国仅有土地增值税采用这种税率。

三种税率类型的计税方式和适用税种如表1-3所示。

表1-3 三种税率类型的计税方式和适用税种

税率类型		计税方式	适用税种
比例税率		对同一征税对象,不分计税金额的大小,都按规定的同一比例计征税款	增值税、城市维护建设税、企业所得税等
定额税率		按征税对象的一定计量单位,直接规定一个固定的税额计征税款	资源税(部分)、城镇土地使用税、车船税等
累进税率	全额累进税率	按征税对象的计税金额划分若干级距,每一级距规定一个税率,税率依次提高,以征税对象的全部数额为基础,按与之相适用的级距税率计征税款	我国目前没有采用
	超额累进税率	按征税对象的计税金额划分若干级距,每一级距分别规定相应的差别税率,税率依次提高,计税金额每超过一个规定的级距,对超过的部分就按高一级的税率计征税款,各级税额之和为应纳税款	居民个人综合所得汇算清缴时的个人所得税、经营所得的个人所得税等
	全率累进税率	按征税对象计税金额的相对比例划分若干级距,每一级距规定一个税率,税率依次提高,以征税对象的全部数额为基础,按与征税对象相适用的级距税率计征税款	我国目前没有采用
	超率累进税率	按征税对象计税金额的相对率划分若干级距,每一级距分别规定一个差别税率,税率依次提高,相对率每超过一个固定的级距,对超过的部分就按高一级的税率计征税款,各级税额之和为应纳税款	土地增值税

（五）纳税环节

纳税环节是指税法规定的征税对象在从生产到消费的流转过程中应当缴纳税款的环节，一般设置于生产、批发、零售、进出口、取得收入、发生成本费用等环节。

（六）纳税期限

纳税期限是指税法规定的关于税款缴纳时间的限定。纳税期限包含以下三个相关概念。

1.纳税义务发生时间

纳税义务发生时间，是指应税行为发生的时间。例如，我国增值税暂行条例规定，采取预收货款方式销售货物的，其纳税义务发生时间为货物发出的当天。

2.纳税期限

纳税期限，是指纳税人在发生纳税义务后，按期纳税（汇总各次纳税义务）和按次纳税的期限。例如，我国增值税暂行条例规定，增值税的具体纳税期限分别为1日、3日、5日、10日、15日、1个月或者1个季度。纳税人的具体纳税期限，由主管税务机关根据纳税人应纳税额的大小分别核定；不能按照固定期限纳税的，可以按次纳税。

3.缴库期限

缴库期限，即纳税期满后，纳税人将应纳税款缴入国库的期限。例如，《增值税暂行条例》规定，纳税人以1个月或者1个季度为1个纳税期的，自期满之日起15日内申报纳税；以1日、3日、5日、10日或者15日为1个纳税期的，自期满之日起5日内预缴税款，于次月1日起15日内申报纳税并结清上月应纳税款。

（七）纳税地点

纳税地点是指根据各个税种课税对象的纳税环节和有利于对税款的源泉控制而规定的纳税人（包括代征、代扣、代缴义务人）具体申报缴纳税款的地点。

（八）减税免税

减税免税是对特定纳税人或者课税对象采取减少征税或者免予征税的特殊规定，主要有以下三种不同的减免方式。

1.税基式减免

税基式减免是指通过直接降低计税依据的方式来实现的减税免税。税基式减免涉及的概念包括起征点、免征额、项目扣除以及跨期结转等。

(1)起征点是指征税对象达到一定金额才开始征税的起点,若征税对象计税金额未达到起征点,则不予征税;若征税对象计税金额达到起征点,则按全部金额计征税款。

(2)免征额是在征税对象的全部金额中免予征税的那一部分数额,对免征额的部分不予征税,仅对超过免征额的部分计征税款。

(3)项目扣除是指在征税对象中扣除一定项目的金额,以其余额作为计税依据计征税款。

(4)跨期结转是指将以前纳税年度的亏损从本纳税年度的利润中予以扣除。

2. 税率式减免

税率式减免是指通过直接降低税率的方式实现的减税免税。税率式减免涉及的概念包括重新确定较低的税率、选用其他较低的税率、零税率。

3. 税额式减免

税额式减免是指通过直接减少应纳税额的方式实现的减税免税。税额式减免涉及的概念包括全部免征、减半征收、核定减征率以及另定减征额等。

(九)罚则

罚则是指对纳税人违反税法的行为采取的处罚措施。

(十)附则

附则一般都规定了与该法紧密相关的内容,例如,税法的解释权、生效时间等。

三、税收法律关系

税收法律关系是税法所确认和调整的国家与纳税人之间、国家与国家之间以及各级政府之间在税收分配过程中形成的权利与义务关系。国家征税与纳税人纳税形式上表现为利益分配的关系,但经过法律明确其双方的权利与义务后,这种关系实质上已上升为一种特定的法律关系。税收法律关系在总体上与其他法律关系一样,都是由税收法律关系的主体、客体和内容三方面构成的,但在三方面的内涵上,税收法律关系又具有一定的特殊性。

(一)税收法律关系的主体

法律关系的主体是指法律关系的参加者。税收法律关系的主体即税收法律关系中享有权利和承担义务的当事人。在我国,税收法律关系的主体包括征纳双方:一方是代表国家行使征税职责的国家行政机关,包括国家各级税务机关和海关;另一方是履行纳税义务的人,包括法人、自然人和其他组织,在华的外国企业、组织、外籍人、无国籍人,以及在华虽然没有机构、场所但有来源于中国境内所得的外国企业或组织。这种对税收法律关系中履行纳税义务的人的确定,在我国采取的是属地兼属人的原则。

（二）税收法律关系的客体

税收法律关系的客体即税收法律关系主体的权利、义务所共同指向的对象，也就是征税对象。例如，所得税法律关系的客体就是生产经营所得和其他所得，财产税法律关系的客体即是财产，流转税法律关系的客体就是货物或劳务收入。税收法律关系客体也是国家利用税收调整和控制的目标，国家在一定时期根据客观经济形势发展的需要，通过扩大或缩小征税范围调整征税对象，以达到限制或鼓励国民经济中某些产业、行业发展的目的。

（三）税收法律关系的内容

税收法律关系的内容就是主体所享有的权利和所应承担的义务，这是税收法律关系中最实质的东西，也是税法的灵魂。它规定权利主体可以有什么行为，不可以有什么行为，若违反了这些规定，须承担相应的法律责任。

1. 征税主体的权利和义务

征税主体即税务机关和税务人员，其权利主要表现在依法进行征税、税务检查以及对违章者进行处罚；其义务主要是向纳税人宣传、咨询、辅导解读税法，及时把征收的税款解缴国库，依法受理纳税人对税收争议的申诉等。具体来说，包括如下几点。

1）税务机关和税务人员的权利

税务机关和税务人员的权利主要有：

（1）负责税收征收管理工作；

（2）税务机关依法执行职务，任何单位和个人不得阻挠。

2）税务机关和税务人员的义务

税务机关和税务人员的义务主要有：

（1）税务机关应当广泛宣传税收法律、行政法规，普及纳税知识，无偿地为纳税人提供纳税咨询服务；

（2）税务机关应当加强队伍建设，提高税务人员的政治业务素质；

（3）税务机关、税务人员必须秉公执法、忠于职守、清正廉洁、礼貌待人、文明服务，尊重和保护纳税人、扣缴义务人的权利，依法接受监督；

（4）税务人员不得索贿受贿、徇私舞弊、玩忽职守，不征或者少征应征税款，不得滥用职权多征税款或者故意刁难纳税人和扣缴义务人；

（5）各级税务机关应当建立健全内部制约和监督管理制度；

（6）上级税务机关应当对下级税务机关的执法活动依法进行监督；

（7）各级税务机关应当对其工作人员执行法律、行政法规和廉洁自律准则的情况进行监督检查；

（8）税务机关负责征收、管理、稽查，行政复议人员的职责应当明确，并相互分离、相互制约；

（9）税务机关应为检举人保密，并按照规定给予奖励；

(10)税务人员在核定应纳税额、调整税收定额、进行税务检查、实施税务行政处罚、办理税务行政复议时,与纳税人、扣缴义务人或者其法定代表人、直接责任人有下列关系之一的,应当回避:夫妻关系;直系血亲关系;三代以内旁系血亲关系;近姻亲关系;可能影响公正执法的其他利益关系。

2.纳税主体的权利和义务

纳税主体即纳税人、扣缴义务人,其权利主要有多缴税款申请退还权、延期纳税权、依法申请减免税权、申请复议和提起诉讼权等;其义务主要是按税法规定办理税务登记、进行纳税申报、接受税务检查、依法缴纳税款等。具体来说,包括如下几点。

1)纳税人、扣缴义务人的权利

纳税人、扣缴义务人的权利主要有如下几点。

(1)纳税人、扣缴义务人有权向税务机关了解国家税收法律、行政法规的规定以及与纳税程序有关的情况。

(2)纳税人、扣缴义务人有权要求税务机关为纳税人、扣缴义务人的情况保密,税务机关应当为纳税人、扣缴义务人的情况保密。保密是指纳税人、扣缴义务人的商业秘密及个人隐私,纳税人、扣缴义务人的税收违法行为不属于保密范围。

(3)纳税人依法享有申请减税、免税、退税的权利。

(4)纳税人、扣缴义务人对税务机关所作出的决定,享有陈述权、申辩权,依法享有申请行政复议、提起行政诉讼、请求国家赔偿等权利。

(5)纳税人、扣缴义务人有权控告和检举税务机关、税务人员的违法违纪行为。

2)纳税人、扣缴义务人的义务

纳税人、扣缴义务人的义务主要有:

(1)纳税人、扣缴义务人必须依照法律、行政法规的规定缴纳税款、代扣代缴、代收代缴税款;

(2)纳税人、扣缴义务人和其他有关单位应当按照国家有关规定如实向税务机关提供与纳税和代扣代缴、代收代缴税款有关的信息;

(3)纳税人、扣缴义务人必须接受税务机关依法进行的税务检查。

(四)税收法律关系的产生、变更与消灭

税法是引起税收法律关系的前提条件,但税法本身并不能产生具体的税收法律关系。税收法律关系的产生、变更与消灭必须有能够引起税收法律关系产生、变更或消灭的客观情况,也就是由税收法律事实来决定。税收法律事实可以分为税收法律事件和税收法律行为。

(1)下列法律事实的出现,将产生税收法律关系:纳税义务人发生了税法规定的应纳税的行为和事件;新的纳税义务人出现。

(2)下列法律事实的出现,将导致税收法律关系发生变更:税法规定了新的税收优惠;税收征收程序有了变动;纳税义务人的收入或财产状况发生了变化,例如收入增加后超过了免征额或者收入减少后不够起征点;由于灾害造成财产的重大损失,纳税人难于履行纳税义务。

（3）下列法律事实的出现，将导致税收法律关系消灭：纳税义务人履行了纳税义务；纳税义务人产生了符合免税的条件；某些税法条款的废除或课税对象的变更；纳税义务人不复存在，如企业的破产、撤销、合并，自然人的死亡等。

◇ **本章小结**

本章介绍了关于税收和税法的基本知识。税收是政府财政收入最主要的来源，税法是正确处理国家与纳税人之间因税收征纳而产生的税收法律关系的依据。学习本章，需要了解税收的含义、本质和特征，了解税法的含义和构成要素，尤其需要理解纳税义务人、课税对象、税目、税率的概念。除此之外，还需要掌握流转税、所得税、财产税等不同税类的内容，了解税收征纳双方之间的关系、各自的权利和义务，了解税收法律关系的含义和构成要素。

◇ **本章思考题**

1. 税收的"三性"是什么意思？
2. 课税对象、税目、税基有什么区别？
3. 按照课税对象，可以将税收分为哪几类？各税种的课税对象分别是什么？
4. 税收和税法的关系是怎样的？
5. 何为税收法律关系？
6. 简述税法的构成要素。

第二章 增 值 税

◇ 学习目标

■ **1.知识目标**

(1)了解增值税的概念、特点;

(2)了解增值税的征收范围以及视同销售的范围;

(3)了解增值税纳税人的种类以及划分标准;

(4)牢记增值税的多种税率和适用范围。

■ **2.能力目标**

(1)正确计算应缴增值税;

(2)掌握增值税的减免范围和出口退税;

(3)掌握增值税征收管理的有关规定;

(4)掌握增值税专用发票的使用和管理。

■ **3.情感目标**

(1)了解、掌握并学会运用增值税法的相关规定;

(2)了解增值税税收优惠政策,明晰国家产业政策导向,助力乡村振兴战略的实施;

(3)做到合理纳税筹划,培养合法合规纳税的意识。

◇ 学习重难点

1.增值税的征税范围。

2.增值税两类纳税人的区分。

3.不同行业增值税税率的规定。

4.增值税应纳税额的计算。

5.增值税征收管理的有关规定。

6.增值税专用发票的使用和管理。

◇ **本章关键词**

增值税纳税人　增值税征税范围　增值税税率　增值税计算

◇ **导入案例**

减税降费政策中的增值税

2022年,为了支持小微企业和制造业等行业发展,提振市场主体信心,激发市场主体活力,我国出台了一系列减税降费政策,全年新增减税降费及退税缓税缓费超4.2万亿元,主要包括三部分:一是累计退到纳税人账户的增值税留抵退税款2.46万亿元,超过2021年全年办理留抵退税规模的3.8倍;二是新增减税降费超1万亿元,其中新增减税超8 000亿元,新增降费超2 000亿元;三是办理缓税缓费超7 500亿元。

增值税这个税种的税收优惠,贡献了2022年全年减税降费总额的58.6%,足以说明增值税在我国的税收制度中具有重要意义。

那么,上述增值税期末留抵退税政策是什么意思呢?

简单地说,假设某企业购入12 000元的原材料,适用增值税13%的税率,进项税额为1 560元;当期以15 000元销售其产成品,适用9%的税率,销项税额为1 350元。如果仅考虑这"一进一出"两项业务,就形成了210元的留抵税额。按照现行增值税暂行条例的规定,纳税人不能取回这个210元,只能结转下一期继续抵扣。2022年的优惠政策则允许纳税人申请当期退还,也就是申请后能够立刻取回210元。这项政策丰富了企业的现金流,有效缓解了企业经营压力,和其他减税降费政策一道,为助力稳住宏观经济大盘发挥了关键作用。

资料来源:陈晨.国家税务总局发布2022年税收数据 超4.2万亿元税费"红包"惠及市场主体[N].光明日报,2023-02-01(10).

第一节　增值税的概念与分类

一、增值税的概念

增值税是对在我国境内销售货物或者加工、修理修配劳务,销售服务、无形资产、不动产

(以下统称应税销售行为)以及进口货物的单位和个人,就其销售货物、劳务、服务、无形资产、不动产的增值额和货物进口金额为计税依据而课征的一种流转税。

1954年,法国正式提出了增值税这一税种概念。因为增值税能够有效解决传统营业税重复征税的问题,所以在20世纪70年代后,迅速推广至全球,目前已有190多个国家和地区开征了增值税。法国的标准增值税税率为20%,OECD国家增值税的基本税率范围大致为17%~27%。美国是少数几个没有开征增值税的工业国之一。

我国从1979年开始试行生产型增值税,1994年在生产和流通领域全面实施生产型增值税,2008年国务院决定将生产型增值税转为消费型增值税。自2016年5月1日起,我国在全国范围内全面推开营业税改征增值税试点,将全部营业税纳税人纳入试点范围,由缴纳营业税改为缴纳增值税,增值税征税范围实现了全覆盖,增值税作为我国第一大税种的地位更加巩固。2021年,全国增值税收入为61 982亿元,占我国税收总收入的36%。

我国现行增值税的基本法律规范是国务院于2017年11月19日公布的《中华人民共和国增值税暂行条例》(国务院令第691号,以下简称《增值税暂行条例》)、2016年3月财政部和国家税务总局发布的《关于全面推开营业税改征增值税试点的通知》(财税〔2016〕36号,以下简称《营改增通知》)以及2008年12月财政部和国家税务总局发布的《中华人民共和国增值税暂行条例实施细则》(财政部 国家税务总局令第50号,以下简称《增值税暂行条例实施细则》)。

本章内容分为原增值税相关规定以及"营改增"后相关规定。

二、增值税的特点

增值税具有如下几个特点。

(1)不重复征税。增值税是具有明显转嫁性质的间接税。通过税额抵扣制度,仅对增值额征税。

(2)道道征税。从生产到消费道道征税,环环扣税,普遍课税。

(3)保持税收中性。增值税普遍实行比例税率,通常不会产生税收的替代效应。对于同一商品而言,无论流转环节的多与少,只要增值额相同,税负就相同,不会影响商品的生产结构、组织结构和产品结构。

三、增值税的类型

按照对购入固定资产已纳增值税税款的不同处理方式,可以将增值税分为生产型增值税、收入型增值税和消费型增值税。

(一)生产型增值税

生产型增值税只允许扣除购进原材料等所含税金而不允许扣除购进固定资产所含税金。在这种情况下,作为增值税课税对象的增值额相当于国民生产总值,因此将这种类型的增值税称作"生产型"增值税。生产型增值税不允许扣除外购固定资产的进项税额,相当于对厂商外购的固定资产进行了重复征税。

(二)收入型增值税

收入型增值税允许外购固定资产的进项税额随折旧逐年抵扣。在这种情况下,作为增值税课税对象的增值额相当于国民收入,因此将这种类型的增值税称作"收入型"增值税。收入型增值税针对的增值额符合理论增值额的定义,但在实践中几乎不可能以扣除折旧后的理论增值额计算增值税。

(三)消费型增值税

消费型增值税允许扣除包括原材料、固定资产在内的所有购入物所含税金。厂商的资本投入品不算作产品增加值,所以从全社会的角度来看,消费型增值税相当于只对消费品征税,其税基总值与全部消费品总值一致,故称"消费型"增值税。我国自2009年开始全面实施的增值税转型改革,允许企业将购进的机器设备所含税款予以抵扣。

增值税的三种类型如表2-1所示。

表2-1 增值税的三种类型

类型	基本规定	我国开征时间	特点
生产型增值税	不允许扣除外购固定资产的进项税额	1994—2008年	重复征税;增加财政收入
收入型增值税	外购固定资产的进项税额允许随折旧逐年抵扣	未开征	是理论上的增值税;实践中实施困难,几乎没有国家采用
消费型增值税	外购固定资产的进项税额允许一次性全部抵扣	2009年1月1日至今	消除重复征税;税基最小

第二节 税制要素

一、纳税主体

(一)纳税义务人

在中华人民共和国境内(以下简称境内)销售货物、劳务、服务、无形资产、不动产的单位和个人,为增值税纳税人。

单位,是指企业、行政单位、事业单位、军事单位、社会团体及其他单位。

个人,是指个体工商户和其他个人。

单位以承包、承租、挂靠方式经营的,承包人、承租人、挂靠人(以下统称承包人)以发包人、出租人、被挂靠人(以下统称发包人)名义对外经营并由发包人承担相关法律责任的,以该发包人为纳税人。否则,以承包人为纳税人。

资管产品运营过程中发生的增值税应税销售行为,以资管产品管理人为增值税纳税人。

(二)扣缴义务人

中华人民共和国境外(以下简称境外)的单位或者个人在境内销售劳务,在境内未设有经营机构的,以其境内代理人为扣缴义务人;在境内没有代理人的,以购买方为扣缴义务人。

二、纳税人的分类

增值税实行凭增值税专用发票(含其他符合规定的发票)抵扣税款的制度,客观上要求纳税人具备健全的会计核算制度和能力。在实际经济生活中,我国增值税纳税人众多,会计核算水平参差不齐,大量的小企业和个人还不具备使用专用发票抵扣税款的条件,为了既简化增值税的计算和征收,也有利于减少税收征管漏洞,税法将增值税纳税人按会计核算水平和经营规模分为一般纳税人和小规模纳税人,分别采取不同的登记管理办法。登记后的一般纳税人适用一般计税方法(另有规定除外),小规模纳税人适用简易计税方法。

会计核算健全的标准包括如下几个方面的含义。

(1)能够按照《财务通则》和《会计准则》的要求设立总账、明细账、银行日记账、现金日记账,并如实记账。设立的明细账必须包括存货明细账、销售收入明细账、销售成本明细账、业务往来款项明细账、"应交税金——应交增值税"明细账等账簿。

(2)能够提供并准确核算进项、销项税额和应纳税额等相关的纳税资料。

(3)必须配备专业的财务会计人员。生产经营规模小又确无建账能力的纳税人,可以聘请经批准从事会计代理记账业务的专业机构代为建账和办理账务。

(一)小规模纳税人认定标准及其管理

小规模纳税人是指年应征增值税销售额在500万元及以下,并且会计核算不健全,不能按规定报送有关税务资料的增值税纳税人。所称会计核算不健全是指不能正确核算增值税的销项税额、进项税额和应纳税额。

年应税销售额超过规定标准,但不经常发生应税行为的单位和个体工商户,以及非企业性单位、不经常发生应税行为的企业,可选择按照小规模纳税人纳税。

年应税销售额超过小规模纳税人标准的其他个人按小规模纳税人纳税。

小规模纳税人实行简易计税办法,不能抵扣进项税额,一般不得使用增值税专用发票。从2020年2月1日起,增值税小规模纳税人(自然人除外)发生增值税应税行为,需要开具增值税专用发票的,可以自愿使用增值税发票管理系统自行开具。选择自行开具增值税专用发票的小规模纳税人,税务机关不再为其代开增值税专用发票,开具增值税专用发票后不可以享受增值税免税政策。

（二）一般纳税人认定标准及其管理

增值税一般纳税人认定标准包括一般规定和特殊规定。

(1)一般规定:增值税纳税人年应税销售额超过财政部、国家税务总局规定的小规模纳税人标准的,除特殊规定外,应当向其机构所在地的主管税务机关办理一般纳税人登记;

(2)特殊规定:年应税销售额未超过规定标准的纳税人,会计核算健全,能够提供准确税务资料的,可以向主管税务机关办理一般纳税人登记。

纳税人登记为一般纳税人后,不得转为小规模纳税人,国家税务总局另有规定的除外。

增值税一般纳税人实行凭专用发票抵扣税款的制度。

增值税小规模纳税人与一般纳税人的对比如表 2-2 所示。

表 2-2　增值税小规模纳税人与一般纳税人的对比

类型	认定		征收管理		
	规模	会计核算	发票	抵扣制度	税率
小规模纳税人	年应征增值税销售额在 500 万元及以下	不健全	领购、使用、开具增值税普通发票;2020 年 2 月 1 日后可自行开具增值税专用发票	简易计税	征收率
一般纳税人	年应税销售额超过小规模纳税人标准	健全	领购、使用、开具增值税专用发票	抵扣计税	基本税率;低税率;零税率

三、征税范围

增值税的征税范围包括在境内发生应税销售行为以及进口货物等。根据《增值税暂行条例》《增值税暂行条例实施细则》和《营改增通知》等规定,我们将增值税的征税范围分为一般规定和特殊规定。

（一）征税范围的一般规定

1. 销售或者进口货物

货物是指有形动产,包括电力、热力、气体在内。销售货物,是指有偿转让货物的所有权。进口货物,是指将货物申报进入中国海关境内。

2. 销售劳务

劳务是指纳税人提供的加工、修理修配劳务。加工是指受托加工货物,即委托方提供原料及主要材料,受托方按照委托方的要求制造货物并收取加工费的业务;修理修配是指受托对损伤和丧失功能的货物进行修复,使其恢复原状和功能的业务。

提供应税劳务,是指有偿提供劳务。单位或者个体工商户聘用的员工为本单位或者雇主提供劳务,不包括在内。

3. 销售服务

销售服务,是指提供交通运输服务、邮政服务、电信服务、建筑服务、金融服务、现代服务、生活服务。具体征税范围如下。

1)交通运输服务

交通运输服务,是指利用运输工具将货物或者旅客送达目的地,使其空间位置得到转移的业务活动,包括陆路运输服务、水路运输服务、航空运输服务和管道运输服务。

(1)陆路运输服务

陆路运输服务,是指通过陆路(地上或者地下)运送货物或者旅客的运输业务活动,包括铁路运输服务和其他陆路运输服务。

铁路运输服务,是指通过铁路运送货物或者旅客的运输业务活动。

其他陆路运输服务,是指铁路运输以外的陆路运输业务活动,包括公路运输、缆车运输、索道运输、地铁运输、城市轻轨运输等。

出租车公司向使用本公司自有出租车的出租车司机收取的管理费用,按照"陆路运输服务"缴纳增值税。

(2)水路运输服务

水路运输服务,是指通过江、河、湖、川等天然、人工水道或者海洋航道运送货物或者旅客的运输业务活动。

水路运输的程租、期租业务,属于水路运输服务。

程租业务,是指运输企业为租船人完成某一特定航次的运输任务并收取租赁费的业务。

期租业务,是指运输企业将配备有操作人员的船舶承租给他人使用一定期限,承租期内听候承租方调遣,不论是否经营,均按天向承租方收取租赁费,发生的固定费用均由船东负担的业务。

(3)航空运输服务

航空运输服务,是指通过空中航线运送货物或者旅客的运输业务活动。

航空运输的湿租业务,属于航空运输服务。湿租业务,是指航空运输企业将配备有机组人员的飞机承租给他人使用一定期限,承租期内听候承租方调遣,不论是否经营,均按一定标准向承租方收取租赁费,发生的固定费用均由承租方承担的业务。

航天运输服务,按照"航空运输服务"缴纳增值税。航天运输服务,是指利用火箭等载体将卫星、空间探测器等空间飞行器发射到空间轨道的业务活动。

(4)管道运输服务

管道运输服务,是指通过管道设施输送气体、液体、固体物质的运输业务活动。

无运输工具承运业务,按照"交通运输服务"缴纳增值税。无运输工具承运业务,是指经营者以承运人身份与托运人签订运输服务合同,收取运费并承担承运人责任,然后委托实际承运人完成运输服务的经营活动。

2)邮政服务

邮政服务,是指中国邮政集团公司及其所属邮政企业提供邮件寄递、邮政汇兑和机要通信等邮政基本服务的业务活动,包括邮政普遍服务、邮政特殊服务和其他邮政服务。

(1)邮政普遍服务

邮政普遍服务,是指函件、包裹等邮件寄递,以及邮票发行、报刊发行和邮政汇兑等业务活动。

函件,是指信函、印刷品、邮资封片卡、无名址函件和邮政小包等。

包裹,是指按照封装上的名址递送给特定个人或者单位的独立封装的物品,其重量不超过五十千克,任何一边的尺寸不超过一百五十厘米,长、宽、高合计不超过三百厘米。

(2)邮政特殊服务

邮政特殊服务,是指义务兵平常信函、机要通信、盲人读物和革命烈士遗物的寄递等业务活动。

(3)其他邮政服务

其他邮政服务,是指邮册等邮品销售、邮政代理等业务活动。

3)电信服务

电信服务,是指利用有线、无线的电磁系统或者光电系统等各种通信网络资源,提供语音通话服务,传送、发射、接收或者应用图像、短信等电子数据和信息的业务活动,包括基础电信服务和增值电信服务。

(1)基础电信服务

基础电信服务,是指利用固网、移动网、卫星、互联网提供语音通话服务的业务活动,以及出租或者出售带宽、波长等网络元素的业务活动。

(2)增值电信服务

增值电信服务,是指利用固网、移动网、卫星、互联网、有线电视网络,提供短信和彩信服务、电子数据和信息的传输及应用服务、互联网接入服务等业务活动。

卫星电视信号落地转接服务,按照"增值电信服务"缴纳增值税。

4)建筑服务

建筑服务,是指各类建筑物、构筑物及其附属设施的建造、修缮、装饰,线路、管道、设备、设施等的安装以及其他工程作业的业务活动,包括工程服务、安装服务、修缮服务、装饰服务和其他建筑服务。

(1)工程服务

工程服务,是指新建、改建各种建筑物、构筑物的工程作业,包括与建筑物相连的各种设备或者支柱、操作平台的安装或者装设工程作业,以及各种窑炉和金属结构工程作业。

（2）安装服务

安装服务，是指生产设备、动力设备、起重设备、运输设备、传动设备、医疗实验设备以及其他各种设备、设施的装配、安置工程作业，包括与被安装设备相连的工作台、梯子、栏杆的装设工程作业，以及被安装设备的绝缘、防腐、保温、油漆等工程作业。

固定电话、有线电视、宽带、水、电、燃气、暖气等经营者向用户收取的安装费、初装费、开户费、扩容费以及类似收费，按照"安装服务"缴纳增值税。

（3）修缮服务

修缮服务，是指对建筑物、构筑物进行修补、加固、养护、改善，使之恢复原来的使用价值或者延长其使用期限的工程作业。

（4）装饰服务

装饰服务，是指对建筑物、构筑物进行修饰装修，使之美观或者具有特定用途的工程作业。

（5）其他建筑服务

其他建筑服务，是指上列工程作业之外的各种工程作业服务，如钻井（打井）、拆除建筑物或者构筑物、平整土地、园林绿化、疏浚（不包括航道疏浚）、建筑物平移、搭脚手架、爆破、矿山穿孔、表面附着物（包括岩层、土层、沙层等）剥离和清理等工程作业。

5）金融服务

金融服务，是指经营金融保险的业务活动，包括贷款服务、直接收费金融服务、保险服务和金融商品转让。

（1）贷款服务

贷款，是指将资金贷与他人使用而取得利息收入的业务活动。

各种占用、拆借资金取得的收入，包括金融商品持有期间（含到期）利息（保本收益、报酬、资金占用费、补偿金等）收入、信用卡透支利息收入、买入返售金融商品利息收入、融资融券收取的利息收入，以及融资性售后回租、押汇、罚息、票据贴现、转贷等业务取得的利息及利息性质的收入，按照"贷款服务"缴纳增值税。

（2）直接收费金融服务

直接收费金融服务，是指为货币资金融通及其他金融业务提供相关服务并且收取费用的业务活动，包括提供货币兑换、账户管理、电子银行、信用卡、信用证、财务担保、资产管理、信托管理、基金管理、金融交易场所（平台）管理、资金结算、资金清算、金融支付等服务。

（3）保险服务

保险服务，是指投保人根据合同约定，向保险人支付保险费，保险人对于合同约定的可能发生的事故因其发生所造成的财产损失承担赔偿保险金责任，或者当被保险人死亡、伤残、疾病或者达到合同约定的年龄、期限等条件时承担给付保险金责任的商业保险行为，包括人身保险服务和财产保险服务。人身保险服务，是指以人的寿命和身体为保险标的的保险业务活动。财产保险服务，是指以财产及其有关利益为保险标的的保险业务活动。

（4）金融商品转让

金融商品转让，是指转让外汇、有价证券、非货物期货和其他金融商品所有权的业务活动。其他金融商品转让包括基金、信托、理财产品等各类资产管理产品和各种金融衍生品的转让。

6)现代服务

现代服务,是指围绕制造业、文化产业、现代物流产业等提供技术性、知识性服务的业务活动,包括研发和技术服务、信息技术服务、文化创意服务、物流辅助服务、租赁服务、鉴证咨询服务、广播影视服务、商务辅助服务和其他现代服务。

(1)研发和技术服务

研发和技术服务,包括研发服务、合同能源管理服务、工程勘察勘探服务、专业技术服务。

① 研发服务,也称技术开发服务,是指就新技术、新产品、新工艺或者新材料及其系统进行研究与试验开发的业务活动。

② 合同能源管理服务,是指节能服务公司与用能单位以契约形式约定节能目标,节能服务公司提供必要的服务,用能单位以节能效果支付节能服务公司投入及其合理报酬的业务活动。

③ 工程勘察勘探服务,是指在采矿、工程施工前后,对地形、地质构造、地下资源蕴藏情况进行实地调查的业务活动。

④ 专业技术服务,是指气象服务、地震服务、海洋服务、测绘服务、城市规划、环境与生态监测服务等专项技术服务。

(2)信息技术服务

信息技术服务,是指利用计算机、通信网络等技术对信息进行生产、收集、处理、加工、存储、运输、检索和利用,并提供信息服务的业务活动,包括软件服务、电路设计及测试服务、信息系统服务、业务流程管理服务和信息系统增值服务。

① 软件服务,是指提供软件开发服务、软件维护服务、软件测试服务的业务活动。

② 电路设计及测试服务,是指提供集成电路和电子电路产品设计、测试及相关技术支持服务的业务活动。

③ 信息系统服务,是指提供信息系统集成、网络管理、网站内容维护、桌面管理与维护、信息系统应用、基础信息技术管理平台整合、信息技术基础设施管理、数据中心、托管中心、信息安全服务、在线杀毒、虚拟主机等业务活动。包括网站对非自有的网络游戏提供的网络运营服务。

④ 业务流程管理服务,是指依托信息技术提供的人力资源管理、财务经济管理、审计管理、税务管理、物流信息管理、经营信息管理和呼叫中心等服务的活动。

⑤ 信息系统增值服务,是指利用信息系统资源为用户附加提供的信息技术服务,包括数据处理分析和整合、数据库管理、数据备份、数据存储、容灾服务、电子商务平台等。

(3)文化创意服务

文化创意服务,包括设计服务、知识产权服务、广告服务和会议展览服务。

① 设计服务,是指把计划、规划、设想通过文字、语言、图画、声音、视觉等形式传递出来的业务活动,包括工业设计、内部管理设计、业务运作设计、供应链设计、造型设计、服装设计、环境设计、平面设计、包装设计、动漫设计、网游设计、展示设计、网站设计、机械设计、工程设计、广告设计、创意策划、文印晒图等。

② 知识产权服务,是指处理知识产权事务的业务活动,包括对专利、商标、著作权、软件、集成电路布图设计的登记、鉴定、评估、认证、检索服务。

③ 广告服务,是指利用图书、报纸、杂志、广播、电视、电影、幻灯、路牌、招贴、橱窗、霓虹灯、灯箱、互联网等各种形式为客户的商品、经营服务项目、文体节目或者通告、声明等委托事项进行宣传和提供相关服务的业务活动,包括广告代理和广告的发布、播映、宣传、展示等。

④ 会议展览服务,是指为商品流通、促销、展示、经贸洽谈、民间交流、企业沟通、国际往来等举办或者组织安排的各类展览和会议的业务活动。

(4) 物流辅助服务

物流辅助服务,包括航空服务、港口码头服务、货运客运场站服务、打捞救助服务、装卸搬运服务、仓储服务和收派服务。

① 航空服务,包括航空地面服务和通用航空服务。

航空地面服务,是指航空公司、飞机场、民航管理局、航站等向在境内航行或者在境内机场停留的境内外飞机或者其他飞行器提供的导航等劳务性地面服务的业务活动,包括旅客安全检查服务、停机坪管理服务、机场候机厅管理服务、飞机清洗消毒服务、空中飞行管理服务、飞机起降服务、飞行通讯服务、地面信号服务、飞机安全服务、飞机跑道管理服务、空中交通管理服务等。

通用航空服务,是指为专业工作提供飞行服务的业务活动,包括航空摄影、航空培训、航空测量、航空勘探、航空护林、航空吊挂播洒、航空降雨、航空气象探测、航空海洋监测、航空科学实验等。

② 港口码头服务,是指港务船舶调度服务、船舶通讯服务、航道管理服务、航道疏浚服务、灯塔管理服务、航标管理服务、船舶引航服务、理货服务、系解缆服务、停泊和移泊服务、海上船舶溢油清除服务、水上交通管理服务、船只专业清洗消毒检测服务和防止船只漏油服务等为船只提供服务的业务活动。

港口设施经营人收取的港口设施保安费按照"港口码头服务"缴纳增值税。

③ 货运客运场站服务,是指货运客运场站提供货物配载服务、运输组织服务、中转换乘服务、车辆调度服务、票务服务、货物打包整理、铁路线路使用服务、加挂铁路客车服务、铁路行包专列发送服务、铁路到达和中转服务、铁路车辆编解服务、车辆挂运服务、铁路接触网服务、铁路机车牵引服务等业务活动。

④ 打捞救助服务,是指提供船舶人员救助、船舶财产救助、水上救助和沉船沉物打捞服务的业务活动。

⑤ 装卸搬运服务,是指使用装卸搬运工具或者人力、畜力将货物在运输工具之间、装卸现场之间或者运输工具与装卸现场之间进行装卸和搬运的业务活动。

⑥ 仓储服务,是指利用仓库、货场或者其他场所代客贮放、保管货物的业务活动。

⑦ 收派服务,是指接受寄件人委托,在承诺的时限内完成函件和包裹的收件、分拣、派送服务的业务活动。收件服务,是指从寄件人收取函件和包裹,并运送到服务提供方同城的集散中心的业务活动。分拣服务,是指服务提供方在其集散中心对函件和包裹进行归类、分发的业务活动。派送服务,是指服务提供方从其集散中心将函件和包裹送达同城的收件人的业务活动。

(5)租赁服务

租赁服务,包括融资租赁服务和经营租赁服务。

① 融资租赁服务,是指具有融资性质和所有权转移特点的租赁活动,即出租人根据承租人所要求的规格、型号、性能等条件购入有形动产或者不动产租赁给承租人,合同期内租赁物所有权属于出租人,承租人只拥有使用权,合同期满付清租金后,承租人有权按照残值购入租赁物,以拥有其所有权。不论出租人是否将租赁物销售给承租人,均属于融资租赁。按照标的物的不同,融资租赁服务可分为有形动产融资租赁服务和不动产融资租赁服务。

融资性售后回租不按照本税目缴纳增值税。

② 经营租赁服务,是指在约定时间内将有形动产或者不动产转让他人使用且租赁物所有权不变更的业务活动。按照标的物的不同,经营租赁服务可分为有形动产经营租赁服务和不动产经营租赁服务。

将建筑物、构筑物等不动产或者飞机、车辆等有形动产的广告位出租给其他单位或者个人用于发布广告,按照"经营租赁服务"缴纳增值税。

车辆停放服务、道路通行服务(包括过路费、过桥费、过闸费等)等按照"不动产经营租赁服务"缴纳增值税。

水路运输的光租业务、航空运输的干租业务,属于经营租赁。

光租业务,是指运输企业将船舶在约定的时间内出租给他人使用,不配备操作人员,不承担运输过程中发生的各项费用,只收取固定租赁费的业务活动。

干租业务,是指航空运输企业将飞机在约定的时间内出租给他人使用,不配备机组人员,不承担运输过程中发生的各项费用,只收取固定租赁费的业务活动。

(6)鉴证咨询服务

鉴证咨询服务,包括认证服务、鉴证服务和咨询服务。

① 认证服务,是指具有专业资质的单位利用检测、检验、计量等技术,证明产品、服务、管理体系符合相关技术规范、相关技术规范的强制性要求或者标准的业务活动。

② 鉴证服务,是指具有专业资质的单位受托对相关事项进行鉴证,发表具有证明力的意见的业务活动,包括会计鉴证、税务鉴证、法律鉴证、职业技能鉴定、工程造价鉴证、工程监理、资产评估、环境评估、房地产土地评估、建筑图纸审核、医疗事故鉴定等。

③ 咨询服务,是指提供信息、建议、策划、顾问等服务的活动,包括金融、软件、技术、财务、税收、法律、内部管理、业务运作、流程管理、健康等方面的咨询。

翻译服务和市场调查服务按"咨询服务"缴纳增值税。

(7)广播影视服务

广播影视服务,包括广播影视节目(作品)的制作服务、发行服务和播映(含放映,下同)服务。

① 广播影视节目(作品)制作服务,是指进行专题(特别节目)、专栏、综艺、体育、动画片、广播剧、电视剧、电影等广播影视节目和作品制作的服务,具体包括与广播影视节目(作品)相关的策划、采编、拍摄、录音、音视频文字图片素材制作、场景布置、后期的剪辑、翻译(编译)、字幕制作、片头片尾片花制作、特效制作、影片修复、编目和确权等业务活动。

② 广播影视节目(作品)发行服务,是指以分账、买断、委托等方式,向影院、电台、电视台、网站等单位和个人发行广播影视节目(作品)以及转让体育赛事等活动的报道及播映权的业务活动。

③ 广播影视节目(作品)播映服务,是指在影院、剧院、录像厅及其他场所播映广播影视节目(作品),以及通过电台、电视台、卫星通信、互联网、有线电视等无线或者有线装置播映广播影视节目(作品)的业务活动。

(8)商务辅助服务

商务辅助服务,包括企业管理服务、经纪代理服务、人力资源服务、安全保护服务。

① 企业管理服务,是指提供总部管理、投资与资产管理、市场管理、物业管理、日常综合管理等服务的业务活动。

② 经纪代理服务,是指各类经纪、中介、代理服务,包括金融代理、知识产权代理、货物运输代理、代理报关、法律代理、房地产中介、职业中介、婚姻中介、代理记账、拍卖等。

货物运输代理服务,是指接受货物收货人、发货人、船舶所有人、船舶承租人或者船舶经营人的委托,以委托人的名义,为委托人办理货物运输、装卸、仓储和船舶进出港口、引航、靠泊等相关手续的业务活动。

代理报关服务,是指接受进出口货物的收、发货人委托,代为办理报关手续的业务活动。

③ 人力资源服务,是指提供公共就业、劳务派遣、人才委托招聘、劳动力外包等服务的业务活动。

④ 安全保护服务,是指提供保护人身安全和财产安全,维护社会治安等的业务活动,包括场所住宅保安、特种保安、安全系统监控以及其他安保服务。

(9)其他现代服务

其他现代服务,是指除研发和技术服务、信息技术服务、文化创意服务、物流辅助服务、租赁服务、鉴证咨询服务、广播影视服务和商务辅助服务以外的现代服务。

7)生活服务

生活服务,是指为满足城乡居民日常生活需求提供的各类服务活动,包括文化体育服务、教育医疗服务、旅游娱乐服务、餐饮住宿服务、居民日常服务和其他生活服务。

(1)文化体育服务

文化体育服务,包括文化服务和体育服务。

① 文化服务,是指为满足社会公众文化生活需求提供的各种服务,包括文艺创作、文艺表演、文化比赛,图书馆的图书和资料借阅,档案馆的档案管理,文物及非物质遗产保护,组织举办宗教活动、科技活动、文化活动,提供游览场所。

② 体育服务,是指组织举办体育比赛、体育表演、体育活动,以及提供体育训练、体育指导、体育管理的业务活动。

(2)教育医疗服务

教育医疗服务,包括教育服务和医疗服务。

① 教育服务,是指提供学历教育服务、非学历教育服务、教育辅助服务的业务活动。

学历教育服务,是指根据教育行政管理部门确定或者认可的招生和教学计划组织教学,并颁发相应学历证书的业务活动,包括初等教育、初级中等教育、高级中等教育、高等教育等。

非学历教育服务,包括学前教育、各类培训、演讲、讲座、报告会等。

教育辅助服务,包括教育测评、考试、招生等服务。

② 医疗服务,是指提供医学检查、诊断、治疗、康复、预防、保健、接生、计划生育、防疫等方面的服务,以及与这些服务有关的提供药品、医用材料器具、救护车、病房住宿和伙食的业务。

(3)旅游娱乐服务

旅游娱乐服务,包括旅游服务和娱乐服务。

① 旅游服务,是指根据旅游者的要求,组织安排交通、游览、住宿、餐饮、购物、文娱、商务等服务的业务活动。

② 娱乐服务,是指为娱乐活动同时提供场所和服务的业务,具体包括歌厅、舞厅、夜总会、酒吧、台球、高尔夫球、保龄球、游艺(包括射击、狩猎、跑马、游戏机、蹦极、卡丁车、热气球、动力伞、射箭、飞镖)。

(4)餐饮住宿服务

餐饮住宿服务,包括餐饮服务和住宿服务。

① 餐饮服务,是指通过同时提供饮食和饮食场所的方式为消费者提供饮食消费服务的业务活动。

② 住宿服务,是指提供住宿场所及配套服务等的活动,包括宾馆、旅馆、旅社、度假村和其他经营性住宿场所提供的住宿服务。

(5)居民日常服务

居民日常服务,是指主要为满足居民个人及其家庭日常生活需求提供的服务,包括市容市政管理、家政、婚庆、养老、殡葬、照料和护理、救助救济、美容美发、按摩、桑拿、氧吧、足疗、沐浴、洗染、摄影扩印等服务。

(6)其他生活服务

其他生活服务,是指除文化体育服务、教育医疗服务、旅游娱乐服务、餐饮住宿服务和居民日常服务之外的生活服务。

4. 销售无形资产

销售无形资产,是指转让无形资产所有权或者使用权的业务活动。无形资产,是指不具有实物形态,但能带来经济利益的资产,包括技术、商标、著作权、商誉、自然资源使用权和其他权益性无形资产。

技术,包括专利技术和非专利技术。

自然资源使用权,包括土地使用权、海域使用权、探矿权、采矿权、取水权和其他自然资源使用权。

其他权益性无形资产,包括基础设施资产经营权、公共事业特许权、配额、经营权(包括特许经营权、连锁经营权、其他经营权)、经销权、分销权、代理权、会员权、席位权、网络游戏虚拟道具、域名、名称权、肖像权、冠名权、转会费等。

5. 销售不动产

销售不动产,是指转让不动产所有权的业务活动。不动产,是指不能移动或者移动后会引起性质、形状改变的财产,包括建筑物、构筑物等。

建筑物,包括住宅、商业营业用房、办公楼等可供居住、工作或者进行其他活动的建造物。

构筑物,包括道路、桥梁、隧道、水坝等建造物。

转让建筑物有限产权或者永久使用权的,转让在建的建筑物或者构筑物所有权的,以及在转让建筑物或者构筑物时一并转让其所占土地的使用权的,按照"销售不动产"缴纳增值税。

6. 非经营活动的确认

销售服务、无形资产或者不动产,是指有偿提供服务、有偿转让无形资产或者不动产,但属于下列非经营活动的情形除外。

(1)行政单位收取的同时满足以下条件的政府性基金或者行政事业性收费:① 由国务院或者财政部批准设立的政府性基金,由国务院或者省级人民政府及其财政、价格主管部门批准设立的行政事业性收费;② 收取时开具省级以上(含省级)财政部门监(印)制的财政票据;③ 所收款项全额上缴财政。

(2)单位或者个体工商户聘用的员工为本单位或者雇主提供取得工资的服务。

(3)单位或者个体工商户为聘用的员工提供服务。

(4)财政部和国家税务总局规定的其他情形。

(二)征税范围的特殊规定

1. 属于征税范围的特殊项目

属于征税范围的特殊项目很多,这里仅列举如下几种:
(1)货物期货(包括商品期货和贵金属期货),在期货的实物交割环节纳税;
(2)银行销售金银的业务;
(3)典当业的死当物品销售业务和寄售业代委托人销售寄售物品的业务;
(4)电力公司向发电企业收取的过网费。

2. 属于征税范围的特殊行为

1)视同发生应税销售行为
单位或者个体工商户的下列行为,视同发生应税销售行为:
(1)将货物交付其他单位或者个人代销;

(2)销售代销货物;

(3)设有两个以上机构并实行统一核算的纳税人,将货物从一个机构移送至其他机构用于销售,但相关机构设在同一县(市)的除外;

(4)将自产或者委托加工的货物用于非应税项目;

(5)将自产、委托加工的货物用于集体福利或者个人消费;

(6)将自产、委托加工或者购进的货物作为投资,提供给其他单位或者个体工商户;

(7)将自产、委托加工或者购进的货物分配给股东或者投资者;

(8)将自产、委托加工或者购进的货物无偿赠送其他单位或者个人;

(9)向其他单位或者个人无偿销售应税服务、无偿转让无形资产或者不动产,但用于公益事业或者以社会公众为对象的除外;

(10)财政部和国家税务总局规定的其他情形。

上述十种情况应该确定为视同发生应税销售行为,均要征收增值税。其确定的目的主要有三个。一是保证增值税税款抵扣制度的实施,不致因发生上述行为而造成各相关环节税款抵扣链条的中断,如前两种情况就是这种原因。如果不将之视同发生应税销售行为从而出现销售代销货物方仅有销项税额而无进项税额,而将货物交付其他单位或者个人代销方仅有进项税额而无销项税额的情况,就会出现增值税抵扣链条不完整。二是避免因发生上述行为而造成应税销售行为之间税收负担不平衡的矛盾,防止以上述行为逃避纳税的现象。三是体现增值税计算的配比原则,即购进货物、劳务、服务、无形资产、不动产已经在购进环节实施了进项税额抵扣,这些购进货物、劳务、服务、无形资产、不动产应该产生相应的销售额,同时就应该产生相应的销项税额,否则就会产生不配比情况。例如上述第(4)—(9)项中的几种情况就属于此种原因。

2)混合销售

一项销售行为如果既涉及货物又涉及服务,为混合销售。从事货物的生产、批发或者零售的单位和个体工商户的混合销售,按照销售货物缴纳增值税;其他单位和个体工商户的混合销售,按照销售服务缴纳增值税。

混合销售行为的销售行为必须是一项,该项行为必须既涉及货物销售又涉及应税行为。

四、税率与征收率

(一)增值税税率及适用范围

增值税的税率分别为13%、9%、6%和零税率。

1. 13%税率适用范围

纳税人销售货物、劳务、有形动产租赁服务或者进口货物,除按规定适用9%税率的货物以外,适用13%的基本税率。

2. 9%税率适用范围

纳税人销售交通运输、邮政、基础电信、建筑、不动产租赁服务,销售不动产,转让土地使用权,销售或者进口下列货物,税率为9%:

(1)粮食等农产品、食用植物油、食用盐;

(2)自来水、暖气、冷气、热水、煤气、石油液化气、天然气、二甲醚、沼气、居民用煤炭制品;

(3)图书、报纸、杂志、音像制品、电子出版物;

(4)饲料、化肥、农药、农机、农膜;

(5)国务院规定的其他货物。

3. 6%税率适用范围

纳税人销售增值电信服务、金融服务、现代服务(不动产租赁除外)、生活服务以及销售无形资产(转让土地使用权除外),税率为6%。

4. 零税率适用范围

纳税人出口货物,税率为零,国务院另有规定的除外。

【注意】 零税率不等于免税。出口货物免税,指的是出口环节的增值税免征。零税率指的是,不仅免征出口环节的增值税,而且将货物在出口前已征收的增值税退还。即零税率不仅免税,而且退税,使得货物最终以不含增值税的价格出口。

境内单位和个人跨境销售国务院规定范围内的下列服务、无形资产,税率为零:

(1)国际运输服务;

(2)航天运输服务;

(3)向境外单位提供的完全在境外消费的相关服务;

(4)财政部和国家税务总局规定的其他服务。

境内单位和个人发生的与香港、澳门、台湾有关的应税行为,除另有规定外,参照上述规定执行。

(二)增值税征收率

增值税征收率是指对特定纳税人发生应税销售行为在某一生产流通环节应纳税额与销售额的比率。小规模纳税人适用征收率,一般纳税人在特殊情况下采用简易计税方法计税时也适用征收率。我国增值税的法定征收率是3%。在一些特殊项目中,也会适用5%、2%、1.5%、0.5%的征收率。

1. 征收率的一般规定

纳税人发生按简易计税方法计税的情形,除按规定适用5%征收率的以外,其应税销售行为均适用3%的征收率。适用5%征收率的情况主要有:

(1)小规模纳税人销售自建或者取得的不动产;

(2)一般纳税人选择简易计税方法计税的不动产销售;

(3)房地产开发企业中的小规模纳税人,销售自行开发的房地产项目;

(4)其他个人销售其取得(不含自建)的不动产(不含其购买的住房);

(5)一般纳税人选择简易计税方法计税的不动产经营租赁;

(6)小规模纳税人出租(经营租赁)其取得的不动产(不含个人出租住房);

(7)其他个人出租(经营租赁)其取得的不动产(不含住房);

(8)个人出租住房,应按照5%的征收率减按1.5%计算应纳税额;

(9)一般纳税人和小规模纳税人提供劳务派遣服务选择差额纳税的;

(10)一般纳税人2016年4月30日前签订的不动产融资租赁合同,或以2016年4月30日前取得的不动产提供的融资租赁服务,选择适用简易计税方法的;

(11)一般纳税人收取试点前开工的一级公路、二级公路、桥、闸通行费,选择适用简易计税方法的;

(12)一般纳税人提供人力资源外包服务,选择适用简易计税方法的;

(13)纳税人转让2016年4月30日前取得的土地使用权,选择适用简易计税方法的;

(14)房地产开发企业中的一般纳税人购入未完工的房地产老项目(2016年4月30日之前的建筑工程项目)继续开发后,以自己名义立项销售的不动产,属于房地产老项目,可以选择适用简易计税方法按照5%的征收率计算缴纳增值税。

2. 征收率的特殊规定

关于征收率的特殊规定主要包括如下几点。

(1)适用3%征收率的某些一般纳税人和小规模纳税人可以减按2%计征增值税:

① 一般纳税人销售自己使用过的、不得抵扣且未抵扣进项税额的固定资产,按照简易办法依照3%征收率减按2%征收增值税;

② 小规模纳税人(除其他个人外,下同)销售自己使用过的固定资产,减按2%征收率征收增值税;

③ 纳税人销售旧货,按照简易办法依照3%征收率减按2%征收增值税。

这里所称旧货,是指进入二次流通的具有部分使用价值的货物(含旧汽车、旧摩托车和旧游艇),但不包括自己使用过的物品。

上述纳税人销售自己使用过的固定资产、物品和旧货适用按照简易办法依照3%征收率减按2%征收增值税的,按下列公式确定销售额和应纳税额:

$$销售额 = 含税销售额 \div (1+3\%)$$

$$应纳税额 = 销售额 \times 2\%$$

(2)提供物业管理服务的纳税人,向服务接受方收取的自来水水费,以扣除其对外支付的自来水水费后的余额为销售额,按照简易计税方法依3%的征收率计算缴纳增值税。

(3)小规模纳税人提供劳务派遣服务,以取得的全部价款和价外费用为销售额,按照简易计税方法依3%的征收率计算缴纳增值税;也可以选择差额纳税,以取得的全部价款和价外费用,扣除代用工单位支付给劳务派遣员工的工资、福利和为其办理社会保险及住房公积金后的余额为销售额,按照简易计税方法依5%的征收率计算缴纳增值税。

选择差额纳税的纳税人,向用工单位收取用于支付给劳务派遣员工工资、福利和为其办理社会保险及住房公积金的费用,不得开具增值税专用发票,可以开具普通发票。

(4)非企业性单位中的一般纳税人提供的研发和技术服务、信息技术服务、鉴证咨询服务,以及销售技术、著作权等无形资产,可以选择简易计税方法按照3%征收率计算缴纳增值税。

(5)一般纳税人提供教育辅助服务,可以选择简易计税方法按照3%征收率计算缴纳增值税。

(6)自2018年5月1日起,增值税一般纳税人生产销售和批发、零售抗癌药品,可选择按照简易办法依照3%征收率计算缴纳增值税。抗癌药品,是指经国家药品监督管理部门批准注册的抗癌制剂及原料药。

抗癌药品范围实行动态调整,纳税人选择简易办法计算缴纳增值税后,36个月内不得变更。

(7)自2019年3月1日起,增值税一般纳税人生产销售和批发、零售罕见病药品,可选择按照简易办法依照3%征收率计算缴纳增值税。上述纳税人选择简易办法计算缴纳增值税后,36个月内不得变更。

(三)兼营行为的税率选择

试点纳税人发生应税销售行为适用不同税率或者征收率的,应当分别核算适用不同税率或者征收率的销售额,未分别核算销售额的,按照以下方法适用税率或者征收率:

(1)兼有不同税率的应税销售行为,从高适用税率;
(2)兼有不同征收率的应税销售行为,从高适用征收率;
(3)兼有不同税率和征收率的应税销售行为,从高适用税率。

五、税收优惠

(一)原增值税纳税人的优惠政策

1.《增值税暂行条例》规定的免税项目

《增值税暂行条例》规定的免税项目主要包括如下几类:
(1)农业生产者销售的自产农产品;
(2)避孕药品和用具;
(3)古旧图书(指向社会收购的古书和旧书);
(4)直接用于科学研究、科学试验和教学的进口仪器、设备;
(5)外国政府、国际组织无偿援助的进口物资和设备;

(6)由残疾人的组织直接进口供残疾人专用的物品；

(7)销售的自己使用过的物品(指其他个人自己使用过的物品)。

2. 财政部、国家税务总局规定的优惠政策

随着经济形势的发展，财政部、国家税务总局规定的增值税优惠政策随着经济形势的发展变动很大，这里试列举几项说明如下：

(1)免征蔬菜、部分鲜活肉蛋产品流通环节增值税；

(2)除豆粕以外的其他粕类饲料产品，均免征增值税；

(3)制种企业在规定的生产经营模式下生产销售种子，属于农业生产者销售自产农业产品，免征增值税；

(4)纳税人生产销售和批发、零售符合标准的有机肥产品，免征增值税。

必须指出的是，近年来，国家针对小规模纳税人出台了一系列增值税优惠政策，主要有如下几点。

(1)2022年4月1日至2022年12月31日期间，增值税小规模纳税人适用3%征收率的应税销售收入，免征增值税；适用3%预征率的预缴增值税项目，暂停预缴增值税。

(2)自2023年1月1日至2023年12月31日，对月销售额未超过10万元(以1个季度为1个纳税期的，季度销售额未超过30万元，下同)的增值税小规模纳税人，免征增值税。适用上述免征增值税政策的，纳税人可就该笔销售收入选择放弃免税并开具增值税专用发票。

(3)自2023年1月1日至2023年12月31日，增值税小规模纳税人适用3%征收率的应税销售收入，减按1%征收率征收增值税；适用3%预征率的预缴增值税项目，减按1%预征率预缴增值税。减按1%征收率征收增值税的，应按照1%征收率开具增值税发票，纳税人也可就该笔销售收入选择放弃减税并开具增值税专用发票。

(4)小规模纳税人发生增值税应税销售行为，合计月销售额超过10万元、但扣除本期发生的销售不动产的销售额后未超过10万元的，其销售货物、劳务、服务、无形资产取得的销售额免征增值税。适用增值税差额征税政策的小规模纳税人，以差额后的销售额确定是否可以享受该项免征增值税政策。

(二)"营改增"过渡期间的优惠政策

1."营改增"过渡期间的免税政策

"营改增"过渡期间，以下47个项目免征增值税：

(1)托儿所、幼儿园提供的保育和教育服务；

(2)养老机构提供的养老服务；

(3)残疾人福利机构提供的育养服务；

(4)婚姻介绍服务；

(5)殡葬服务；

(6)残疾人员本人为社会提供的服务；

(7)医疗机构提供的医疗服务；

(8)从事学历教育的学校提供的教育服务；

(9)学生勤工俭学提供的服务；

(10)农业机耕、排灌、病虫害防治、植物保护、农牧保险以及相关技术培训业务，家禽、牲畜、水生动物的配种和疾病防治；

(11)纪念馆、博物馆、文化馆、文物保护单位管理机构、美术馆、展览馆、书画院、图书馆在自己的场所提供文化体育服务取得的第一道门票收入；

(12)寺院、宫观、清真寺和教堂举办文化、宗教活动的门票收入；

(13)行政单位之外的其他单位收取的符合《营业税改征增值税试点实施办法》第十条规定条件的政府性基金和行政事业性收费；

(14)个人转让著作权；

(15)个人销售自建自用住房；

(16)台湾航运公司、航空公司从事海峡两岸海上直航、空中直航业务在大陆取得的运输收入；

(17)纳税人提供的直接或者间接国际货物运输代理服务；

(18)符合规定的利息收入；

(19)被撤销金融机构以货物、不动产、无形资产、有价证券、票据等财产清偿债务；

(20)保险公司开办的一年期以上人身保险产品取得的保费收入；

(21)再保险服务；

(22)符合规定的金融商品转让收入；

(23)金融同业往来利息收入；

(24)国家商品储备管理单位及其直属企业承担商品储备任务，从中央或者地方财政取得的利息补贴收入和价差补贴收入；

(25)纳税人提供技术转让、技术开发和与之相关的技术咨询、技术服务；

(26)符合条件的合同能源管理服务；

(27)政府举办的从事学历教育的高等、中等和初等学校(不含下属单位)，举办进修班、培训班取得的全部归该学校所有的收入；

(28)政府举办的职业学校设立的主要为在校学生提供实习场所、并由学校出资自办、由学校负责经营管理、经营收入归学校所有的企业，从事《销售服务、无形资产或者不动产注释》中"现代服务"(不含融资租赁服务、广告服务和其他现代服务)、"生活服务"(不含文化体育服务、其他生活服务和桑拿、氧吧)业务活动取得的收入；

(29)家政服务企业由员工制家政服务员提供家政服务取得的收入；

(30)福利彩票、体育彩票的发行收入；

(31)军队空余房产租赁收入；

(32)为了配合国家住房制度改革，企业、行政事业单位按房改成本价、标准价出售住房取得的收入；

(33)将土地使用权转让给农业生产者用于农业生产；

(34)涉及家庭财产分割的个人无偿转让不动产、土地使用权；

(35)土地所有者出让土地使用权和土地使用者将土地使用权归还给土地所有者；

(36)县级以上地方人民政府或自然资源行政主管部门出让、转让或收回自然资源使用权(不含土地使用权)；

(37)随军家属就业；

(38)军队转业干部就业；

(39)各党派、共青团、工会、妇联、中科协、青联、台联、侨联收取党费、团费、会费，以及政府间国际组织收取会费，属于非经营活动，不征收增值税；

(40)青藏铁路公司提供的铁路运输服务免征增值税；

(41)中国邮政集团公司及其所属邮政企业提供的邮政普遍服务和邮政特殊服务，免征增值税；

(42)中国邮政集团公司及其所属邮政企业为金融机构代办金融保险业务取得的代理收入免征增值税；

(43)全国社会保障基金理事会、全国社会保障基金投资管理人运用全国社会保障基金买卖证券投资基金、股票、债券取得的金融商品转让收入，免征增值税；

(44)对符合规定条件的国际航运保险业务免征增值税；

(45)对社保基金会、社保基金投资管理人在运用社保基金投资过程中，提供贷款服务取得的全部利息及利息性质的收入和金融商品转让收入，免征增值税；

(46)境外教育机构与境内从事学历教育的学校开展中外合作办学，提供学历教育服务取得的收入免征增值税；

(47)纳税人取得的财政补贴收入，与其销售货物、劳务、服务、无形资产、不动产的收入或者数量直接挂钩的，应按规定计算缴纳增值税；纳税人取得的其他情形的财政补贴收入，不属于增值税应税收入，不征收增值税。

2. "营改增"过渡期间的即征即退政策

纳税人享受增值税即征即退政策的主要规定较多，这里仅列举重要的几条。

(1)增值税一般纳税人销售其自行开发生产的软件产品，按13%税率征收增值税后，对其增值税实际税负超过3%的部分实行即征即退政策。

(2)一般纳税人提供管道运输服务，对其增值税实际税负超过3%的部分实行增值税即征即退政策。

(3)经中国人民银行、银保监会(国家金融监管总局)或者商务部批准从事融资租赁业务的纳税人中的一般纳税人，提供有形动产融资租赁服务和有形动产融资性售后回租服务，对其增值税实际税负超过3%的部分实行增值税即征即退政策。商务部授权的省级商务主管部门和国家经济技术开发区批准的从事融资租赁业务和融资性售后回租业务的一般纳税人，2016年5月1日后实收资本达到1.7亿元的，从达到标准的当月起按照上述规定执行；2016年5月1日后实收资本未达到1.7亿元但注册资本达到1.7亿元的，在2016年7月31日前仍可按照上述规定执行，2016年8月1日后开展的有形动产融资租赁业务和有形动产融资性售后回租业务不得按照上述规定执行。

上述所称增值税实际税负,是指纳税人当期提供应税服务实际缴纳的增值税税额占纳税人当期提供应税服务取得的全部价款和价外费用的比例。

3. "营改增"过渡期间跨境应税行为的免税政策

境内的单位和个人销售的下列跨境应税行为免征增值税,但财政部和国家税务总局规定适用增值税零税率的除外:
(1)工程项目在境外的建筑服务;
(2)工程项目在境外的工程监理服务;
(3)工程、矿产资源在境外的工程勘察勘探服务;
(4)会议展览地点在境外的会议展览服务;
(5)存储地点在境外的仓储服务;
(6)标的物在境外使用的有形动产租赁服务;
(7)在境外提供的广播影视节目(作品)的播映服务;
(8)在境外提供的文化体育服务、教育医疗服务、旅游服务;
(9)为出口货物提供的邮政服务、收派服务、保险服务(包括出口货物保险和出口信用保险);
(10)向境外单位销售的完全在境外消费的电信服务、知识产权服务、物流辅助服务(仓储服务、收派服务除外)、鉴证咨询服务、专业技术服务、商务辅助服务;
(11)向境外单位销售的广告投放地在境外的广告服务;
(12)向境外单位销售的完全在境外消费的无形资产(技术除外);
(13)为境外单位之间的货币资金融通及其他金融业务提供的直接收费金融服务,且该服务与境内的货物、无形资产和不动产无关;
(14)部分特殊情形的国际运输服务;
(15)符合零税率政策但适用简易计税方法或声明放弃适用零税率选择免税的部分应税行为。

4. 其他有关减免税规定

纳税人兼营免税、减税项目的,应当分别核算免税、减税项目的销售额;未分别核算销售额的,不得免税、减税。

纳税人发生应税销售行为适用免税规定的,可以放弃免税,依照《增值税暂行条例》的规定缴纳增值税。放弃免税后,36个月内不得再申请免税。

纳税人发生应税销售行为同时适用免税和零税率规定的,纳税人可以选择适用免税或者零税率。

【注意】 现实中有些纳税人在某些条件下会放弃免税优惠,可能原因如下:① 免税项目不能开具增值税专用发票;② 用于免税项目的进项税额不得抵扣,纳税人放弃免税后可以抵扣大额进项税。

（三）增值税的起征点

纳税人销售额未达到国务院财政、税务主管部门规定的增值税起征点的，免征增值税；达到起征点的，依照规定全额计算缴纳增值税。

增值税起征点仅适用于个人，包括个体工商户和其他个人，但不适用于登记认定为一般纳税人的个体工商户，即增值税起征点仅适用于按照小规模纳税人纳税的个体工商户和其他个人。

增值税起征点幅度如下：
(1)按期纳税的，为月销售额 5 000～20 000 元(含本数)；
(2)按次纳税的，为每次（日）销售额 300～500 元(含本数)。

另外，对增值税月销售额在 10 万元以下(含本数)的增值税小规模纳税人，免征增值税。

第三节 一般计税方法应纳税额的计算

增值税的计税方法包括一般计税方法、简易计税方法和扣缴计税方法。我国目前对一般纳税人增值税的计算通常采用一般计税方法，某些特殊情况下采用或选用简易计税方法。一般纳税人发生应税销售行为适用一般计税方法计税的计算公式如下：

$$当期应纳税额＝当期销项税额－当期进项税额$$

一、销项税额的计算

销项税额是指纳税人发生应税销售行为时，按照销售额与规定税率计算并向购买方收取的增值税税额。销项税额的计算公式为：

$$销项税额＝销售额×适用税率$$

公式中的销售额指不含增值税的销售额。如果是含税销售额，需要进行价税分离，换算成不含税销售额：

$$不含税销售额＝含税销售额÷(1＋税率)$$

【注意】 同学们在进行增值税税额计算的练习时，通常情况下，题目会明确指出销售额是否含增值税。在未明确指出的情况下，按照以下原则处理：
(1)销售的"零售价"含增值税；
(2)增值税专用发票注明的销售"金额"不含增值税；
(3)作为使用一般计税方法计算销项税额的基数的"销售额"不含增值税；
(4)作为采用简易计税方法计算增值税税额的基数的"销售额"不含增值税；

(5)向购买方收取的价外费用和逾期包装物押金视为含增值税收入。

销项税额的计算取决于销售额和适用税率两个因素。在适用税率既定的前提下,销项税额的大小主要取决于销售额的大小。销售额的确认分为一般销售方式下的销售额确认和特殊销售方式下的销售额确认。

（一）一般销售方式下的销售额确认

销售额是指纳税人发生应税销售行为时收取的全部价款和价外费用。特别需要强调的是,尽管销项税额也是销售方向购买方收取的,但是由于增值税采用价外计税方式,用不含增值税(以下简称"不含税")价作为计税依据,因而销售额中不包括向购买方收取的销项税额。

价外费用,是指价外收取的各种性质的收费,但不包括以下的项目。

(1)受托加工应征消费税的消费品所代收代缴的消费税。

(2)同时符合以下条件的代垫运输费用:① 承运部门的运输费用发票开具给购买方的;② 纳税人将该项发票转交给购买方的。

(3)同时符合以下条件代为收取的政府性基金或者行政事业性收费:① 由国务院或者财政部批准设立的政府性基金,由国务院或者省级人民政府及其财政、价格主管部门批准设立的行政事业性收费;② 收取时开具省级以上(含省级)财政部门监(印)制的财政票据;③ 所收款项全额上缴财政。

(4)以委托方名义开具发票代委托方收取的款项。

(5)销售货物的同时代办保险等而向购买方收取的保险费,以及向购买方收取的代购买方缴纳的车辆购置税、车辆牌照费。

凡随同应税销售行为向购买方收取的价外费用,无论其会计制度如何核算,均应并入销售额计算应纳税额。

对增值税一般纳税人(包括纳税人自己或代其他部门)向购买方收取的价外费用和逾期包装物押金,应视为含增值税(以下简称"含税")收入,在征税时应换算成不含税收入再并入销售额。

销售额应以人民币计算。纳税人以人民币以外的货币结算销售额的,应当折合成人民币计算。折合率可以选择销售额发生的当天或者当月1日的人民币汇率中间价。纳税人应当事先确定采用何种折合率,确定后12个月内不得变更。

（二）特殊销售方式下的销售额确认

在实际商业活动中,纳税人会选择多种销售方式促销。不同销售方式下确认的销售额有所不同。

1. 采取折扣方式销售

销售有三种折扣方式,分别是折扣销售、销售折扣与销售折让。

1)折扣销售

折扣销售又称商业折扣,是指销货方在发生应税销售行为时,因购货方购货数量较大等原因而给予购货方的价格优惠。例如,购买5件商品,销售价格折扣5%;购买10件商品,折扣10%等。纳税人发生应税销售行为,如将价款和折扣额在同一张发票上的"金额"栏分别注明的,可按折扣后的销售额征收增值税。未在同一张发票"金额"栏注明折扣额,而仅在发票的"备注"栏注明折扣额的,折扣额不得从销售额中减除;未在同一张发票上分别注明的,以价款为销售额,不得扣减折扣额。

2) 销售折扣

销售折扣又叫现金折扣,是指销售方在发生应税销售行为后,为了尽快收到货款而协议许诺给予购买方的一种折扣优待。例如,5天内付款,货款折扣2%;10天内付款,折扣1%;30天内全价付款。销售折扣应视为企业的融资行为,因此折扣额不得从销售额中扣除。

3) 销售折让

销售折让,是指由于企业售出商品的质量、规格等不符合要求,销售单位同意在商品价格上给予的减让。纳税人发生应税销售行为因销售折让、中止或者退回的,应扣减当期的销项税额(一般计税方法)或销售额(简易计税方法)。

◇ 同步案例2-1

甲公司为增值税一般纳税人(本节案例所涉及的单位如不作特殊说明,均默认为一般纳税人),销售给乙公司200件玩具,每件不含税价格为50元,由于乙公司购买数量多,甲公司按原价的7折优惠销售,并提供2/10,1/20,n/30的折扣。乙公司于10日内付款。试问:甲公司此项业务的销项税额应如何计算?

【解析】
销项税额=200×50×70%×13%=910(元)

2. 采取以旧换新方式销售

以旧换新是指纳税人在销售自己的货物时,有偿收回旧货物的行为。具体可以分为以下两种情况处理。

(1)金银首饰以外的以旧换新业务,应按新货物的同期销售价格确定销售额,不得扣减旧货物的收购价格。对于换取的旧货物,若能取得增值税专用发票等合法扣税凭证,则增值税专用发票等合法扣税凭证上注明的进项税额可以从销项税额中抵扣。

(2)考虑到金银首饰以旧换新业务的特殊情况,金银首饰以旧换新业务,按销售方实际收取的不含增值税的全部价款征收增值税。

◇ **同步案例2-2**

某企业本期销售一批空调,含税价格为 2 260 元/台,共 100 台。又采取以旧换新形式销售了同款空调 50 台,旧空调的每台收购价格为 113 元,请计算该公司当期销项税额。

【解析】

销项税额=2 260÷(1+13%)×(100+50)×13%=39 000(元)

3. 采取还本销售方式销售

还本销售是指纳税人在销售货物后,到一定期限由销售方一次或分次退还给购货方全部或部分价款。这种方式实际上是一种筹资行为,是以货物换取资金的使用价值,到期还本不付息的方法。增值税法律制度规定,采取还本销售方式销售货物,其销售额就是货物的销售价格,不得从销售额中减除还本支出。

4. 采取以物易物方式销售

以物易物是一种较为特殊的购销活动,是指购销双方不是以货币结算,而是以同等价款的应税销售行为相互结算,实现应税销售行为购销的一种方式。在以物易物销售方式下,双方都应作购销处理,以各自发出的应税销售行为核算销售额并计算销项税额,以各自收到的货物、劳务、服务、无形资产、不动产按规定核算购进金额并计算进项税额。

◇ **同步案例2-3**

A 公司用自产的一批售价为 11 300 元的商品换取 B 公司等值原材料。请问:A 公司该行为是否需要纳税?

【解析】

需要纳税,以发出的货物核算销售额。

销项税额=11 300÷(1+13%)×13%=1 300(元)

同步案例2-4

某电视机厂用15台自产电视机与原材料供应商换取等值生产用原材料,双方均开具增值税专用发票,不含税销售额为20 000元,原材料已入库。请计算该电视机厂应纳的增值税税额。

【解析】

销项税额＝20 000×13％＝2 600(元)

进项税额＝20 000×13％＝2 600(元)

应纳增值税税额＝2 600－2 600＝0(元)

5. 包装物押金的税务处理

包装物是指纳税人包装本单位货物的各种物品。纳税人销售货物时另收取包装物押金,目的是促使购货方尽早退回包装物以便周转使用。纳税人为销售货物而出租出借包装物收取的押金,单独记账核算的,又未逾期的,不并入销售额征税,但对因逾期未收回包装物不再退还的押金,应按所包装货物的适用税率计算销项税额。

上述规定中,"逾期"是指按合同约定实际逾期或以1年为期限,对收取1年以上的押金,无论是否退还均并入销售额征税。对销售除啤酒、黄酒外的其他酒类产品而收取的包装物押金,无论是否返还以及会计上如何核算,均应并入当期销售额征税。

【注意】 包装物押金为含税收入。

同步案例2-5

某酒厂本月销售散装白酒20吨,不含税出厂价格为3 000元/吨,共实现销售额60 000元。同时收取包装物押金4 000元,已单独设账核算。试计算上述业务的销项税额。

【解析】

销项税额＝3 000×20×13％＋4 000÷(1＋13％)×13％＝8 260.2(元)

6. 直销企业的税务处理

直销企业先将货物销售给直销员,直销员再将货物销售给消费者的,直销企业的销售额为其向直销员收取的全部价款和价外费用。直销员将货物销售给消费者时,应按照现行规定缴纳增值税。

直销企业通过直销员向消费者销售货物,直接向消费者收取货款,直销企业的销售额为其向消费者收取的全部价款和价外费用。

7. 贷款服务的销售额

贷款服务,以提供贷款服务取得的全部利息及利息性质的收入为销售额。

银行提供贷款服务按期计收利息的,结息日当日计收的全部利息收入,均应计入结息日所属期的销售额,按照现行规定计算缴纳增值税。

自2018年1月1日起,资管产品管理人运营资管产品提供的贷款服务以2018年1月1日起产生的利息及利息性质的收入为销售额。

8. 直接收费金融服务的销售额

直接收费金融服务,以提供直接收费金融服务收取的手续费、佣金、酬金、管理费、服务费、经手费、开户费、过户费、结算费、转托管费等各类费用为销售额。

(三)视同发生应税销售行为的销售额确定

纳税人发生应税销售行为的情形,价格明显偏低并无正当理由的,或者视同发生应税销售行为而无销售额的,由主管税务机关按照下列顺序核定销售额:

(1)按照纳税人最近时期发生同类应税销售行为的平均价格确定;
(2)按照其他纳税人最近时期发生同类应税销售行为的平均价格确定;
(3)用以上两种方法均不能确定其销售额的,可按组成计税价格确定。

【注意】 平均价格是指加权平均价格,而不是算术平均价格。

根据不同情况,组成计税价格的计算公式如下所示。

(1)对于除销售消费税应税消费品(以下简称"应税消费品")之外的应税销售行为,组成计税价格的计算公式为:

$$组成计税价格 = 成本 + 利润 = 成本 \times (1 + 成本利润率)$$

(2)若销售的货物属于消费税应税消费品,则根据消费税的不同计算缴纳方法,又可以分为三种情况:

① 实行从价定率办法计算纳税的组成计税价格计算公式为:

$$\begin{aligned}组成计税价格 &= 成本 + 利润 + 消费税 \\ &= 成本 \times (1 + 成本利润率) + 消费税 \\ &= 成本 \times (1 + 成本利润率) \div (1 - 消费税比例税率)\end{aligned}$$

② 实行从量定额办法计算纳税的组成计税价格计算公式为:

$$\begin{aligned}组成计税价格 &= 成本 + 利润 + 消费税 \\ &= 成本 \times (1 + 成本利润率) + 消费税 \\ &= 成本 \times (1 + 成本利润率) + 课税数量 \times 消费税定额税率\end{aligned}$$

③ 实行复合计税办法计算纳税的组成计税价格计算公式为：

组成计税价格＝成本＋利润＋消费税
　　　　　　＝成本×(1＋成本利润率)＋消费税
　　　　　　＝[成本×(1＋成本利润率)＋课税数量×消费税定额税率]÷
　　　　　　　(1－消费税比例税率)

成本利润率是指利润和成本的比率。这里的"成本"是指应税消费品的产品生产成本，"利润"是指根据应税消费品的全国平均成本利润率计算的利润。应税消费品全国平均成本利润率由国家税务总局确定，有统一的标准，可查表获知。

◇ 同步案例2-6

某公司将自产的30箱洗发水赠送给某单位，该批洗发水在市场上销售时，有记录的价格(含税)为：以100元/箱的价格销售了20箱，以120元/箱的价格销售了40箱。请计算该批30箱洗发水应计的销项税额。

【解析】

同类货物加权平均价格＝(100×20＋120×40)÷(20＋40)＝113.33(元)

销售额＝113.33×30÷(1＋13％)＝3 008.76(元)

销项税额＝销售额×税率＝3 008.76×13％＝391.14(元)

◇ 同步案例2-7

甲生产企业2021年将一批自产货物发放给职工作为节日福利。该货物不属于应税消费品，为新产品，公司没有同类产品生产，其他公司也没有同类产品。货物的生产成本为不含税价80万元。该产品适用13％的增值税税率，成本利润率为10％。试计算该批货物视同销售的销项税额。

【解析】

应按照组成计税价格确定其销售额，计算销项税额。

组成计税价格＝80×(1＋10％)＝88(万元)

销项税额＝88×13％＝11.44(万元)

二、进项税额的计算

进项税额是指纳税人购进货物、劳务、服务、无形资产、不动产所支付或者负担的增值税税额。进项税额是与销项税额相对应的另一个概念。在开具增值税专用发票的情况下,它们之间的对应关系是,销售方收取的销项税额,就是购买方支付的进项税额。增值税的核心就是用纳税人收取的销项税额抵扣其支付的进项税额,其余额为纳税人实际应缴纳的增值税税额。这样,进项税额作为可抵扣的部分,对于纳税人实际纳税多少就产生了举足轻重的作用。

然而,并不是纳税人支付的所有进项税额都可以从销项税额中抵扣。为体现增值税的配比原则,即购进项目金额与发生应税销售行为的销售额之间应有配比性,当纳税人购进的货物、劳务、服务、无形资产、不动产行为不是用于增值税应税项目,而是用于简易计税方法计税项目、免税项目或用于集体福利、个人消费等情况时,其支付的进项税额就不能从销项税额中抵扣。因此,必须严格把握哪些进项税额可以抵扣、哪些进项税额不能抵扣。

(一)准予从销项税额中抵扣的进项税额

准予从销项税额中抵扣的进项税额,限于下列增值税扣税凭证上注明的增值税税额和按规定的扣除率计算的进项税额。

(1)从销售方取得的增值税专用发票(含机动车销售统一发票,下同)上注明的增值税税额。

(2)从海关取得的海关进口增值税专用缴款书上注明的增值税税额。

(3)自境外单位或者个人购进劳务、服务、无形资产或者境内的不动产,从税务机关或者扣缴义务人处取得的代扣代缴税款的完税凭证上注明的增值税税额。

(4)纳税人购进农产品,按下列规定抵扣进项税额。

① 纳税人购进农产品,取得一般纳税人开具的增值税专用发票或海关进口增值税专用缴款书的,以增值税专用发票或海关进口增值税专用缴款书上注明的增值税税额为进项税额。

② 从按照简易计税方法依照3%的征收率计算缴纳增值税的小规模纳税人处取得增值税专用发票的,以增值税专用发票上注明的金额和9%的扣除率计算进项税额。

③ 取得(开具)农产品销售发票或收购发票的,以农产品销售发票或收购发票上注明的农产品买价和9%的扣除率计算进项税额。

④ 购进农产品进项税额的计算公式为:

$$进项税额=买价×扣除率$$

⑤ 对烟叶税纳税人按规定缴纳的烟叶税,准予并入烟叶产品的买价计算增值税的进项税额,并在计算缴纳增值税时予以抵扣。购进烟叶准予抵扣的增值税进项税额,按照收购烟叶实际支付的价款总额和烟叶税及法定扣除率计算。计算公式为:

$$烟叶税应纳税额=收购烟叶实际支付的价款总额×税率(20\%)$$

$$准予抵扣的进项税额=(收购烟叶实际支付的价款总额+烟叶税应纳税额)×扣除率$$

⑥ 纳税人从批发、零售环节购进适用免征增值税政策的蔬菜、部分鲜活肉蛋而取得的普通发票,不得作为计算抵扣进项税额的凭证。

⑦ 纳税人购进用于生产销售或委托加工13%税率货物的农产品,允许加计扣除,按照10%的扣除率计算进项税额。具体操作方法可分为以下两个环节:

一是在购进农产品当期,所有纳税人按照购进农产品抵扣进项税额的一般规定,凭票据实抵扣或者凭票计算抵扣;

二是将购进农产品用于生产销售或委托加工13%税率货物的纳税人,在生产领用农产品当期,根据领用的农产品加计1%抵扣进项税额。

纳税人购进农产品既用于生产销售或委托受托加工13%税率货物又用于生产销售其他货物服务的,应当分别核算用于生产销售或委托受托加工13%税率货物和其他货物服务的农产品进项税额。未分别核算的,统一以增值税专用发票或海关进口增值税专用缴款书上注明的增值税税额为进项税额,或以农产品收购发票或销售发票上注明的农产品买价和9%的扣除率计算进项税额。

上述购进农产品抵扣进项税额的办法,不适用于《农产品增值税进项税额核定扣除试点实施办法》中购进的农产品。

(5)根据《农产品增值税进项税额核定扣除试点实施办法》的规定,自2012年7月1日起,以购进农产品为原料生产销售液体乳及乳制品、酒及酒精、植物油的增值税一般纳税人,纳入农产品增值税进项税额核定扣除试点范围,其购进农产品无论是否用于生产上述产品,增值税进项税额均按照《农产品增值税进项税额核定扣除试点实施办法》的规定抵扣。其农产品增值税进项税额核定方法包括投入产出法、成本法和参照法。

当试点纳税人购进农产品直接销售时,农产品增值税进项税额按照以下方法核定扣除:

当期允许抵扣农产品增值税进项税额=当期销售农产品数量÷(1-损耗率)×农产品平均购买单价×9%÷(1+9%)

损耗率=损耗数量÷购进数量×100%

当试点纳税人购进农产品用于生产经营且不构成货物实体(包括包装物、辅助材料、燃料、低值易耗品等)时,增值税进项税额按照以下方法核定扣除:

当期允许抵扣农产品增值税进项税额=当期耗用农产品数量×农产品平均购买单价×扣除率÷(1+扣除率)

(6)增值税一般纳税人在资产重组过程中,将全部资产、负债和劳动力一并转让给其他增值税一般纳税人,并按程序办理注销税务登记的,其在办理注销登记前尚未抵扣的进项税额可结转至新纳税人处继续抵扣。

(7)纳税人支付的道路、桥、闸通行费,按照以下规定抵扣进项税额:

① 纳税人支付的道路通行费,按照收费公路通行费增值税电子普通发票上注明的增值税税额抵扣进项税额;

② 纳税人支付的桥、闸通行费,暂凭取得的通行费发票上注明的收费金额按照下列公式计算可抵扣的进项税额:

桥、闸通行费可抵扣进项税额=桥、闸通行费发票上注明的金额÷(1+5%)×5%

(8)按照规定不得抵扣且未抵扣进项税额的固定资产、无形资产、不动产,发生用途改变,用于允许抵扣进项税额的应税项目,可在用途改变的次月按照下列公式计算可以抵扣的进项税额:

可以抵扣的进项税额=资产净值÷(1+适用税率)×适用税率

上述可以抵扣的进项税额应取得合法有效的增值税扣税凭证。

(9)纳税人租入固定资产、不动产,既用于一般计税方法计税项目,又用于简易计税方法计税项目、免征增值税项目、集体福利或者个人消费的,其进项税额准予从销项税额中全额抵扣。

(10)提供保险服务的纳税人以实物赔付方式承担机动车辆保险责任的,自行向车辆修理劳务提供方购进的车辆修理劳务,其进项税额可以按规定从保险公司销项税额中抵扣。纳税人提供的其他财产保险服务,比照上述规定执行。

(11)自2019年4月1日起,购进国内旅客运输服务,其进项税额允许从销项税额中抵扣。"国内旅客运输服务",限于与本单位签订了劳动合同的员工,以及本单位作为用工单位接受的劳务派遣员工发生的国内旅客运输服务。

◇ 同步案例2-8

某烟草公司向烟叶生产者收购烟叶,支付了烟叶收购价款50 000元,并按照规定另外支付了价外补贴。当期全部领用完毕。试计算烟草公司当期应纳烟叶税和准予抵扣的进项税额。

【解析】
烟叶税 = (50 000 + 50 000 × 10%) × 20% = 11 000(元)
准予抵扣的进项税额 = (50 000 + 5 000 + 11 000) × 10% = 6 600(元)

(二)不得从销项税额中抵扣的进项税额

按照规定,下列项目的进项税额不得从销项税额中抵扣。

(1)用于简易计税方法计税项目、免征增值税项目、集体福利或者个人消费的购进货物、劳务、服务、无形资产和不动产。

其中涉及的固定资产、无形资产、不动产,仅指专用于上述项目的固定资产、无形资产(不包括其他权益性无形资产)、不动产。但是发生兼用于上述不允许抵扣项目情况的,该进项税额准予全部抵扣。

纳税人购进其他权益性无形资产,无论是专用于简易计税方法计税项目、免征增值税项目、集体福利或者个人消费,还是兼用于上述不允许抵扣项目,均可以抵扣进项税额。

纳税人的交际应酬消费属于个人消费,即交际应酬消费不属于生产经营中的生产投入和支出。

(2)非正常损失的购进货物,以及相关劳务和交通运输服务。

(3)非正常损失的在产品、产成品所耗用的购进货物(不包括固定资产)、劳务和交通运输服务。

(4)非正常损失的不动产,以及该不动产所耗用的购进货物、设计服务和建筑服务。

(5)非正常损失的不动产在建工程所耗用的购进货物、设计服务和建筑服务。纳税人新建、改建、扩建、修缮、装饰不动产,均属于不动产在建工程。

【注意】 上述(2)—(5)项所说的非正常损失,是指因管理不善造成货物被盗、丢失、霉烂变质,以及因违反法律法规造成货物或者不动产被依法没收、销毁、拆除的情形。这些非正常损失是由纳税人自身原因导致的征税对象实体的灭失,为保证税负公平,其损失不应由国家承担,因而纳税人无权要求抵扣进项税额。但是,由自然灾害如地震等造成的损失,可以抵扣进项税额。有保质期的购进货物由于过期导致的损失,属于企业正常损失,也准予抵扣进项税额。

上述第(4)、(5)项所称货物,是指构成不动产实体的材料和设备,包括建筑装饰材料和给排水、采暖、卫生、通风、照明、通信、煤气、消防、中央空调、电梯、电气、智能化楼宇设备及配套设施。

(6)购进的贷款服务、餐饮服务、居民日常服务和娱乐服务。

(7)纳税人接受贷款服务向贷款方支付的与该笔贷款直接相关的投融资顾问费、手续费、咨询费等费用,其进项税额不得从销项税额中抵扣。

(8)提供保险服务的纳税人以现金赔付方式承担机动车辆保险责任的,将应付给被保险人的赔偿金直接支付给车辆修理劳务提供方,不属于保险公司购进车辆修理劳务,其进项税额不得从保险公司销项税额中抵扣。纳税人提供的其他财产保险服务,比照上述规定执行。

(9)适用一般计税方法的纳税人,兼营简易计税方法计税项目、免征增值税项目而无法划分不得抵扣的进项税额,按照下列公式计算不得抵扣的进项税额:

$$\text{不得抵扣的进项税额} = \text{当期无法划分的全部进项税额} \times \frac{\text{当期简易计税方法计税项目销售额} + \text{免征增值税项目销售额}}{\text{当期全部销售额}}$$

(10)一般纳税人已抵扣进项税额的不动产,发生非正常损失,或者改变用途,专用于简易计税方法、免征增值税项目、集体福利或者个人消费的,按照下列公式计算不得抵扣的进项税额:

$$\text{不得抵扣的进项税额} = \text{已抵扣的进项税额} \times \text{不动产净值率}$$

$$\text{不动产净值率} = (\text{不动产净值} \div \text{不动产原值}) \times 100\%$$

(11)有下列情形之一的,应当按照销售额和增值税税率计算应纳税额,不得抵扣进项税额,也不得使用增值税专用发票:① 一般纳税人会计核算不健全,或者不能够提供准确税务资料的;② 应当办理一般纳税人资格登记而未办理的。

(12)财政部和国家税务总局规定的其他情形。

◇ 同步案例2-9

某烟草公司适用13%的增值税税率,本月发生如下经济业务:

(1)购进原材料,取得的增值税专用发票上注明的货物价款为30万元;

(2)从农业生产者手中购进烟叶用于生产卷烟,支付价款10万元,取得农产品销售发票,货物验收入库并且当期全部领用;

(3)销售一批货物,增值税专用发票上不含税销售额为100万元,货款已通过银行收讫;

(4)将自行研发的专利技术无偿赠送给B公司,研发成本为12万元,无同类技术市场价格,成本利润率为10%;

(5)没收某客户逾期未归还的货物包装物押金5万元;

(6)将3箱外购风油精作为避暑药品发给员工,风油精市场价格为一箱5 000元。

要求:根据上述资料计算该企业当期的应纳税额。

【解析】

(1)购进原材料:进项税额=30×13%=3.9(万元)。

(2)购进烟叶生产卷烟:进项税额=10×(1+10%)×(1+20%)×10%=1.32(万元)。

(3)销售一批货物:销项税额=100×13%=13万元。

(4)将专利技术无偿赠送给B公司:销项税额=12×(1+10%)×6%=0.792(万元)。

(5)没收逾期未归还的货物包装物押金:销项税额=5÷(1+13%)×13%=0.575(万元)。

(6)将外购风油精发给员工作为避暑药品:外购货物赠送给员工不属于视同销售,不计算销项税额;用于集体福利的购进货物所含进项税额,也不允许抵扣。

因此,该企业当期应纳税额=销项税额-进项税额=13+0.792+0.575-3.9-1.32=9.147(万元)。

第四节　简易计税方法应纳税额的计算

简易计税方法既适用于小规模纳税人的应税行为,又适用于一般纳税人的一些特定应税行为。采用简易计税方法不得抵扣进项税额,应纳增值税税额等于本期不含税销售额乘以增值税征收率。其计算公式为:

销售额=含税销售额÷(1+征收率)

应纳税额=销售额(不含税)×征收率

增值税简易计税方法的法定征收率是3%。一些适用3%征收率的特殊项目减按2%征收增值税。全面"营改增"后，与不动产有关的特殊项目适用5%的征收率。一些特殊项目适用5%的征收率减按1.5%征收增值税。

一、一般纳税人适用简易计税方法的情况

一般纳税人适用简易计税方法的情况分为原一般纳税人以及"营改增"试点一般纳税人适用简易计税方法的情况。

（一）原一般纳税人适用简易计税方法的情况

1. 适用3%的征收率

增值税一般纳税人销售属于下列情形的货物，自2014年7月1日起依照3%的征收率计算缴纳增值税：

(1)寄售商店代销寄售物品(包括居民个人寄售的物品在内)；

(2)典当业销售死当物品。

2. 适用3%征收率减按2%征收

1)销售使用过的固定资产

增值税一般纳税人销售自己使用过的不得抵扣且未抵扣进项税额的固定资产，按照简易办法，自2014年7月1日起依照3%征收率减按2%征收增值税。该业务应当开具普通发票，不得开具专用发票。

2)销售旧货

增值税一般纳税人(一般指旧货经营单位)销售旧货，按照简易办法，自2014年7月1日起依照3%征收率减按2%征收增值税，且应该开具普通发票，不得开具专用发票。其计算公式如下：

$$销售额 = 含税销售额 \div (1 + 3\%)$$

$$应纳增值税税额 = 销售额 \times 2\%$$

这里所称旧货，是指进入二次流通的具有部分使用价值的货物(含旧汽车、旧摩托车和旧游艇)，但不包括自己使用过的物品。

自2020年5月1日至2023年12月31日，从事二手车经销的纳税人销售其收购的二手车，由原按照简易办法依3%征收率减按2%征收增值税，改为减按0.5%征收增值税。

◇ 同步案例2-10

某企业于2023年1月将一辆自己使用过12年的小轿车(未抵扣增值税)以10万元的价格售出,其正确的税务处理方法是(　　)。
A. 按简易办法适用2%的征收率计算应纳增值税
B. 按简易办法适用3%的征收率计算应纳增值税
C. 按简易办法适用3%征收率减按2%计算应纳增值税
D. 不交增值税
【解析】
选C

◇ 同步案例2-11

某企业2023年5月销售自己使用过的于2012年购进的小汽车,取得含税销售款103 000元,请按照简易计税办法计算应纳增值税税额。
【解析】
应纳增值税税额=103 000÷(1+3%)×2%=2 000(元)

3. 可选择按简易计税办法依照3%的征收率

自2014年7月1日起,一般纳税人销售自产的下列货物,可选择按照简易计税办法依照3%的征收率计算缴纳增值税,但是不得抵扣进项税额。主要包括以下情况。

(1)县级及县级以下小型水力发电单位生产的电力。小型水力发电单位,是指各类投资主体建设的装机容量为5万千瓦以下(含5万千瓦)的水力发电单位。

(2)建筑用和生产建筑材料所用的砂、土、石料。

(3)以自己采掘的砂、土、石料或其他矿物连续生产的砖、瓦、石灰(不含黏土实心砖、瓦)。

(4)用微生物、微生物代谢产物、动物毒素、人或动物的血液或组织制成的生物制品。

(5)自来水。

(6)自来水公司销售自来水。

(7)商品混凝土(仅限于以水泥为原料生产的水泥混凝土)。

(8)单采血浆站销售的非临床用人体血液。

自2022年3月1日起,从事再生资源回收的增值税一般纳税人销售其收购的再生资源,可以选择适用简易计税方法依照3%征收率计算缴纳增值税,或适用一般计税方法计算缴纳增值税。

(二)"营改增"试点一般纳税人适用简易计税方法的情况

1. 建筑服务

"营改增"试点一般纳税人提供建筑服务适用简易计税方法的主要规定如下。

(1)增值税一般纳税人以清包工方式提供的建筑服务,可以选择适用简易计税方法计税。

(2)增值税一般纳税人为甲供工程提供的建筑服务,可以选择适用简易计税方法计税。甲供工程,是指全部或部分设备、材料、动力由工程发包方自行采购的建筑工程。建筑工程施工图纸由甲方提供的,也可以按甲供工程选择适用简易计税方法计税。

(3)增值税一般纳税人为建筑工程老项目提供的建筑服务,可以选择适用简易计税方法计税。建筑工程老项目,是指:① 建筑工程施工许可证注明的合同开工日期在2016年4月30日前的建筑工程项目;② 未取得建筑工程施工许可证的,建筑工程承包合同注明的开工日期在2016年4月30日前的建筑工程项目。

(4)增值税一般纳税人跨县(市)提供建筑服务,选择适用一般计税方法计税的,应以取得的全部价款和价外费用为销售额计算应纳税额;选择适用简易计税方法计税的,应以取得的全部价款和价外费用扣除支付的分包款后的余额为销售额,按照3%的征收率计算应纳税额。

(5)建筑工程总承包单位为房屋建筑的地基与基础、主体结构提供工程服务,建设单位自行采购全部或部分钢材、混凝土、砌体材料、预制构件的,适用简易计税方法计税。

2. 除建筑服务以外的应税服务

"营改增"试点一般纳税人提供下列应税服务,可以选择适用简易计税方法计税:

(1)公共交通运输服务、电影放映服务、仓储服务、装卸搬运服务、收派服务、文化体育服务和教育辅助服务;

(2)经认定的动漫企业为开发动漫产品提供的动漫脚本编撰、形象设计、背景设计、动画设计、分镜、动画制作、摄制、描线、上色、画面合成、配音、配乐、音效合成、剪辑、字幕制作、压缩转码服务,以及在境内转让动漫版权;

(3)以纳入"营改增"试点之日前取得的有形动产为标的物提供的经营租赁服务;

(4)在纳入"营改增"试点之日前签订的尚未执行完毕的有形动产租赁合同;

(5)提供物业管理服务的纳税人,向服务接受方收取的自来水水费(以扣除其对外支付的自来水水费后的余额为销售额);

(6)非企业性单位中的增值税一般纳税人提供的研发和技术服务、信息技术服务、鉴证咨询服务,以及销售技术、著作权等无形资产。

3. 销售不动产

"营改增"试点一般纳税人销售不动产适用简易计税方法的主要规定如下:

(1)增值税一般纳税人销售其2016年4月30日前取得(不含自建)的不动产,可以选择适用简易计税方法,以取得的全部价款和价外费用减去该项不动产购置原价或者取得不动产时的作价后的余额为销售额,按照5%的征收率计算应纳税额;

(2)增值税一般纳税人销售其2016年4月30日前自建的不动产,可以选择适用简易计税方法,以取得的全部价款和价外费用为销售额,按照5%的征收率计算应纳税额;

(3)房地产开发企业中的增值税一般纳税人,销售自行开发的房地产老项目,可以选择适用简易计税方法按照5%的征收率计算应纳税额;

(4)个体工商户销售购买的住房,应按照《营业税改征增值税试点过渡政策的规定》第五条的规定免征增值税。

4. 不动产经营租赁服务

"营改增"试点一般纳税人提供不动产经营租赁服务适用简易计税方法的主要规定包括如下几点。

(1)增值税一般纳税人出租其2016年4月30日前取得的不动产,可以选择适用简易计税方法,按照5%的征收率计算应纳税额。纳税人出租其2016年4月30日前取得的与机构所在地不在同一县(市)的不动产,应按照上述计税方法在不动产所在地预缴税款后,向机构所在地主管税务机关进行纳税申报。不动产所在地与机构所在地在同一县(市、区)的,纳税人向机构所在地主管税务机关申报纳税。

(2)增值税一般纳税人出租其在2016年5月1日后取得的、与机构所在地不在同一县(市)的不动产,应按照3%的预征率在不动产所在地预缴税款,向机构所在地主管税务机关申报纳税。不动产所在地与机构所在地在同一县(市、区)的,纳税人应向机构所在地主管税务机关申报纳税。

5. 收取高速公路的车辆通行费

公路经营企业中的增值税一般纳税人收取在2016年4月30日前开工的高速公路的车辆通行费,可以选择适用简易计税方法,减按3%的征收率计算应纳税额。

6. 其他情况

纳税人在2016年4月30日前签订的不动产融资租赁合同,或以2016年4月30日前取得的不动产提供的融资租赁服务,可以选择适用简易计税方法,按照5%的征收率计算缴纳增值税。

纳税人提供人力资源外包服务,按照"经纪代理服务"缴纳增值税,其销售额不包括受客户单位委托代为向客户单位员工发放的工资和代理缴纳的社会保险、住房公积金。

纳税人以经营租赁方式将土地出租给他人使用,按照"不动产经营租赁服务"缴纳增值税。

二、小规模纳税人适用征收率的规定

增值税小规模纳税人发生应税销售行为,按照取得的销售额和增值税的征收率计算应纳的增值税税额,但不得抵扣进项税额。

增值税小规模纳税人发生应税销售行为,向对方收取的款项往往包含了增值税,因此,在计算应纳增值税税额时,需将含税销售额换算成不含税销售额,具体计算公式为:

$$不含税销售额 = 含税销售额 \div (1 + 征收率)$$

增值税一般纳税人购置税控收款机所支付的增值税税额(以购进税控收款机取得的增值税专用发票上注明的增值税税额为准),准予在该企业当期的增值税销项税额中抵扣。增值税小规模纳税人购置税控收款机,经主管税务机关审核批准后,可凭购进税控收款机取得的增值税专用发票,按照发票上注明的增值税税额,抵免当期应纳增值税税额;或者按照购进税控收款机取得的增值税普通发票上注明的价款,依下列公式计算可抵免税额:

$$可抵免税额 = 价款 \div (1 + 13\%) \times 13\%$$

1. 销售货物或者劳务

增值税小规模纳税人(除其他个人外)销售自己使用过的固定资产,减按2%征收率征收增值税。计算公式为:

$$销售额 = 含税销售额 \div (1 + 3\%)$$

$$应纳增值税税额 = 销售额 \times 2\%$$

增值税小规模纳税人(除其他个人外)销售劳务或者自己使用过的除固定资产以外的物品,使用如下计算公式计算缴纳增值税:

$$销售额 = 含税销售额 \div (1 + 3\%)$$

$$应纳增值税税额 = 销售额 \times 3\%$$

2. 销售服务、无形资产或者不动产

1) 跨县(市)提供建筑服务

小规模纳税人跨县(市)提供建筑服务,应以取得的全部价款和价外费用扣除支付的分包款后的余额为销售额,按照3%的征收率计算应纳税额,其计算公式为:

$$应纳税额 = 含税销售额 \div (1 + 3\%) \times 3\%$$

2) 转让不动产

小规模纳税人转让不动产,按5%征收率计算应纳税额。

(1)非房地产企业小规模纳税人转让其取得的不动产,除个人转让其购买的住房外,按照以下规定缴纳增值税:

① 规模纳税人转让其取得(不含自建)的不动产,以取得的全部价款和价外费用扣除不动产购置原价或者取得不动产时的作价后的余额为销售额,按照5%的征收率计算应纳税额;

② 小规模纳税人转让其自建的不动产,以取得的全部价款和价外费用为销售额,按照5%的征收率计算应纳税额。

(2)房地产开发企业中的小规模纳税人采取预收款方式销售自行开发的房地产项目,应在收到预收款时按照3%的预征率预缴增值税。小规模纳税人销售自行开发的房地产项目,应按照《营业税改征增值税试点实施办法》第四十五条规定的纳税义务发生时间,以当期销售额和5%的征收率计算当期应纳税额,抵减已预缴税款后,向主管税务机关申报纳税。未抵减完的预缴税款可以结转下期继续抵减。

(3)个人销售其购买的住房,分情况处理。

① 个人将购买不足2年的住房对外销售的,按照5%的征收率全额缴纳增值税;个人将购买2年以上(含2年)的住房对外销售的,免征增值税。上述政策适用于北京市、上海市、广州市和深圳市之外的地区。

② 个人将购买不足2年的住房对外销售的,按照5%的征收率全额缴纳增值税;个人将购买2年以上(含2年)的非普通住房对外销售的,以销售收入减去购买住房价款后的差额按照5%的征收率缴纳增值税;个人将购买2年以上(含2年)的普通住房对外销售的,免征增值税。上述政策仅适用于北京市、上海市、广州市和深圳市。

3)出租不动产

① 单位和个体工商户出租不动产(不含个体工商户出租住房),按照5%的征收率计算应纳税额。个体工商户出租住房,按照5%的征收率减按1.5%计算应纳税额。

② 其他个人出租不动产(不含住房),按照5%的征收率计算应纳税额,向不动产所在地主管税务机关申报纳税。其他个人出租住房,按照5%的征收率减按1.5%计算应纳税额,向不动产所在地主管税务机关申报纳税。

◇ **同步案例2-12**

某小型生产企业是增值税小规模纳税人。2023年8月取得销售收入12.36万元(含增值税);购进原材料一批,支付货款6.18万元(含增值税)。计算该企业当月的应纳增值税税额。

【解析】

应纳增值税税额 = $12.36 \div (1 + 3\%) \times 3\% = 0.36$(万元)

第五节 进出口环节的税务处理

一、进口环节增值税的计算

进口货物的收货人(承受人)或办理报关手续的单位和个人,为进口货物增值税的纳税义务人。进口环节的增值税税率与境内销售货物相同。一般纳税人和小规模纳税人进口货物,均应按照组成计税价格和税法规定的税率计算应纳税额。

进口货物计算增值税应纳税额的公式如下:

$$应纳税额=组成计税价格 \times 增值税税率$$

若进口货物不属于消费税应税消费品,则组成计税价格的计算公式如下:

$$组成计税价格=关税完税价格+关税$$

若进口货物属于消费税应税消费品,则组成计税价格的计算公式为:

$$组成计税价格=关税完税价格+关税+消费税$$

具体可以分三种情况进行讨论。

(1)实行从价定率办法计算纳税的组成计税价格的计算公式为:

$$\begin{aligned}组成计税价格&=关税完税价格+关税+消费税\\&=(关税完税价格+关税)\div(1-消费税比例税率)\end{aligned}$$

(2)实行从量定额办法计算纳税的组成计税价格的计算公式为:

$$\begin{aligned}组成计税价格&=关税完税价格+关税+消费税\\&=关税完税价格+关税+海关核定的应税消费品的\\&\quad 进口数量 \times 消费税定额税率\end{aligned}$$

(3)实行复合计税办法计算纳税的组成计税价格的计算公式为:

$$\begin{aligned}组成计税价格&=关税完税价格+关税+消费税\\&=(关税完税价格+关税+海关核定的应税消费品的\\&\quad 进口数量 \times 消费税定额税率)\div(1-消费税比例税率)\end{aligned}$$

◇ **同步案例2-13**

> 某进出口公司进口某批不用征收进口消费税的货物,经海关审核其关税完税价格为800美元。已知该批货物的关税税率为35%,增值税税率为13%,兑换率为1美元=7元人民币,请计算进口环节应纳增值税税额。

【解析】
应征关税税额＝关税完税价格×关税税率
　　　　　＝800×7×35％＝1 960(元)
应纳增值税税额＝(关税完税价格＋关税税额)×增值税税率
　　　　　　　＝(800×7＋1 960)×13％＝982.8(元)

二、出口货物、劳务和跨境应税行为退（免）增值税政策

（一）退（免）增值税基本政策

1. 出口货物、劳务退（免）增值税基本政策

目前,我国的出口货物、劳务的增值税税收政策分为以下三种形式。

1）出口免税并退税

出口免税并退税,包括免税和退税两个方面。出口免税是指对货物、劳务在出口销售环节免征增值税,这是把货物、劳务出口环节与出口前的销售环节都同样视为一个征税环节；出口退税是指对货物、劳务在出口前实际承担的税收负担,按规定的退税率计算后予以退还。

2）出口免税不退税

这里的出口免税与上述含义相同；出口不退税是指适用这个政策的出口货物、劳务因在前一道生产、销售环节或进口环节是免税的,因此,出口时该货物、劳务的价格中本身就不含税,也无须退税。

3）出口不免税也不退税

出口不免税是指对国家限制或禁止出口的某些货物、劳务的出口环节视同内销环节,照常征税；出口不退税是指对这些货物、劳务的出口不退还出口前其所负担的税款,出口退税率为零。

2. 跨境应税行为退（免）增值税基本政策

跨境应税行为分为出口服务或者无形资产,其退（免）税分为出口免税（适用增值税免税政策）和出口免税并退税（适用增值税零税率）两种。

（二）增值税退（免）税办法

适用增值税退（免）税政策的出口货物、劳务和应税行为,按照下列规定实行增值税"免、抵、退"税或"免、退"税办法。

1. "免、抵、退"税办法

适用增值税一般计税方法的生产企业出口自产货物与视同自产货物、对外提供加工修理修配劳务,以及列名的74家生产企业出口非自产货物,免征增值税,相应的进项税额抵减应纳增值税税额(不包括适用增值税即征即退、先征后退政策的应纳增值税税额),未抵减完的部分予以退还。

跨境应税行为适用增值税零税率政策的服务和无形资产情况见本章第二节的相关内容。

境内的单位和个人提供适用增值税零税率的服务或者无形资产,如果属于适用增值税一般计税方法的,生产企业实行"免、抵、退"税办法,外贸企业直接将服务或自行研发的无形资产出口,视同生产企业连同其出口货物统一实行"免、抵、退"税办法。

实行退(免)税办法的研发服务和设计服务,如果主管税务机关认定出口价格偏高的,有权按照核定的出口价格计算退(免)税,核定的出口价格低于外贸企业购进价格的,低于部分对应的进项税额不予退税,转入成本。

境内的单位和个人提供适用增值税零税率应税服务的,可以放弃适用增值税零税率,选择免税或按规定缴纳增值税。放弃适用增值税零税率后,36个月内不得再申请适用增值税零税率。

2. "免、退"税办法

不具有生产能力的出口企业(以下称外贸企业)或其他单位出口货物、劳务,免征增值税,相应的进项税额予以退还。

适用增值税一般计税方法的外贸企业外购服务或者无形资产出口实行"免、退"税办法。外贸企业外购研发服务和设计服务免征增值税,其对应的外购应税服务的进项税额予以退还。

(三)增值税出口退税率

1. 退税率的一般规定

除财政部和国家税务总局根据国务院决定而明确的增值税出口退税率外,出口货物、服务和无形资产的退税率为其适用税率。目前我国增值税出口退税率分为五档,即13%、10%、9%、6%和零税率。

2. 退税率的特殊规定

退税率的特殊规定主要有如下几条内容。

(1)外贸企业购进按简易办法征税的出口货物、从小规模纳税人购进的出口货物,其退税率分别为简易办法实际执行的征收率、小规模纳税人征收率。上述出口货物取得增值税专用发票的,退税率按照增值税专用发票上的税率和出口货物退税率孰低的原则确定。

(2)出口企业委托加工修理修配货物,其加工修理修配费用的退税率,为出口货物的退税率。

(3)中标机电产品、出口企业向海关报关进入特殊区域销售给特殊区域内生产企业生产耗用的列名原材料、输入特殊区域的水电气,其退税率为适用税率。如果国家调整列名原材料的退税率,列名原材料应当自调整之日起按调整后的退税率执行。

适用不同退税率的货物、劳务及跨境应税行为,应分开报关、核算并申报退(免)税;未分开报关、核算或划分不清的,从低适用退税率。

(四)增值税退(免)税的计税依据

出口货物、劳务的增值税退(免)税的计税依据,按出口货物、劳务的出口发票(外销发票)、其他普通发票或购进出口货物、劳务的增值税专用发票、海关进口增值税专用缴款书确定。

跨境应税行为的计税依据按照《适用增值税零税率应税服务退(免)税管理办法》(国家税务总局公告2014年第11号)执行。具体规定如下。

(1)生产企业出口货物、劳务(进料加工复出口货物除外)增值税退(免)税的计税依据,为出口货物、劳务的实际离岸价(FOB)。实际离岸价应以出口发票上的离岸价为准,但如果出口发票不能反映实际离岸价,主管税务机关有权予以核定。

(2)对进料加工出口货物,企业应以出口货物人民币离岸价扣除出口货物耗用的保税进口料件金额的余额为增值税退(免)税的计税依据。"保税进口料件",是指海关以进料加工贸易方式监管的出口企业从境外和特殊区域等进口的料件,包括出口企业从境外单位或个人购买并从海关保税仓库提取且办理海关进料加工手续的料件,以及保税区外的出口企业从保税区内的企业购进并办理海关进料加工手续的进口料件。

(3)生产企业国内购进无进项税额且不计提进项税额的免税原材料加工后出口的货物的计税依据,按出口货物的离岸价(FOB)扣除出口货物所含的国内购进免税原材料的金额后确定。

(4)外贸企业出口货物(委托加工修理修配货物除外)增值税退(免)税的计税依据,为购进出口货物的增值税专用发票注明的金额或海关进口增值税专用缴款书注明的完税价格。

(5)外贸企业出口委托加工修理修配货物增值税退(免)税的计税依据,为加工修理修配费用增值税专用发票注明的金额。外贸企业应将加工修理修配使用的原材料(进料加工海关保税进口料件除外)作价销售给受托加工修理修配的生产企业,受托加工修理修配的生产企业应将原材料成本并入加工修理修配费用开具发票。

(6)出口进项税额未计算抵扣的已使用过的设备增值税退(免)税的计税依据,按下列公式确定:

退(免)税计税依据=增值税专用发票上的金额或海关进口增值税专用缴款书注明的完税价格×已使用过的设备固定资产净值÷已使用过的设备原值

已使用过的设备固定资产净值=已使用过的设备原值-已使用过的设备已提累计折旧

"已使用过的设备",是指出口企业根据财务会计制度已经计提折旧的固定资产。

(7)免税品经营企业销售的货物增值税退(免)税的计税依据,为购进货物的增值税专用发票注明的金额或海关进口增值税专用缴款书注明的完税价格。

(8)中标机电产品增值税退(免)税的计税依据分为两种情况:一是生产企业为销售机电产品的普通发票注明的金额;二是外贸企业为购进货物的增值税专用发票注明的金额或海关进口增值税专用缴款书注明的完税价格。

(9)输入特殊区域的水电气增值税退(免)税的计税依据,为作为购买方的特殊区域内生产企业购进水(包括蒸汽)、电力、燃气的增值税专用发票注明的金额。

(10)跨境应税行为的退(免)税计税依据按下列规定执行。

实行"免、抵、退"税办法的退(免)税计税依据如下。

① 以铁路运输方式载运旅客的,为按照铁路合作组织清算规则清算后的实际运输收入。

② 以铁路运输方式载运货物的,按照铁路运输进款清算办法,对"发站"或"到站(局)"名称包含"境"字的货票上注明的运输费用以及直接相关的国际联运杂费清算后的实际运输收入。

③ 以航空运输方式载运货物或旅客的,如果国际运输或港、澳、台地区运输各航段由多个承运人承运的,为中国航空结算有限责任公司清算后的实际收入;如果国际运输或港澳台地区运输各航段由一个承运人承运的,为提供航空运输服务取得的收入。

④ 其他实行"免、抵、退"税办法的增值税零税率应税行为,为提供增值税零税率应税行为取得的收入。

实行"免、退"税办法的退(免)税计税依据为购进应税服务的增值税专用发票或解缴税款的中华人民共和国税收缴款凭证上注明的金额。

实行退(免)税办法的服务和无形资产,如果主管税务机关认定出口价格偏高的,有权按照核定的出口价格计算退(免)税,核定的出口价格低于外贸企业购进价格的,低于部分对应的进项税额不予退税,转入成本。

(五)增值税"免、抵、退"税的计算

生产企业出口货物、劳务、服务和无形资产的增值税"免、抵、退"税,依下列步骤计算。

1. 计算当期应纳税额

计算当期应纳税额的公式如下:

当期应纳税额=当期销项税额-(当期进项税额-当期不得免征和抵扣税额)

当期不得免征和抵扣税额=当期出口货物离岸价×外汇人民币折合率×(出口货物适用税率-出口货物退税率)-当期不得免征和抵扣税额抵减额

当期不得免征和抵扣税额抵减额=当期免税购进原材料价格×(出口货物适用税率-出口货物退税率)

出口货物离岸价(FOB)以出口发票计算的离岸价为准。实际离岸价应以出口发票上的离岸价为准,但如果出口发票不能反映实际离岸价,主管税务机关有权予以核定。

2. 计算当期"免、抵、退"税额

计算当期"免、抵、退"税额的公式如下：

当期"免、抵、退"税额＝当期出口货物离岸价×外汇人民币折合率×出口货物退税率－当期"免、抵、退"税额抵减额

当期"免、抵、退"税额抵减额＝当期免税购进原材料价格×出口货物退税率

3. 计算当期应退税额和免抵税额

若当期期末留抵税额≤当期"免、抵、退"税额，则：

当期应退税额＝当期期末留抵税额

当期免抵税额＝当期"免、抵、退"税额－当期应退税额

若当期期末留抵税额＞当期"免、抵、退"税额，则：

当期应退税额＝当期"免、抵、退"税额

当期免抵税额＝0

当期期末留抵税额为当期增值税纳税申报表中"期末留抵税额"。

4. 免税购进原材料的处理

当期免税购进原材料价格包括当期国内购进的无进项税额且不计提进项税额的免税原材料的价格和当期进料加工保税进口料件的价格，其中当期进料加工保税进口料件的价格为进料加工出口货物耗用的保税进口料件金额，其计算公式为：

进料加工出口货物耗用的保税进口料件金额＝进料加工出口货物人民币离岸价×进料加工计划分配率

计划分配率＝计划进口总值÷计划出口总值×100％

计算不得免征和抵扣税额时，应按当期全部出口货物的销售额扣除当期全部进料加工出口货物耗用的保税进口料件金额后的余额乘以征退税率之差计算。

进料加工出口货物收齐有关凭证申报"免、抵、退"税时，以收齐凭证的进料加工出口货物人民币离岸价扣除其耗用的保税进口料件金额后的余额计算免抵退税额。

◇ 同步案例2-14

甲生产企业是增值税一般纳税人，出口货物税率为13％，退税率为9％。2023年2月相关经营业务如下：购进原材料一批，取得的增值税专用发票注明的价款为300万元，准予抵扣的进项税额39万元已通过认证；上月末留抵税额为5万元；内销货物实现不含税销售额100万元，取得113万元存入银行；出口货物的销售额折合人民币400万元。试计算该企业当期的"免、抵、退"税额。

【解析】

(1) 出口不得免征和抵扣的税额＝400×(13%－9%)＝16(万元)

(2) 应纳税额＝100×13%－(39－16)－5＝－15(万元)

(3) 免抵退税额＝400×9%＝36(万元)

(4) 应退税额＝15(万元)

(5) 免抵税额＝36－15＝21(万元)

(六) 零税率应税行为增值税退（免）税的计算

零税率应税行为增值税"免、抵、退"税的计算步骤如下。

1. 当期"免、抵、退"税额的计算

当期"免、抵、退"税额的计算公式如下：

当期零税率应税行为"免、抵、退"税额＝当期零税率应税行为"免、抵、退"税计税依据×外汇人民币折合率×零税率应税行为增值税退税率

2. 当期应退税额和当期免抵税额的计算

若当期期末留抵税额≤当期"免、抵、退"税额，则：

当期应退税额＝当期期末留抵税额

当期免抵税额＝当期"免、抵、退"税额－当期应退税额

若当期期末留抵税额＞当期"免、抵、退"税额，则：

当期应退税额＝当期"免、抵、退"税额

当期免抵税额＝0

"当期期末留抵税额"为当期增值税纳税申报表的"期末留抵税额"。

◇ 同步案例2-15

某国际运输公司已登记为一般纳税人，该企业实行"免、抵、退"税管理办法，增值税退税率为10%。该企业2023年8月实际发生如下业务：

(1) 承接国际运输业务，确认收入70万元；

(2) 在进行增值税纳税申报时，期末留抵税额为10万元。

要求：计算该企业当月的应退税额。

【解析】

当期"免、抵、退"税额=70×10%=7(万元)。

因为当期期末留抵税额为10万元,大于当期"免、抵、退"税额(7万元),所以当期应退税额=当期"免、抵、退"税额=7(万元)。退税申报后,结转下期留抵的税额为10-7=3(万元)。

【注意】 对于出口货物、劳务,"免"税,是指免征出口销售的销项税额;"抵"税,是指外销应退税额抵减内销应纳税额;"退"税,是指外销应退进项税额超过内销应纳税的税额。由于退税率≤征税率,所以外销负担的进项税额不一定全退。而出口服务和无形资产的退税率等于征税率。

第六节 征收管理

一、纳税义务发生时间

纳税义务发生时间,是纳税人发生应税销售行为应当承担纳税义务的起始时间。下面介绍一般规定和具体规定。

(一)一般规定

应税销售行为纳税义务发生时间的一般规定如下。

(1)纳税人发生应税销售行为,其纳税义务发生时间为收讫销售款项或者取得索取销售款项凭据的当天;先开具发票的,为开具发票的当天。

收讫销售款项,是指纳税人发生应税销售行为过程中或者完成后收到的款项。

取得索取销售款项凭据的当天,是指书面合同确定的付款日期;未签订书面合同或者书面合同未确定付款日期的,为应税销售行为完成的当天或者不动产权属变更的当天。

(2)进口货物,为报关进口的当天。

(3)增值税扣缴义务发生时间为纳税人增值税纳税义务发生的当天。

(二)具体规定

由于纳税人销售结算方式的不同,《增值税暂行条例实施细则》和《营改增通知》规定了具体的纳税义务发生时间。

（1）采取直接收款方式销售货物,不论货物是否发出,均为收到销售款或者取得索取销售款凭据的当天。纳税人生产经营活动中采取直接收款方式销售货物,已将货物移送对方并暂估销售收入入账,但既未取得销售款或取得索取销售款凭据也未开具销售发票的,其增值税纳税义务发生时间为取得销售款或取得索取销售款凭据的当天;先开具发票的,为开具发票的当天。

（2）采取托收承付和委托银行收款方式销售货物,为发出货物并办妥托收手续的当天。

（3）采取赊销和分期收款方式销售货物,为书面合同约定的收款日期的当天;无书面合同的或者书面合同没有约定收款日期的,为货物发出的当天。

（4）采取预收货款方式销售货物,为货物发出的当天,但生产销售生产工期超过12个月的大型机械设备、船舶、飞机等货物,为收到预收款或者书面合同约定的收款日期的当天。

（5）委托其他纳税人代销货物,为收到代销单位的代销清单或者收到全部或者部分货款的当天;未收到代销清单及货款的,为发出代销货物满180天的当天。

（6）销售劳务,为提供劳务同时收讫销售款或者取得索取销售款凭据的当天。

（7）纳税人发生除将货物交付其他单位或者个人代销和销售代销货物以外的视同销售货物行为,为货物移送的当天。

（8）纳税人提供租赁服务采取预收款方式的,为收到预收款的当天。

（9）纳税人从事金融商品转让的,为金融商品所有权转移的当天。

（10）纳税人发生视同销售服务、无形资产或者不动产情形的,为服务、无形资产转让完成的当天或者不动产权属变更的当天。

二、纳税期限

在明确了增值税纳税义务发生时间后,还需要掌握具体纳税期限,以保证按期缴纳税款。增值税的纳税期限分别为1日、3日、5日、10日、15日、1个月或者1个季度。纳税人的具体纳税期限,由主管税务机关根据纳税人应纳税额的大小分别核定。不能按照固定期限纳税的,可以按次纳税。

以1个季度为纳税期限的规定适用于小规模纳税人、银行、财务公司、信托投资公司、信用社,以及财政部和国家税务总局规定的其他纳税人。

纳税人以1个月或者1个季度为1个纳税期的,自期满之日起15日内申报纳税;以1日、3日、5日、10日或者15日为1个纳税期的,自期满之日起5日内预缴税款,于次月1日起15日内申报纳税并结清上月应纳税款。

扣缴义务人解缴税款的期限,依照前两项规定执行。

纳税人进口货物,应当自海关填发进口增值税专用缴款书之日起15日内缴纳税款。

按固定期限纳税的小规模纳税人可以选择以1个月或1个季度为纳税期限,一经选择,1个会计年度内不得变更。

三、纳税地点

固定业户应当向其机构所在地主管税务机关申报纳税。机构所在地是指纳税人的注册登记地。总机构和分支机构不在同一县(市)的,应当分别向各自所在地的主管税务机关申报纳税;经财政部和国家税务总局或者其授权的财政和税务机关批准,可以由总机构汇总向总机构所在地的主管税务机关申报纳税。具体审批权限如下:

(1)总机构和分支机构不在同一省、自治区、直辖市的,经财政部和国家税务总局批准,可以由总机构汇总向总机构所在地的主管税务机关申报纳税;

(2)总机构和分支机构不在同一县(市),但在同一省、自治区、直辖市范围内的,经省、自治区、直辖市财政厅(局)、税务局审批同意,可以由总机构汇总向总机构所在地的主管税务机关申报纳税。

固定业户到外县(市)销售货物或者劳务,应当向其机构所在地的主管税务机关报告外出经营事项,并向其机构所在地的主管税务机关申报纳税;未报告的,应当向销售地或者劳务发生地的主管税务机关申报纳税,未向销售地或者劳务发生地的主管税务机关申报纳税的,由其机构所在地的主管税务机关补征税款。

非固定业户销售货物或者劳务应当向销售地或者劳务发生地主管税务机关申报纳税;未向销售地或者劳务发生地的主管税务机关申报纳税的,由其机构所在地或者居住地主管税务机关补征税款。

进口货物,应当向报关地海关申报纳税。

扣缴义务人应当向其机构所在地或者居住地主管税务机关申报缴纳扣缴的税款。

专栏2-1　增值税及附加税费申报表主表（一般纳税人适用）

专栏2-2　增值税及附加税费申报表主表（小规模纳税人适用）

◇ 本章小结

本章介绍了一个非常重要的税种——增值税。增值税是对在我国境内销售货物或者加工、修理修配劳务,销售服务、无形资产、不动产以及进口货物的单位和个人,就其销售货物、劳务、服务、无形资产、不动产的增值额和货物进口金额为计税依据而课征的一种流转税。

自从2016年全面"营改增"以来,我国增值税法规经历了多次变革,至今仍处于更新和完善的过程中。本章以我国增值税法规为依据,介绍了以下知识点:增值税的概念、特点、分类，增值税的税制要素，增值税应纳税额的计算，增值税的征收管理等。同学们学习本章后，应当了解增值税的纳税人、征税对象、税率和征收率、税收减免、纳税申报等税制要素，掌握增值税应纳税额的计算方法，尤其应当理解增值税的视同销售、进项税额抵扣和出口"免、抵、退"税等重要规定。

◇ 本章思考题

1. 简述增值税的含义。
2. 按照对购入固定资产已纳增值税税款的不同处理方式，增值税可以分为哪三类？我国目前的增值税属于哪一类？
3. 简述增值税一般纳税人和小规模纳税人的定义和区别。
4. 增值税一般纳税人适用的税率有哪几种？
5. 增值税视同销售的行为有哪些？
6. 简述增值税关于纳税期限的规定。
7. 什么是增值税的"免、抵、退"税？
8. 某公司为增值税一般纳税人，销售一批货物取得含税收入130万元，适用税率为13%，并向购买方收取了含税收入总额2%的包装费和运输费。请计算该公司作为销售方的销项税额。

第三章 消 费 税

◇ **学习目标**

■ **1.知识目标**

(1)理解消费税的基本原理;
(2)掌握消费税的计税方法;
(3)正确计算消费税应纳税额。

■ **2.能力目标**

(1)了解消费税的概念、特点、作用;
(2)了解消费税的税目和税率;
(3)掌握出口货物退(免)消费税的计算;
(4)掌握消费税纳税申报表的填写要求和方法。

■ **3.情感目标**

(1)了解、掌握并学会运用消费税法的相关规定;
(2)了解消费税设置的目的,优化个体经济决策,助力"两型"社会建设;
(3)做到合理纳税筹划,培养合法合规纳税的意识。

◇ **学习重难点**

1.复合计税方法中组成计税价格的计算。
2.应纳税额计算中已纳消费税的扣除处理。
3.不同消费品征收管理环节的确定。
4.消费税征收管理的有关规定。

◇ **本章关键词**

消费税纳税人 消费税征税范围 消费税税率 消费税计算

◇ 导入案例

消费税的国际比较

人们在美国和日本等国家旅游购物时,往往会惊奇地发现买单时不仅要付商品的价款,还要额外支付消费税。但是在中国购物时,不需要额外缴纳消费税。因此,一些人认为中国没有像其他国家一样开征消费税。

这个观点正确吗?

当然不正确。原来,日本和美国的消费税是普遍消费税,类似于中国的增值税。普遍消费税的征税对象,原则上包括其国内市场上所有商品和服务,纳税人在进口和销售环节纳税。美国甚至没有开征增值税,只征收普遍消费税。中国的消费税则是特种消费税,只针对一些特定商品征税,包括珠宝首饰、烟、酒、小汽车、实木地板等15种商品。除金银首饰和超豪华小汽车外,消费税都是在生产、加工和进口等环节征收。这意味着,国内消费者在消费环节购买的商品,通常在生产环节就已经纳过消费税了。

世界各国的消费税各不相同,这反映了世界各国税收制度的多样性,也对经济全球化背景下国际征税的治理提出了挑战。

资料来源:作者自创。

第一节 税制要素

消费税是指对特定消费品和消费行为征收的一种间接税。消费税属于价内税,也是间接税,消费税的最终负税人是消费者。与世界上一些国家征收的普遍消费税不同,我国消费税的征收对象仅包含15种商品,是国家引导消费结构从而引导产业结构的重要手段。

我国现行消费税具有如下特点:

(1)征收范围具有选择性,仅选择15类消费品征税;

(2)征税环节具有单一性,主要在生产销售和进口环节征收;

(3)平均税率水平较高,不同征税项目的税负差异大;

(4)计税方法灵活,有从量计税、从价计税和从价从量复合计税三种方法。

现行消费税法的基本规范,是2008年11月5日经国务院第三十四次常务会议修订通过并颁布,自 2009 年 1 月 1 日起施行的《中华人民共和国消费税暂行条例》(以下简称《消费税暂行条例》),以及 2008 年 12 月 15 日财政部、国家税务总局第 51 号令颁布的《中华人民共和国消费税暂行条例实施细则》(以下简称《消费税暂行条例实施细则》)。

一、纳税义务人

在我国境内生产、委托加工和进口《消费税暂行条例》规定的消费品的单位和个人,以及国务院确定的销售《消费税暂行条例》规定的消费品的其他单位和个人,为消费税的纳税人,应当依照《消费税暂行条例》等法律规范缴纳消费税。

单位,是指企业、行政单位、事业单位、军事单位、社会团体及其他单位。

个人,是指个体工商户及其他个人。

在我国境内,是指生产、委托加工和进口属于应当缴纳消费税的消费品的起运地或者所在地在境内。

二、税目

消费税的征收范围比较狭窄,同时也会根据经济发展、环境保护等国家大政方针进行修订,依据《消费税暂行条例》及相关法规规定,目前消费税税目包括烟、酒、化妆品等 15 种商品,部分税目还进一步划分了若干子目。

(一)烟

凡是以烟叶为原料加工生产的产品,不论使用何种辅料,均属于本税目的征收范围,包括卷烟(进口卷烟、白包卷烟、手工卷烟和未经国务院批准纳入计划的企业及个人生产的卷烟)、雪茄烟和烟丝。

在"烟"税目下分"卷烟"等子目,"卷烟"又分为"甲类卷烟"和"乙类卷烟"。其中,甲类卷烟是指每标准条(200 支,下同)调拨价格在 70 元(含 70 元,不含增值税)以上的卷烟;乙类卷烟是指每标准条调拨价格在 70 元(不含增值税)以下的卷烟。

为完善消费税制度,促进税制公平统一,更好发挥消费税引导健康消费的作用,自 2022 年 11 月 1 日起,电子烟纳入消费税征收范围,在"烟"税目下增设"电子烟"子目。电子烟是指用于产生气溶胶供人抽吸等的电子传输系统,包括烟弹、烟具以及烟弹与烟具组合销售的电子烟产品。烟弹是指含有雾化物的电子烟组件。烟具是指将雾化物雾化为可吸入气溶胶的电子装置。

电子烟进出口税则号列及商品名称包括:

(1)24041200,指不含烟草或再造烟草、含尼古丁的非经燃烧吸用的产品;

(2)ex85434000,可将税目 24041200 所列产品中的雾化物雾化为可吸入气溶胶的设备及装置,无论是否配有烟弹。

(二)酒

酒是酒精度在1度以上的各种酒类饮料,包括白酒、黄酒、啤酒和其他酒。

啤酒每吨出厂价(含包装物及包装物押金)在3 000元(含3 000元,不含增值税)以上的是甲类啤酒,每吨出厂价(含包装物及包装物押金)在3 000元(不含增值税)以下的是乙类啤酒。包装物押金不包括重复使用的塑料周转箱的押金。对饮食业、商业、娱乐业举办的啤酒屋(啤酒坊)利用啤酒生产设备生产的啤酒,应当征收消费税。果啤属于啤酒,按啤酒征收消费税。

配制酒(露酒)是指以发酵酒、蒸馏酒或食用酒精为酒基,加入可食用或药食两用的辅料或食品添加剂,进行调配、混合或再加工制成的并改变了其原酒基风格的饮料酒。具体规定如下:

(1)以蒸馏酒或食用酒精为酒基,具有国家相关部门批准的国食健字或卫食健字文号并且酒精度低于38度(含)的配制酒,按消费税税目税率表"其他酒"10%适用税率征收消费税;

(2)以发酵酒为酒基,酒精度低于20度(含)的配制酒,按《消费税税目、税率(额)表》中"其他酒"10%的适用税率征收消费税;

(3)其他配制酒,按《消费税税目、税率(额)表》中"白酒"的适用税率征收消费税。

葡萄酒消费税适用"酒"税目下设的"其他酒"子目。葡萄酒是指以葡萄为原料,经破碎(压榨)、发酵而成的酒精度在1度(含)以上的葡萄原酒和成品酒(不含以葡萄为原料的蒸馏酒)。

(三)高档化妆品

自2016年10月1日起,本税目调整为包括高档美容、修饰类化妆品、高档护肤类化妆品和成套化妆品。

高档美容、修饰类化妆品和高档护肤类化妆品是指生产(进口)环节销售(完税)价格(不含增值税)在10元/毫升(克)或15元/片(张)及以上的美容、修饰类化妆品和护肤类化妆品。

美容、修饰类化妆品是指香水、香水精、香粉、口红、指甲油、胭脂、眉笔、唇笔、蓝眼油、眼睫毛以及成套化妆品。

舞台、戏剧、影视演员化妆用的上妆油、卸妆油、油彩,不属于本税目的征收范围。

高档护肤类化妆品征收范围另行制定。

(四)贵重首饰及珠宝玉石

贵重首饰及珠宝玉石包括以金、银、白金、宝石、珍珠、钻石、翡翠、珊瑚、玛瑙等高贵稀有物质以及其他金属、人造宝石等制作的各种纯金银首饰及镶嵌首饰和经采掘、打磨、加工的各种珠宝玉石。对出国人员免税商店销售的金银首饰征收消费税。

(五)鞭炮、焰火

鞭炮、焰火包括各种鞭炮、焰火。体育上用的发令纸、鞭炮药引线,不按本税目征收。

（六）成品油

成品油包括汽油、柴油、石脑油、溶剂油、航空煤油、润滑油、燃料油7个子目。航空煤油暂缓征收消费税。

1. 汽油

汽油是指用原油或其他原料加工生产的辛烷值不小于66的可用作汽油发动机燃料的各种轻质油。自2014年12月1日起，取消车用含铅汽油消费税，汽油税目不再划分二级子目，统一按照无铅汽油税率征收消费税。

以汽油、汽油组分调和生产的甲醇汽油、乙醇汽油也属于本税目征收范围。

2. 柴油

柴油是指用原油或其他原料加工生产的倾点或凝点在－50℃～30℃的可用作柴油发动机燃料的各种轻质油和以柴油组分为主、经调和精制可用作柴油发动机燃料的非标油。

以柴油、柴油组分调和生产的生物柴油也属于本税目征收范围。

经国务院批准，从2009年1月1日起，对同时符合下列条件的纯生物柴油免征消费税：

(1)生产原料中废弃的动物油和植物油用量所占比重不低于70%；

(2)生产的纯生物柴油符合国家《柴油机燃料调合生物柴油（BD100）》标准。

3. 石脑油

石脑油又叫化工轻油，是以原油或其他原料加工生产的用于化工原料的轻质油。

石脑油的征收范围包括除汽油、柴油、航空煤油、溶剂油以外的各种轻质油。非标汽油、重整生成油、拔头油、戊烷原料油、轻裂解料（减压柴油VGO和常压柴油AGO）、重裂解料、加氢裂化尾油、芳烃抽余油均属轻质油，属于石脑油征收范围。

4. 溶剂油

溶剂油是用原油或其他原料加工生产的用于涂料、油漆、食用油、印刷油墨、皮革、农药、橡胶、化妆品生产和机械清洗、胶粘行业的轻质油。

橡胶填充油、溶剂油原料，属于溶剂油征收范围。

5. 航空煤油

航空煤油也叫喷气燃料，是用原油或其他原料加工生产的用作喷气发动机和喷气推进系统燃料的各种轻质油。航空煤油的消费税暂缓征收。

6. 润滑油

润滑油是用原油或其他原料加工生产的用于内燃机、机械加工过程的润滑产品。润滑油分为矿物性润滑油、植物性润滑油、动物性润滑油和化工原料合成润滑油。

润滑油的征收范围包括矿物性润滑油、矿物性润滑油基础油、植物性润滑油、动物性润滑油和化工原料合成润滑油。以植物性、动物性和矿物性基础油(或矿物性润滑油)混合掺配而成的"混合性"润滑油,不论矿物性基础油(或矿物性润滑油)所占比例高低,均属润滑油的征收范围。

另外,用原油或其他原料加工生产的用于内燃机、机械加工过程的润滑产品均属于润滑油征税范围。润滑脂是润滑产品,生产、加工润滑脂应当征收消费税。变压器油、导热类油等绝缘油类产品不属于润滑油,不征收消费税。

7. 燃料油

燃料油也称重油、渣油,是用原油或其他原料加工生产,主要用作电厂发电、锅炉用燃料、加热炉燃料、冶金和其他工业炉燃料。腊油、船用重油、常压重油、减压重油、180CTS燃料油、7号燃料油、糠醛油、工业燃料、4～6号燃料油等油品的主要用途是作为燃料燃烧,属于燃料油征收范围。

根据财税〔2013〕105号文的规定,纳税人利用废矿物油为原料生产的润滑油基础油、汽油、柴油等工业油料免征消费税。但应同时符合下列条件:

(1)纳税人必须取得省级以上(含省级)环境保护部门颁发的《危险废物(综合)经营许可证》,且该证件上核准生产经营范围应包括"利用"或"综合经营"字样;

(2)生产原料中废矿物油重量必须占到90%以上,产成品中必须包括润滑油基础油,且每吨废矿物油生产的润滑油基础油应不少于0.65吨;

(3)利用废矿物油生产的产品与利用其他原料生产的产品应分别核算。

财税〔2018〕144号文件规定将该免征消费税政策实施期限延长至2023年10月31日。

(七)小汽车

小汽车是指由动力驱动,具有4个或4个以上车轮的非轨道承载的车辆。本税目征收范围包括以下几种车辆。

(1)乘用车:含驾驶员座位在内最多不超过9个座位(含)的,在设计和技术特性上用于载运乘客和货物的各类乘用车。

(2)中轻型商用客车:含驾驶员座位在内的座位数在10～23座(含23座)的,在设计和技术特性上用于载运乘客和货物的各类中轻型商用客车。

(3)超豪华小汽车:每辆零售价格130万元(不含增值税)及以上的乘用车和中轻型商用客车。

用排气量小于1.5升(含)的乘用车底盘(车架)改装、改制的车辆属于乘用车征收范围。用排气量大于1.5升的乘用车底盘(车架)或用中轻型商用客车底盘(车架)改装、改制的车辆属于中轻型商用客车征收范围。

含驾驶员人数(额定载客)为区间值的(如8～10人、17～26人)小汽车,按其区间值下限人数确定征收范围。

电动汽车不属于本税目征收范围。车身长度大于7米(含),并且座位在10～23座(含)

以下的商用客车,不属于中轻型商用客车征税范围,不征收消费税。沙滩车、雪地车、卡丁车、高尔夫车不属于消费税征收范围,不征收消费税。

(八)摩托车

摩托车包括轻便摩托车和摩托车两种。气缸容量250毫升(不含)以下的小排量摩托车不征收消费税。

(九)高尔夫球及球具

高尔夫球及球具是指从事高尔夫球运动所需的各种专用装备,包括高尔夫球、高尔夫球杆及高尔夫球包(袋)等。

高尔夫球是指重量不超过45.93克、直径不超过42.67毫米的高尔夫球运动比赛、练习用球;高尔夫球杆是指被设计用来打高尔夫球的工具,由杆头、杆身和握把三部分组成;高尔夫球包(袋)是指专用于盛装高尔夫球及球杆的包(袋)。

本税目征收范围包括高尔夫球、高尔夫球杆、高尔夫球包(袋)。高尔夫球杆的杆头、杆身和握把属于本税目的征收范围。

(十)高档手表

高档手表是指销售价格(不含增值税)每只在10 000元(含)以上的各类手表。
本税目征收范围包括符合以上标准的各类手表。

(十一)游艇

游艇是指长度大于8米、小于90米,船体由玻璃钢、钢、铝合金、塑料等多种材料制作,可以在水上移动的水上浮载体。按照动力划分,游艇分为无动力艇、帆艇和机动艇。

本税目征收范围包括艇身长度大于8米(含)、小于90米(含),内置发动机,可以在水上移动,一般为私人或团体购置,主要用于水上运动和休闲娱乐等非牟利活动的各类机动艇。

(十二)木制一次性筷子

木制一次性筷子,又称卫生筷子,是指以木材为原料经过锯段、浸泡、旋切、刨切、烘干、筛选、打磨、倒角、包装等环节加工而成的各类供一次性使用的筷子。

本税目征收范围包括各种规格的木制一次性筷子。未经打磨、倒角的木制一次性筷子属于本税目征税范围。

(十三)实木地板

实木地板是指以木材为原料,经锯割、干燥、刨光、截断、开榫、涂漆等工序加工而成的块状或条状的地面装饰材料。实木地板按生产工艺不同,可分为独板(块)实木地板、实木指接地板、实木复合地板三类;按表面处理状态不同,可分为未涂饰地板(白坯板、素板)和漆饰地板两类。

本税目征收范围包括各类规格的实木地板、实木指接地板、实木复合地板及用于装饰墙壁、天棚的侧端面为榫、槽的实木装饰板。未经涂饰的素板也属于本税目征税范围。

(十四)电池

电池,是一种将化学能、光能等直接转换为电能的装置,一般由电极、电解质、容器、极端,通常还有隔离层组成的基本功能单元,以及用一个或多个基本功能单元装配成的电池组。本税目征收范围包括原电池、蓄电池、燃料电池、太阳能电池和其他电池。

自2015年2月1日起,对电池(铅蓄电池除外)征收消费税;对无汞原电池、金属氢化物镍蓄电池(又称氢镍蓄电池或镍氢蓄电池)、锂原电池、锂离子蓄电池、太阳能电池、燃料电池、全钒液流电池免征消费税。2015年12月31日前,对铅蓄电池缓征消费税;自2016年1月1日起,对铅蓄电池按4%的税率征收消费税。

(十五)涂料

涂料是指涂于物体表面能形成具有保护、装饰或特殊性能的固态涂膜的一类液体或固体材料的总称。自2015年2月1日起对涂料征收消费税,施工状态下挥发性有机物含量低于420克/升(含)的涂料免征消费税。

三、税率

消费税采用比例税率和定额税率两种形式,以适应不同应税消费品的实际情况。

消费税根据不同的税目或子目确定相应的税率或单位税额。大部分应税消费品适用比例税率,例如,烟丝税率为30%,摩托车税率为3%等;黄酒、啤酒、成品油按单位重量或单位体积确定单位税额;卷烟、白酒采用比例税率和定额税率双重征收形式。

《消费税税目、税率(额)表》见表3-1所示。

表3-1 消费税税目、税率(额)表

税目	税率(额)
一、烟	
1.卷烟	
(1)甲类卷烟(生产或进口环节)	56%加0.003元/支
(2)乙类卷烟(生产或进口环节)	36%加0.003元/支
(3)批发环节	11%加0.005元/支
2.雪茄烟	36%
3.烟丝	30%

续表

税目	税率（额）
4.电子烟	
生产（进口）环节	36％
批发环节	11％
二、酒	
1.白酒	20％加0.5元/500克（或者500毫升）
2.黄酒	240元/吨
3.啤酒	
（1）甲类啤酒	250元/吨
（2）乙类啤酒	220元/吨
4.其他酒	10％
三、高档化妆品	15％
四、贵重首饰及珠宝玉石	
1.金银首饰、铂金首饰和钻石及钻石饰品（零售环节）	5％
2.其他贵重首饰和珠宝玉石	10％
五、鞭炮、焰火	15％
六、成品油	
1.汽油	1.52元/升
2.柴油	1.2元/升
3.航空煤油	1.2元/升
4.石脑油	1.52元/升
5.溶剂油	1.52元/升
6.润滑油	1.52元/升
7.燃料油	1.2元/升
七、小汽车	
1.乘用车	
（1）气缸容量（排气量，下同）在1.0升（含1.0升）以下的	1％
（2）气缸容量在1.0升以上至1.5升（含1.5升）的	3％
（3）气缸容量在1.5升以上至2.0升（含2.0升）的	5％
（4）气缸容量在2.0升以上至2.5升（含2.5升）的	9％
（5）气缸容量在2.5升以上至3.0升（含3.0升）的	12％
（6）气缸容量在3.0升以上至4.0升（含4.0升）的	25％
（7）气缸容量在4.0升以上的	40％

续表

税目	税率(额)
2.中轻型商用客车	5%
3.超豪华小汽车(零售环节)	10%
八、摩托车	
1.气缸容量为250毫升的	3%
2.气缸容量为250毫升以上的	10%
九、高尔夫球及球具	10%
十、高档手表	20%
十一、游艇	10%
十二、木制一次性筷子	5%
十三、实木地板	5%
十四、电池	4%
十五、涂料	4%

纳税人兼营不同税率的应税消费品,应当分别核算不同税率应税消费品的销售额、销售数量。未分别核算销售额、销售数量,或者将不同税率的应税消费品组成成套消费品销售的,从高适用税率。

第二节 计税依据

根据《消费税暂行条例》的规定,消费税应纳税额的计算分为从价计征、从量计征和从价从量复合计征三种方法。

一、从价计征

在从价定率计算方法下,应纳税额等于应税消费品的销售额乘以适用税率,应纳税额的多少取决于应税消费品的销售额和适用税率两个因素。

(一)销售额的确定

销售额为纳税人销售应税消费品向购买方收取的全部价款和价外费用。销售,是指有偿转让应税消费品的所有权;有偿,是指从购买方取得货币、货物或者其他经济利益;价外费用,是指价外向购买方收取的手续费、补贴、基金、集资费、返还利润、奖励费、违约金、滞纳金、延期付款利息、赔偿金、代收款项、代垫款项、包装费、包装物租金、储备费、优质费、运输装卸费以及其他各种性质的价外收费。但下列项目不包括在内。

(1)同时符合以下条件的代垫运输费用:① 承运部门的运输费用发票开具给购买方的;② 纳税人将该项发票转交给购买方的。

(2)同时符合以下条件代为收取的政府性基金或者行政事业性收费:① 由国务院或者财政部批准设立的政府性基金,由国务院或者省级人民政府及其财政、价格主管部门批准设立的行政事业性收费;② 收取时开具省级以上财政部门印制的财政票据;③ 所收款项全额上缴财政。

其他价外费用,无论是否属于纳税人的收入,均应并入销售额计算征税。

实行从价定率办法计算应纳税额的应税消费品连同包装销售的,无论包装是否单独计价,也不论在会计上如何核算,均应并入应税消费品的销售额中征收消费税。如果包装物不作价随同产品销售,而是收取押金,此项押金则不应并入应税消费品的销售额中征税。但对因逾期未收回的包装物不再退还的或者已收取的时间超过12个月的押金,应并入应税消费品的销售额,按照应税消费品的适用税率缴纳消费税。

对既作价随同应税消费品销售又另外收取押金的包装物的押金,凡纳税人在规定的期限内没有退还的,均应并入应税消费品的销售额,按照应税消费品的适用税率缴纳消费税。

对销售啤酒、黄酒外的其他酒类产品而收取的包装物押金,无论是否返还以及会计上如何核算,均应并入当期销售额征税。

白酒生产企业向商业销售单位收取的"品牌使用费"是随着应税白酒的销售而向购货方收取的,属于应税白酒销售价款的组成部分,因此,不论企业采取何种方式或以何种名义收取价款,均应并入白酒的销售额中缴纳消费税。

纳税人销售的应税消费品,以外汇结算销售额的,其销售额的人民币折合率可以选择结算的当天或者当月1日的国家外汇牌价(原则上为中间价)。纳税人应在事先确定采取何种折合率,确定后1年内不得变更。

(二)含增值税销售额的换算

应税消费品在缴纳消费税的同时,与一般货物一样,还应缴纳增值税。按照《消费税暂行条例实施细则》的规定,应税消费品的销售额,不包括应向购货方收取的增值税税款。如果纳税人应税消费品的销售额中未扣除增值税税款或者因不得开具增值税专用发票而发生价款和增值税税款合并收取的,在计算消费税时,应将含增值税的销售额换算为不含增值税税款的销售额。其换算公式为:

应税消费品的销售额=含增值税的销售额÷(1+增值税税率或征收率)

在使用换算公式时,应根据纳税人的具体情况分别使用增值税税率或征收率。如果消费税的纳税人同时又是增值税一般纳税人的,应适用13%的增值税税率;如果消费税的纳税人是增值税小规模纳税人的,应适用3%的征收率。

二、从量计征

在从量定额计算方法下,应纳税额等于应税消费品的销售数量乘以单位税额,应纳税额的多少取决于应税消费品的销售数量和单位税额两个因素。

(一)销售数量的确定

销售数量是指纳税人生产、加工和进口应税消费品的数量。具体规定为:
(1)销售应税消费品的,为应税消费品的销售数量;
(2)自产自用应税消费品的,为应税消费品的移送使用数量;
(3)委托加工应税消费品的,为纳税人收回的应税消费品数量;
(4)进口的应税消费品,为海关核定的应税消费品进口征税数量。

(二)计量单位的换算标准

《消费税暂行条例》规定,黄酒、啤酒以吨为税额单位;汽油、柴油以升为税额单位。但是,考虑到在实际销售过程中,一些纳税人会把吨或升这两个计量单位混用,故规范了不同产品的计量单位,以准确计算应纳税额,吨与升两个计量单位的换算标准如表3-2所示。

表3-2 吨、升换算表

序号	名称	计量单位的换算标准
1	黄酒	1 吨=962 升
2	啤酒	1 吨=988 升
3	汽油	1 吨=1 388 升
4	柴油	1 吨=1 176 升
5	航空煤油	1 吨=1 246 升
6	石脑油	1 吨=1 385 升
7	溶剂油	1 吨=1 282 升
8	润滑油	1 吨=1 126 升
9	燃料油	1 吨=1 015 升

三、从价从量复合计征

现行消费税的征税范围中,只有卷烟、白酒采用复合计征方法。应纳税额等于应税销售数量乘以定额税率再加上应税销售额乘以比例税率。

生产销售卷烟、白酒从量定额计税依据为实际销售数量。进口、委托加工、自产自用卷烟、白酒从量定额计税依据分别为海关核定的进口征税数量、委托方收回数量、移送使用数量。

四、计税依据的特殊规定

(一)卷烟计税价格的核定

自 2012 年 1 月 1 日起,卷烟消费税最低计税价格(以下简称计税价格)核定范围为卷烟生产企业在生产环节销售的所有牌号、规格的卷烟。

计税价格由国家税务总局按照卷烟批发环节销售价格扣除卷烟批发环节批发毛利核定并发布。计税价格的核定公式为:

某牌号、规格卷烟计税价格=批发环节销售价格×(1−适用批发毛利率)

卷烟批发环节销售价格,按照税务机关采集的所有卷烟批发企业在价格采集期内销售的该牌号、规格卷烟的数量、销售额进行加权平均计算。计算公式为:

$$批发环节销售价格 = \frac{\sum 该牌号、规格卷烟各采集点的销售额}{\sum 该牌号、规格卷烟各采集点的销售数量}$$

未经国家税务总局核定计税价格的新牌号、新规格卷烟,生产企业应按卷烟调拨价格申报纳税。

已经国家税务总局核定计税价格的卷烟,生产企业实际销售价格高于计税价格的,按实际销售价格确定适用税率,计算应纳税款并申报纳税;实际销售价格低于计税价格的,按计税价格确定适用税率,计算应纳税款并申报纳税。

(二)白酒最低计税价格的核定

1. 核定范围

白酒生产企业销售给销售单位的白酒,生产企业消费税计税价格低于销售单位对外销售价格(不含增值税,下同)70%以下的,税务机关应核定消费税最低计税价格。自 2015 年 6 月 1 日起,纳税人将委托加工收回的白酒销售给销售单位,消费税计税价格低于销售单位对外销售价格(不含增值税)70%以下的,也应核定消费税最低计税价格。

销售单位,是指销售公司、购销公司以及委托境内其他单位或个人包销本企业生产白酒的商业机构。销售公司、购销公司,是指专门购进并销售白酒生产企业生产的白酒,并与该白酒生产企业存在关联性质。包销,是指销售单位依据协定价格从白酒生产企业购进白酒,同时承担大部分包装材料等成本费用,并负责销售白酒。

对白酒生产企业设立多级销售单位销售的白酒,税务机关应按照最终一级销售单位对外销售价格核定生产企业消费税最低计税价格。

白酒生产企业应将各种白酒的消费税计税价格和销售单位销售价格,按照规定的式样及要求,在主管税务机关规定的时限内填报。白酒消费税最低计税价格由白酒生产企业自行申报,税务机关核定。

主管税务机关应将白酒生产企业申报的销售给销售单位的消费税计税价格低于销售单位对外销售价格70％以下、年销售额1 000万元以上的各种白酒,按照规定的式样及要求,在规定的时限内逐级上报至国家税务总局。国家税务总局选择其中部分白酒核定消费税最低计税价格。

除国家税务总局已核定消费税最低计税价格的白酒外,其他按规定需要核定消费税最低计税价格的白酒,消费税最低计税价格由各省、自治区、直辖市和计划单列市税务局核定。

2. 核定标准

白酒生产企业销售给销售单位的白酒,生产企业消费税计税价格高于销售单位对外销售价格70％(含70％)以上的,税务机关暂不核定消费税最低计税价格。

白酒生产企业销售给销售单位的白酒,生产企业消费税计税价格低于销售单位对外销售价格70％以下的,消费税最低计税价格由税务机关根据生产规模、白酒品牌、利润水平等情况在销售单位对外销售价格50％～70％范围内自行核定。其中生产规模较大、利润水平较高的企业生产的需要核定消费税最低计税价格的白酒,税务机关核价幅度原则上应选择在销售单位对外销售价格60％～70％的范围内。自2017年5月1日起,白酒消费税最低计税价格核定比例由50％～70％统一调整为60％,已核定最低计税价格的白酒,税务机关应按照调整后的比例重新核定。

3. 重新核定

已核定最低计税价格的白酒,销售单位对外销售价格持续上涨或下降时间达到3个月以上、累计上涨或下降幅度在20％(含)以上的白酒,税务机关重新核定最低计税价格。

4. 计税价格的适用

已核定最低计税价格的白酒,生产企业实际销售价格高于消费税最低计税价格的,按实际销售价格申报纳税;实际销售价格低于消费税最低计税价格的,按最低计税价格申报纳税。

(三)金银首饰销售额的确定

对既销售金银首饰,又销售非金银首饰的生产、经营单位,应将两类商品划分清楚,分别核算销售额。凡划分不清楚或不能分别核算的,在生产环节销售的,一律从高适用税率征收消费税;在零售环节销售的,一律按金银首饰征收消费税。金银首饰与其他产品组成成套消费品销售的,应按销售额全额征收消费税。

金银首饰连同包装物销售的,无论包装是否单独计价,也无论会计上如何核算,均应并入金银首饰的销售额,计征消费税。

带料加工的金银首饰,应按受托方销售同类金银首饰的销售价格确定计税依据征收消费税。没有同类金银首饰销售价格的,按照组成计税价格计算纳税。

纳税人采用以旧换新(含翻新改制)方式销售的金银首饰,应按实际收取的不含增值税的全部价款确定计税依据征收消费税。

(四)其他特殊规定

消费税纳税依据的其他特殊规定还包括如下两点:

(1)纳税人通过自设非独立核算门市部销售的自产应税消费品,应当按照门市部对外销售额或者销售数量征收消费税;

(2)纳税人用于换取生产资料和消费资料、投资入股和抵偿债务等方面的应税消费品,应当以纳税人同类应税消费品的最高销售价格作为计税依据计算消费税。

第三节 应纳税额的计算

一、生产销售环节应纳消费税的计算

纳税人在生产销售环节应缴纳的消费税,包括直接对外销售应税消费品应缴纳的消费税和自产自用应税消费品应缴纳的消费税。

(一)直接对外销售应纳消费税的计算

直接对外销售应税消费品涉及三种计算方法:从价定率计算;从量定额计算;从价定率和从量定额复合计算。

1. 从价定率计算

在从价定率计算方法下,应纳消费税税额等于销售额乘以适用税率。基本计算公式为:

$$应纳税额 = 应税消费品的销售额 \times 比例税率$$

◇ **同步案例3-1**

> 某化妆品生产企业为增值税一般纳税人。2023年5月5日向某大型商场销售高档化妆品一批,开具增值税专用发票,取得不含增值税销售额50万元;5月25日向某单位销售高档化妆品一批,开具普通发票,取得含增值税销售额6万元。已知高档化妆品适用消费税税率15%,计算该化妆品生产企业上述业务应缴纳的消费税税额。

【解析】
(1) 化妆品的应税销售额＝50＋6÷(1＋13％)＝55.3(万元)
(2) 应缴纳的消费税税额＝55.3×15％＝8.3(万元)

2. 从量定额计算

在从量定额计算方法下,应纳税额等于应税消费品的销售数量乘以单位税额。基本计算公式为:

应纳税额＝应税消费品的销售数量×定额税率

同步案例3-2

某啤酒厂2023年8月销售啤酒1 000吨,取得不含增值税销售额295万元,另收取包装物押金23.4万元。计算该啤酒厂应纳消费税税额。

【解析】
每吨啤酒出厂价＝(295＋23.4÷1.13)×10 000÷1 000＝3 157.08(元),大于3 000元,属于销售甲类啤酒,适用定额税率每吨250元。
应纳消费税税额＝1 000×250＝250 000(元)

3. 从价定率和从量定额复合计算

现行消费税的征税范围中,只有卷烟、白酒采用复合计算方法。基本计算公式为:

应纳税额＝应税消费品的销售数量×定额税率＋应税消费品的销售额×比例税率

同步案例3-3

某白酒生产企业为增值税一般纳税人,2023年9月销售白酒50吨,取得不含增值税的销售额300万元。计算白酒生产企业9月应缴纳的消费税税额。

【解析】
白酒适用比例税率20％,定额税率每500克0.5元。
应纳消费税税额＝50×1 000×1 000÷500×0.5＋3 000 000×20％＝650 000(元)

（二）自产自用应纳消费税的计算

自产自用，指纳税人生产应税消费品后，不是用于直接对外销售，而是用于自己连续生产应税消费品或用于其他方面。

1. 用于连续生产应税消费品

纳税人自产自用的应税消费品，用于连续生产应税消费品的，不纳消费税。所谓"纳税人自产自用的应税消费品，用于连续生产应税消费品的"，是指作为生产最终应税消费品的直接材料并构成最终产品实体的应税消费品。例如，卷烟厂生产出烟丝，再用生产出的烟丝连续生产卷烟，虽然烟丝是应税消费品，但用于连续生产卷烟的烟丝就不用缴纳消费税，只对生产销售的卷烟征收消费税。如果生产的烟丝直接用于销售，则烟丝需要缴纳消费税。税法规定对自产自用的应税消费品，用于连续生产应税消费品的不征税，体现了不重复课税的原则。

2. 用于其他方面的应税消费品

纳税人自产自用的应税消费品，除用于连续生产应税消费品外，凡用于其他方面的，于移送使用时纳税。用于其他方面是指纳税人用于生产非应税消费品、在建工程、管理部门、非生产机构、提供劳务，以及用于馈赠、赞助、集资、广告、样品、职工福利、奖励等方面。所谓"用于生产非应税消费品"，是指把自产的应税消费品用于生产《消费税暂行条例》所附的《消费税税目、税率（额）表》所列15类产品以外的产品。例如，汽车制造厂把生产出的小汽车提供给上级主管部门使用，属于"用于管理部门、非生产机构"，应该于移送使用时纳税。

3. 组成计税价格及税额的计算

纳税人自产自用的应税消费品，凡用于其他方面，应当纳税的，按照纳税人生产的同类消费品的销售价格计算纳税。同类消费品的销售价格是指纳税人当月销售的同类消费品的销售价格，如果当月同类消费品各期销售价格高低不同，应按销售数量加权平均计算。但销售的应税消费品有下列情况之一的，不得列入加权平均计算：

（1）销售价格明显偏低又无正当理由的；

（2）无销售价格的。

如果当月无销售或者当月未完结，应按照同类消费品上月或者最近月份的销售价格计算纳税。

没有同类消费品销售价格的，按照组成计税价格计算纳税。根据消费税计税方法的不同，组成计税价格的计算公式分别如下。

实行从价定率办法计算纳税的组成计税价格计算公式为：

$$组成计税价格 = (成本 + 利润) \div (1 - 比例税率)$$

$$应纳税额 = 组成计税价格 \times 比例税率$$

实行复合计税办法计算纳税的组成计税价格计算公式为：

组成计税价格=(成本+利润+自产自用数量×定额税率)÷(1-比例税率)
应纳税额=组成计税价格×比例税率+自产自用数量×定额税率

上述公式中所说的"成本",是指应税消费品的产品生产成本。

上述公式中所说的"利润",是指根据应税消费品的全国平均成本利润率计算的利润。应税消费品全国平均成本利润率由国家税务总局确定(见表3-3)。

表3-3 平均成本利润率表 单位:%

货物名称	利润率	货物名称	利润率
1.甲类卷烟	10	11.摩托车	6
2.乙类卷烟	5	12.高尔夫球及球具	10
3.雪茄烟	5	13.高档手表	20
4.烟丝	5	14.游艇	10
5.粮食白酒	10	15.木制一次性筷子、实木地板	5
6.薯类白酒	5	16.电池	4
7.其他酒	5	17.乘用车	8
8.高档化妆品	5	18.中轻型商用客车	5
9.鞭炮、焰火	5	19.电子烟	10
10.贵重首饰及珠宝玉石	6	20.涂料	7

◇ **同步案例3-4**

某化妆品公司将一批自产的高档化妆品用作集体福利,该批高档化妆品的成本为65 000元,无同类产品市场销售价格,但已知其成本利润率为5%,消费税率为15%。计算该批高档化妆品应缴纳的消费税税额。

【解析】

(1)组成计税价格=65 000×(1+5%)÷(1-15%)=80 294.12(元)

(2)应纳消费税税额=80 294.12×15%=12 044.12(元)

二、委托加工环节应税消费品应纳税额的计算

企业、单位或个人由于设备、技术、人力等方面的局限或其他方面的原因,常常要委托其他单位代为加工应税消费品,然后,将加工好的应税消费品收回,直接销售或自己使用。这是生产应税消费品的另一种形式,也需要纳入征收消费税的范围。例如,某企业将购来的小

客车底盘和零部件提供给某汽车改装厂,加工组装成小客车供自己使用,则加工、组装成的小客车就需要缴纳消费税。按照规定,委托加工的应税消费品,由受托方(受托方是个人的除外,下同)在向委托方交货时代收代缴税款。

(一)委托加工应税消费品的确定

委托加工的应税消费品是指由委托方提供原料和主要材料,受托方只收取加工费和代垫部分辅助材料加工的应税消费品。对于由受托方提供原材料生产的应税消费品,或者受托方先将原材料卖给委托方,然后再接受加工的应税消费品,以及由受托方以委托方名义购进原材料生产的应税消费品,不论纳税人在财务上是否作销售处理,都不得作为委托加工应税消费品,而应当按照销售自制应税消费品缴纳消费税。

(二)代收代缴税款的规定

对于确实属于委托方提供原料和主要材料,受托方只收取加工费和代垫部分辅助材料加工的应税消费品,由受托方在向委托方交货时代收代缴消费税。受托方是法定的代收代缴义务人,必须严格履行代收代缴义务,正确计算和按时代缴税款。委托个人(含个体工商户)加工的应税消费品,由委托方收回后缴纳消费税。

委托加工的应税消费品,受托方在交货时已代收代缴消费税,委托方将收回的应税消费品,以不高于受托方的计税价格出售的,为直接出售,不再缴纳消费税;委托方以高于受托方的计税价格出售的,不属于直接出售,需按照规定申报缴纳消费税,在计税时准予扣除受托方已代收代缴的消费税。

对于受托方没有按规定代收代缴税款的,不能因此免除委托方补缴税款的责任。在对委托方进行税务检查中,如果发现受其委托加工应税消费品的受托方没有代收代缴税款,则应按照《中华人民共和国税收征收管理法》(以下简称《税收征收管理法》)的规定,对受托方处以应代收代缴税款50%以上3倍以下的罚款;委托方要补缴税款,对委托方补征税款的计税依据是:如果在检查时,收回的应税消费品已经直接销售的,按销售额计税;收回的应税消费品尚未销售或不能直接销售的(如收回后用于连续生产等),按组成计税价格计税。组成计税价格的计算公式与下列(三)中的组成计税价格公式相同。

(三)组成计税价格及应纳税额的计算

委托加工的应税消费品,按照受托方的同类消费品的销售价格计算纳税,同类消费品的销售价格是指受托方(即代收代缴义务人)当月销售的同类消费品的销售价格,如果当月同类消费品各期销售价格高低不同,应按销售数量加权平均计算。但销售的应税消费品有下列情况之一的,不得列入加权平均计算:

(1)销售价格明显偏低又无正当理由的;
(2)无销售价格的。

如果当月无销售或者当月未完结,应按照同类消费品上月或最近月份的销售价格计算纳税。没有同类消费品销售价格的,按照组成计税价格计算纳税。根据消费税计税方法的不同,组成计税价格的计算公式分别如下。

实行从价定率办法计算纳税的组成计税价格计算公式为:

$$组成计税价格=(材料成本+加工费)\div(1-比例税率)$$

实行复合计税办法计算纳税的组成计税价格计算公式为:

$$组成计税价格=(材料成本+加工费+委托加工数量\times 定额税率)\div(1-比例税率)$$

【注意】 材料成本是指委托方所提供加工材料的实际成本。委托加工应税消费品的纳税人,必须在委托加工合同上如实注明(或以其他方式提供)材料成本,凡未提供材料成本的,受托方所在地主管税务机关有权核定其材料成本。

加工费是指受托方加工应税消费品向委托方所收取的全部费用,包括代垫辅助材料的实际成本,不包括增值税税金。

◇ **同步案例3-5**

某地板生产企业2023年4月受托为某单位加工一批实木地板,委托单位提供的原材料金额为60万元,收取委托单位不含增值税的加工费8万元,地板生产企业无同类产品市场价格。已知实木地板的适用税率为5%,计算该地板生产企业应代收代缴的消费税。

【解析】
(1)组成计税价格=(60+8)÷(1-5%)=69.39(万元)
(2)应代收代缴的消费税=69.39×5%=3.47(万元)

三、进口环节应纳消费税的计算

进口的应税消费品,于报关进口时缴纳消费税;进口的应税消费品的消费税由海关代征;进口的应税消费品,由进口人或者其代理人向报关地海关申报纳税;纳税人进口应税消费品,应当自海关填发海关进口消费税专用缴款书之日起15日内缴纳税款。

进口应税消费品的收货人或办理报关手续的单位和个人,为进口应税消费品消费税的纳税义务人。进口应税消费品消费税的税目、税率(税额),依照《消费税暂行条例》所附的《消费税税目、税率(额)表》执行。

纳税人进口应税消费品,按照组成计税价格和规定的税率计算应纳税额。计算方法如下。

 1. 从价定率计征应纳税额的计算

实行从价定率办法计算纳税的组成计税价格计算公式为:

组成计税价格＝(关税完税价格＋关税)÷(1－消费税比例税率)

应纳税额＝组成计税价格×消费税比例税率

公式中所称"关税完税价格",是指海关核定的关税计税价格。

◇ **同步案例3-6**

某商贸公司2023年5月从国外进口一批应税消费品,已知该批应税消费品的关税完税价格为100万元,按规定应缴纳关税10万元,假定进口的应税消费品的消费税税率为15%。请计算该批消费品进口环节应缴纳的消费税税额。

【解析】
(1)组成计税价格＝(100＋10)÷(1－10%)＝122.22(万元)
(2)应缴纳消费税税额＝122.2×15%＝18.33(万元)

2. 实行从量定额计征应纳税额的计算

实行从量定额计征应纳税额的计算公式为:

应纳税额＝应税消费品数量×消费税定额税率

3. 实行从价定率和从量定额复合计税办法应纳税额的计算

实行从价定率和从量定额复合计税办法应纳税额的计算公式为:

组成计税价格＝(关税完税价格＋关税＋进口数量×消费税定额税率)÷(1－消费税比例税率)

应纳税额＝组成计税价格×消费税税率＋应税消费品进口数量×消费税定额税率

进口环节消费税除国务院另有规定的,一律不得给予减税、免税。

四、已纳消费税扣除的计算

为了避免重复征税,现行消费税规定,将外购应税消费品和委托加工收回的应税消费品继续生产应税消费品销售的,可以将外购应税消费品和委托加工收回应税消费品已缴纳的消费税给予扣除。

(一)外购应税消费品已纳税款的扣除

1. 外购应税消费品连续生产应税消费品

由于某些应税消费品是用外购已缴纳消费税的应税消费品连续生产出来的,在对这些连续生产出来的应税消费品计算征税时,税法规定应按当期生产领用数量计算准予扣除外购的应税消费品已纳的消费税税款。扣除范围包括:

(1)外购已税烟丝生产的卷烟;
(2)外购已税高档化妆品为原料生产的高档化妆品;
(3)外购已税珠宝、玉石为原料生产的贵重首饰及珠宝、玉石;
(4)外购已税鞭炮、焰火为原料生产的鞭炮、焰火;
(5)外购已税杆头、杆身和握把为原料生产的高尔夫球杆;
(6)外购已税木制一次性筷子为原料生产的木制一次性筷子;
(7)外购已税实木地板为原料生产的实木地板;
(8)外购已税汽油、柴油、石脑油、燃料油、润滑油为原料连续生产的应税成品油。

上述当期准予扣除外购应税消费品已纳消费税税款的计算公式为:

当期准予扣除的外购应税消费品已纳税款＝当期准予扣除的外购应税消费品买价×外购应税消费品适用税率

当期准予扣除的外购应税消费品买价＝期初库存的外购应税消费品的买价＋当期购进的应税消费品的买价-期末库存的外购应税消费品的买价

外购已税消费品的买价是指购货发票上注明的销售额(不包括增值税税款)。

根据《葡萄酒消费税管理办法(试行)》的规定,自2015年5月1日起,从葡萄酒生产企业购进、进口葡萄酒连续生产应税葡萄酒的,准予从葡萄酒消费税应纳税额中扣除所耗用应税葡萄酒已纳消费税税款。如本期消费税应纳税额不足抵扣的,余额留待下期抵扣。

◇ 同步案例3-7

某卷烟生产企业某月初库存外购应税烟丝金额60万元,当月又外购应税烟丝金额500万元(不含增值税),月末库存烟丝金额30万元,其余被当月生产卷烟领用。烟丝适用的消费税税率为30%。请计算卷烟厂当月准许扣除的外购烟丝已缴纳的消费税税额。

【解析】
当期准许扣除的外购烟丝买价＝60＋500－30＝530(万元)
当月准许扣除的外购烟丝已缴纳的消费税税额＝530×30%＝159(万元)

需要说明的是,纳税人用外购的已税珠宝、玉石生产的改在零售环节征收消费税的金银首饰(镶嵌首饰),在计税时一律不得扣除外购珠宝、玉石的已纳税款。

2. 外购应税消费品后销售

对自己不生产应税消费品,而只是购进后再销售应税消费品的工业企业,其销售的高档化妆品、鞭炮、焰火和珠宝玉石,凡不能构成最终消费品直接进入消费品市场,而需进一步生产加工、包装、贴标的或者组合的珠宝玉石、化妆品、酒、鞭炮、焰火等,应当征收消费税,同时允许扣除上述外购应税消费品的已纳税款。

(二)委托加工收回的应税消费品已纳税款的扣除

委托加工的应税消费品因为已由受托方代收代缴消费税,因此,委托方收回货物后用于连续生产应税消费品的,其已纳税款准予按照规定从连续生产的应税消费品应纳消费税税额中抵扣。下列连续生产的应税消费品准予从应纳消费税税额中按当期生产领用数量计算扣除委托加工收回的应税消费品已纳消费税税款:

(1)以委托加工收回的已税烟丝为原料生产的卷烟;
(2)以委托加工收回的已税高档化妆品为原料生产的高档化妆品;
(3)以委托加工收回的已税珠宝玉石为原料生产的贵重首饰及珠宝玉石;
(4)以委托加工收回的已税鞭炮、焰火为原料生产的鞭炮、焰火;
(5)以委托加工收回的已税杆头、杆身和握把为原料生产的高尔夫球杆;
(6)以委托加工收回的已税木制一次性筷子为原料生产的木制一次性筷子;
(7)以委托加工收回的已税实木地板为原料生产的实木地板;
(8)以委托加工收回的已税汽油、柴油、石脑油、燃料油、润滑油为原料用于连续生产的应税成品油。

上述当期准予扣除委托加工收回的应税消费品已纳消费税税款的计算公式为:

当期准予扣除的委托加工应税消费品已纳税款=期初库存的委托加工应税消费品已纳税款+当期收回的委托加工应税消费品已纳税款-期末库存的委托加工应税消费品已纳税款

纳税人以进口、委托加工收回应税油品连续生产应税成品油,分别依据《海关进口消费税专用缴款书》《税收缴款书(代扣代收专用)》,按照现行政策规定计算扣除应税油品已纳消费税税款。

纳税人以外购、进口、委托加工收回的应税消费品(以下简称外购应税消费品)为原料连续生产应税消费品,准予按现行政策规定抵扣外购应税消费品已纳消费税税款。经主管税务机关核实上述外购应税消费品未缴纳消费税的,纳税人应将已抵扣的消费税税款,从核实当月允许抵扣的消费税中冲减。

需要说明的是,纳税人用委托加工收回的已税珠宝、玉石生产的改在零售环节征收消费税的金银首饰,在计税时一律不得扣除委托加工收回的珠宝、玉石的已纳消费税税款。

五、特殊商品及环节应纳消费税的计算

(一)电子烟生产、批发等环节消费税的计算

1. 纳税义务人

在我国境内生产(进口)、批发电子烟的单位和个人为消费税纳税人。

电子烟生产环节纳税人,是指取得烟草专卖生产企业许可证,并取得或经许可使用他人电子烟产品注册商标(以下称持有商标)的企业。其中,取得或经许可使用他人电子烟产品注册商标应当依据《中华人民共和国商标法》的有关规定确定。通过代加工方式生产电子烟的,由持有商标的企业缴纳消费税,只从事代加工电子烟产品业务的企业不属于电子烟消费税纳税人。

电子烟批发环节纳税人,是指取得烟草专卖批发企业许可证并经营电子烟批发业务的企业。

电子烟进口环节纳税人,是指进口电子烟的单位和个人。

2. 适用税率

电子烟实行从价定率的办法计算纳税,生产(进口)环节的税率为36%,批发环节的税率为11%。

3. 计税价格

纳税人生产、批发电子烟的,按照生产、批发电子烟的销售额计算纳税;电子烟生产环节纳税人采用代销方式销售电子烟的,按照经销商(代理商)销售给电子烟批发企业的销售额计算纳税;纳税人进口电子烟的,按照组成计税价格计算纳税。

例如,某电子烟消费税纳税人 2022 年 12 月生产持有商标的电子烟产品并销售给电子烟批发企业,不含增值税销售额为 100 万元,该纳税人 2023 年 1 月应申报缴纳电子烟消费税为 36 万元(100×36%)。如果该纳税人委托经销商(代理商)销售同一电子烟产品,经销商(代理商)销售给电子烟批发企业不含增值税销售额为 110 万元,则该纳税人 2023 年 1 月应申报缴纳电子烟消费税为 39.6 万元(110×36%)。

4. 生产环节电子烟代加工业务销售额的核算

电子烟生产环节纳税人从事电子烟代加工业务的,应当分开核算持有商标电子烟的销售额和代加工电子烟的销售额,未分开核算的,一并缴纳消费税。

例如,甲电子烟生产企业(以下简称甲企业)持有电子烟商标 A 生产电子烟产品。2022 年 12 月,甲企业生产销售 A 电子烟给电子烟批发企业,不含增值税销售额为 100 万元。同时,当月甲企业(不持有电子烟商标 B)从事电子烟代加工业务,生产销售 B 电子烟给乙电子烟生产企业(持有电子烟商标 B),不含增值税销售额为 50 万元。如果甲企业分开核算 A 电子烟和 B 电子烟销售额,则 2023 年 1 月甲企业应申报缴纳的电子烟消费税为 36 万元(100×36%);乙电子烟生产企业将 B 电子烟销售给电子烟批发企业时,自行申报缴纳消费税。如果甲企业没有分开核算 A 电子烟和 B 电子烟销售额,则其 2023 年 1 月应申报缴纳的电子烟消费税为 54 万元[(100+50)×36%]。

5. 出口电子烟退(免)税政策

自 2022 年 11 月 1 日起,电子烟被增列至边民互市进口商品不予免税清单并照章征税。除上述规定外,个人携带或者寄递进境电子烟的消费税征收,按照国务院有关规定执行。

(二)卷烟批发环节应纳消费税的计算

为了适当增加财政收入,完善烟产品消费税制度,自 2009 年 5 月 1 日起,在卷烟批发环节加征一道从价税。自 2015 年 5 月 10 日起,卷烟批发环节税率又有调整。相关规定主要有如下几条。

(1)纳税义务人:在我国境内从事卷烟批发业务的单位和个人。

纳税人销售给纳税人以外的单位和个人的卷烟于销售时纳税。纳税人之间销售的卷烟不缴纳消费税。

(2)征收范围:纳税人批发销售的所有牌号、规格的卷烟。

(3)适用税率:从价税税率11%,从量税税率 0.005 元/支。

(4)计税依据:纳税人批发卷烟的销售额(不含增值税)、销售数量。

纳税人应将卷烟销售额与其他商品销售额分开核算,未分开核算的,一并征收消费税。

纳税人兼营卷烟批发和零售业务的,应当分别核算批发和零售环节的销售额、销售数量;未分别核算批发和零售环节销售额、销售数量的,按照全部销售额、销售数量计征批发环节消费税。

(5)纳税义务发生时间:纳税人收讫销售款或者取得索取销售款凭据的当天。

(6)纳税地点:卷烟批发企业的机构所在地,总机构与分支机构不在同一地区的,由总机构申报纳税。

(7)卷烟消费税在生产和批发两个环节征收后,批发企业在计算纳税时不得扣除已含的生产环节的消费税税款。

(三)超豪华小汽车零售环节应纳消费税的计算

为了引导合理消费,促进节能减排,自 2016 年 12 月 1 日起,在生产(进口)环节按现行税率征收消费税的基础上,超豪华小汽车在零售环节加征一道消费税。相关规定主要有如下几条。

(1)征税范围:每辆零售价格 130 万元(不含增值税)及以上的乘用车和中轻型商用客车,即乘用车和中轻型商用客车子税目中的超豪华小汽车。

(2)纳税人:将超豪华小汽车销售给消费者的单位和个人为超豪华小汽车零售环节纳税人。

(3)税率:10%。

(4)应纳税额的计算:

$$应纳税额 = 零售环节销售额(不含增值税) \times 零售环节税率$$

国内汽车生产企业直接销售给消费者的超豪华小汽车,消费税税率按照生产环节税率和零售环节税率加总计算。其消费税应纳税额计算公式为:

$$应纳税额 = 销售额(不含增值税) \times (生产环节税率 + 零售环节税率)$$

六、消费税出口退税的计算

对纳税人出口应税消费品,免征消费税;国务院另有规定的除外。

(一)出口免税并退税

出口免税并退税政策适用于有出口经营权的外贸企业购进应税消费品直接出口,以及外贸企业受其他外贸企业委托代理出口应税消费品。外贸企业只有受其他外贸企业委托,代理出口应税消费品才可办理退税,外贸企业受其他企业(主要是非生产性的商贸企业)委托,代理出口应税消费品是不予退(免)税的。

属于从价定率计征消费税的,为已征且未在内销应税消费品应纳税额中抵扣的购进出口货物金额;属于从量定额计征消费税的,为已征且未在内销应税消费品应纳税额中抵扣的购进出口货物数量;属于复合计征消费税的,按从价定率和从量定额的计税依据分别确定。

消费税应退税额=从价定率计征消费税的退税计税依据×比例税率+从量定额计征消费税的退税计税依据×定额税率

出口货物的消费税应退税额的计税依据,按购进出口货物的消费税专用缴款书和海关进口消费税专用缴款书确定。

(二)出口免税但不退税

出口免税但不退税政策适用于有出口经营权的生产性企业自营出口或生产企业委托外贸企业代理出口自产的应税消费品,依据其实际出口数量免征消费税,不予办理退还消费税。免征消费税是指对生产性企业按其实际出口数量免征生产环节的消费税。不予办理退还消费税,因已免征生产环节的消费税,该应税消费品出口时,已不含有消费税,所以无须再办理退还消费税。

(三)出口不免税也不退税

出口不免税也不退税政策适用于除生产企业、外贸企业外的其他企业,具体是指一般商贸企业,这类企业委托外贸企业代理出口应税消费品一律不予退(免)税。

◇ **同步案例3-8**

> 某外贸企业(增值税一般纳税人)在2023年8月从A公司(增值税一般纳税人)购进50辆摩托车出口,支付货款(含增值税)113 000元,这批摩托车适用的消费税税率为10%。该外贸企业已办理完毕出口退税手续,请问,该企业在出口环节应退多少消费税?

【解析】

外贸企业从生产企业购进消费品直接出口,享受免税和退税政策。

应退消费税税额＝113 000÷(1＋13％)×10％＝10 000(元)

第四节　征收管理

一、征税环节

目前,对消费税的征税分布于以下环节。

(一)对生产应税消费品在生产销售环节征税

生产应税消费品销售是消费税征收的主要环节。纳税人生产应税消费品,除了直接对外销售应征收消费税外,如将生产的应税消费品换取生产资料、消费资料、投资入股、偿还债务,以及用于继续生产应税消费品以外的其他方面都应缴纳消费税。

另外,工业企业以外的单位和个人的下列行为视为应税消费品的生产行为,按规定征收消费税:

(1)将外购的消费税非应税产品以消费税应税产品对外销售的;

(2)将外购的消费税低税率应税产品以高税率应税产品对外销售的。

(二)对委托加工应税消费品在委托加工环节征税

委托加工应税消费品是指委托方提供原料和主要材料,受托方只收取加工费和代垫部分辅助材料加工的应税消费品。由受托方提供原材料或其他情形的一律不能视同加工应税消费品。委托加工的应税消费品收回后,再继续用于生产应税消费品销售且符合现行政策规定的,其加工环节缴纳的消费税税款可以扣除。

(三)对进口应税消费品在进口环节征税

单位和个人进口属于消费税征税范围的货物,在进口环节要缴纳消费税。为了减少征税成本,进口环节缴纳的消费税由海关代征。

（四）对零售特定应税消费品在零售环节征税

经国务院批准，自1995年1月1日起，金银首饰消费税由生产销售环节征收改为零售环节征收。改在零售环节征收消费税的金银首饰仅限于金基、银基合金首饰以及金、银和金基、银基合金的镶嵌首饰，进口环节暂不征收，零售环节适用税率为5%，在纳税人销售金银首饰、钻石及钻石饰品时征收。其计税依据是不含增值税的销售额。

（五）对移送使用应税消费品在移送使用环节征税

如果企业在生产经营的过程中，将应税消费品移送用于加工非应税消费品，则应对移送部分征收消费税。

（六）对批发卷烟在卷烟的批发环节征税

与其他消费税应税商品不同的是，卷烟除了在生产销售环节征收消费税外，还在批发环节征收一次。纳税人兼营卷烟批发和零售业务的，应当分别核算批发和零售环节的销售额、销售数量；未分别核算批发和零售环节销售额、销售数量的，按照全部销售额、销售数量计征批发环节消费税。纳税人销售给纳税人以外的单位和个人的卷烟于销售时纳税。纳税人之间销售的卷烟不缴纳消费税。卷烟批发企业的机构所在地，总机构与分支机构不在同一地区的，由总机构申报纳税。卷烟消费税在生产和批发两个环节征收后，批发企业在计算纳税时不得扣除已含的生产环节的消费税税款。

二、纳税义务发生时间

消费税纳税义务发生的时间，以货款结算方式或行为发生时间分别确定，主要规定如下。

（1）纳税人销售的应税消费品，其纳税义务的发生时间为：
① 纳税人采取赊销和分期收款结算方式的，为书面合同约定的收款日期的当天，书面合同没有约定收款日期或者无书面合同的，为发出应税消费品的当天；
② 纳税人采取预收货款结算方式的，为发出应税消费品的当天；
③ 纳税人采取托收承付和委托银行收款方式销售的应税消费品，为发出应税消费品并办妥托收手续的当天；
④ 纳税人采取其他结算方式的，为收讫销售款或者取得索取销售款凭据的当天。
（2）纳税人自产自用的应税消费品，其纳税义务的发生时间，为移送使用的当天。
（3）纳税人委托加工的应税消费品，其纳税义务的发生时间，为纳税人提货的当天。
（4）纳税人进口的应税消费品，其纳税义务的发生时间，为报关进口的当天。

三、纳税期限

按照《消费税暂行条例》的规定，消费税的纳税期限分别为1日、3日、5日、10日、15日、

1个月或者1个季度。纳税人的具体纳税期限,由主管税务机关根据纳税人应纳税额的大小分别核定;不能按照固定期限纳税的,可以按次纳税。

纳税人以1个月或以1个季度为1个纳税期的,自期满之日起15日内申报纳税;以1日、3日、5日、10日或者15日为1个纳税期的,自期满之日起5日内预缴税款,于次月1日起至15日内申报纳税并结清上月应纳税款。

纳税人进口应税消费品,应当自海关填发海关进口消费税专用缴款书之日起15日内缴纳税款。

如果纳税人不能按照规定的纳税期限依法纳税,将按《税收征收管理法》的有关规定处理。

四、纳税地点

根据《消费税暂行条例》,关于消费税具体纳税地点的规定主要包括如下几点。

(1)纳税人销售的应税消费品,以及自产自用的应税消费品,除国务院财政、税务主管部门另有规定外,应当向纳税人机构所在地或者居住地的主管税务机关申报纳税。

(2)委托加工的应税消费品,除受托方为个人外,由受托方向机构所在地或者居住地的主管税务机关解缴消费税税款。

(3)进口的应税消费品,由进口人或者其代理人向报关地海关申报纳税。

(4)纳税人到外县(市)销售或者委托外县(市)代销自产应税消费品的,于应税消费品销售后,向机构所在地或者居住地主管税务机关申报纳税。

纳税人的总机构与分支机构不在同一县(市),但在同一省(自治区、直辖市)范围内,经省(自治区、直辖市)财政厅(局)、税务局审批同意,可以由总机构汇总向总机构所在地的主管税务机关申报缴纳消费税。

省(自治区、直辖市)财政厅(局)、税务局应将审批同意的结果,上报财政部、国家税务总局备案。

(5)纳税人销售的应税消费品,因质量等原因发生退货的,其已缴纳的消费税税款可予以退还。

纳税人办理退税手续时,应将开具的红字增值税发票、退税证明等资料报主管税务机关备案。主管税务机关核对无误后办理退税。

(6)纳税人直接出口的应税消费品办理免税后,发生退关或者国外退货,复进口时已予以免税的,可暂不办理补税,待其转为国内销售的当月申报缴纳消费税。

五、纳税申报

消费税的纳税人应按《消费税暂行条例》的有关规定及时办理纳税申报,并如实填写纳税申报表。

专栏 3-1
消费税及附加税费申报表

◇ 本章小结

消费税是指对特定消费品和消费行为征收的一种间接税。我国在对货物普遍征收增值税的基础上,选择部分消费品再征收一道消费税。现行消费税的征收范围主要包括烟、酒、化妆品等15种商品,实行从价定率、从量定额,或者从价定率和从量定额复合计税的办法计算应纳税额。同学们学习本章后,应掌握消费税的税制要素、应纳税额计算、纳税申报等知识点,要重点了解复合计税法中组成计税价格计算、已纳消费税的扣除等难点。

◇ 本章思考题

1. 消费税的计税方法分为哪些?
2. 从价计税、从量计税、从价从量复合计税方法分别适用于哪些应税消费品?
3. 简述消费税关于纳税环节的有关规定。
4. 对于委托加工的应税消费品,应如何征税?用委托加工收回的应税消费品连续生产应税消费品的已纳消费税应如何处理?
5. 对于自产自用的应税消费品,应如何征税?

第四章　企业所得税

◇ **学习目标**

■ **1. 知识目标**

（1）了解企业所得税的纳税人、征税对象和税率；

（2）掌握企业所得税应纳税所得额的确定；

（3）掌握企业所得税应纳税额的计算；

（4）了解企业所得税的税收优惠政策。

■ **2. 能力目标**

（1）理解税法条款和企业会计准则之间的差异，体会国家税法条款的立法意图和政策导向；

（2）能够在会计报表基础上正确填制企业所得税纳税申报表，保证税额计算的准确性。

■ **3. 情感目标**

（1）了解、掌握并学会运用企业所得税法的相关规定；

（2）了解企业所得税税收优惠政策，明晰国家产业政策导向，助力创新驱动发展战略、乡村振兴战略的实施，推动实现高质量发展；

（3）做到合理纳税筹划，培养合法合规纳税的意识。

◇ **学习重难点**

1. 企业所得税收入总额的确定。

2. 企业所得税准予扣除项目的确定。

3. 企业所得税应纳税额的计算。

◇ **本章关键词**

企业所得税纳税人　企业所得税征税范围　企业所得税税率　企业所得税计算

◇ 导入案例

"加力加码"效应显现！惠企政策增强企业创新能力，促进绿色转型

2023年，企业所得税的研发费用加计扣除政策不断"加力加码"。当年3月，国家将符合条件的企业研发费用加计扣除比例由75%统一提高到100%，并作为制度性安排长期实施。9月，进一步聚焦集成电路产业和工业母机产业高质量发展，对符合条件企业的研发费用加计扣除比例再提高至120%。同时，加大政策针对性推送力度，帮助创新企业及时享受政策。在多项政策措施的支持下，政策效应逐步显现。

从2023年企业所得税预缴申报情况看，企业累计享受研发费用加计扣除金额1.85万亿元，同比增长13.6%，其中制造业企业享受加计扣除金额1.1万亿元，占比近六成。税收大数据还显示，享受研发费用加计扣除政策的企业利润率为7.4%，高出全部企业平均水平。

为了推动绿色低碳发展，税务部门不断推进绿色税制体系建设。企业所得税、增值税、车辆购置税等相关绿色税收优惠政策，正在引导企业走绿色高质量发展道路。数据显示，2023年，对资源综合利用产品取得的收入减免企业所得税167亿元，对相关产品及劳务即征即退增值税564亿元，鼓励节约资源、"变废为宝"。对新能源汽车免征车辆购置税、车船税1 218亿元，促进汽车行业降碳减排。

资料来源：央视网。

第一节　税制要素

企业所得税法是指国家制定的用以调整企业所得税征收与缴纳之间权利及义务关系的法律规范。现行企业所得税的基本规范是2007年3月16日第十届全国人民代表大会第五次全体会议通过的《中华人民共和国企业所得税法》(以下简称《企业所得税法》)和2007年11月28日国务院第一百九十七次常务会议通过的《中华人民共和国企业所得税法实施条例》(以下简称《实施条例》)。

企业所得税是对我国境内的企业和其他取得收入的组织的生产经营所得和其他所得征收的一种税。企业所得税的作用主要有：

(1)促进企业改善经营管理活动,提升企业的盈利能力;
(2)调节产业结构,促进经济发展;
(3)为国家建设筹集财政资金。

一、纳税义务人

企业所得税的纳税义务人,是指在我国境内的企业和其他取得收入的组织。个人独资企业、合伙企业不适用《企业所得税法》。

企业所得税的纳税人分为居民企业和非居民企业,这是根据企业纳税义务范围的宽窄进行的分类,不同的企业在向中国政府缴纳所得税时,纳税义务不同。把企业分为居民企业和非居民企业,是为了更好地保障我国税收管辖权的有效行使。税收管辖权是一国政府在征税方面的主权,是国家主权的重要组成部分。根据国际上的通行做法,我国选择了地域管辖权和居民管辖权的双重管辖权标准,最大限度地维护我国的税收利益。

居民企业,是指依法在中国境内成立,或者依照外国(地区)法律成立但实际管理机构在中国境内的企业。非居民企业,是指依照外国(地区)法律成立且实际管理机构不在中国境内,但在中国境内设立机构、场所的,或者在中国境内未设立机构、场所,但有来源于中国境内所得的企业。

上述所称机构、场所,是指在中国境内从事生产经营活动的机构、场所,包括:
(1)管理机构、营业机构、办事机构;
(2)工厂、农场、开采自然资源的场所;
(3)提供劳务的场所;
(4)从事建筑、安装、装配、修理、勘探等工程作业的场所;
(5)其他从事生产经营活动的机构、场所。

非居民企业委托营业代理人在中国境内从事生产经营活动的,包括委托单位或者个人经常代其签订合同,或者储存、交付货物等,该营业代理人视为非居民企业在中国境内设立的机构、场所。

二、征税对象

企业所得税的征税对象,是指企业的生产经营所得、其他所得和清算所得。

(一)居民企业的征税对象

居民企业应就来源于中国境内、境外的所得作为征税对象。所得包括销售货物所得,提供劳务所得,转让财产所得,股息、红利等权益性投资所得,利息所得,租金所得,特许权使用费所得,接受捐赠所得和其他所得。

(二)非居民企业的征税对象

非居民企业在中国境内设立机构、场所的,应当就其所设机构、场所取得的来源于中国境内的所得,以及发生在中国境外但与其所设机构、场所有实际联系的所得,缴纳企业所得税。非居民企业在中国境内未设立机构、场所的,或者虽设立机构、场所但取得的所得与其所设机构、场所没有实际联系的,应当就其来源于中国境内的所得缴纳企业所得税。

上述所称实际联系,是指非居民企业在中国境内设立的机构、场所拥有的据以取得所得的股权、债权,以及拥有、管理、控制据以取得所得的财产。

(三)所得来源的确定

所得来源的确定根据如下规定执行。

(1)销售货物所得,按照交易活动发生地确定。

(2)提供劳务所得,按照劳务发生地确定。

(3)转让财产所得,分情况讨论:① 不动产转让所得按照不动产所在地确定;② 动产转让所得按照转让动产的企业或者机构、场所所在地确定;③ 权益性投资资产转让所得按照被投资企业所在地确定。

(4)股息、红利等权益性投资所得,按照分配所得的企业所在地确定。

(5)利息所得、租金所得、特许权使用费所得,按照负担、支付所得的企业或者机构、场所所在地确定,或者按照负担、支付所得的个人的住所地确定。

(6)其他所得,由国务院财政、税务主管部门确定。

三、税率

企业所得税税率是体现国家与企业分配关系的核心要素。税率设计的原则是兼顾国家、企业、职工个人三者利益。既要保证财政收入的稳定增长,又要使企业在发展生产、经营方面有一定的财力保证;既要考虑到企业的实际情况和负担能力,又要维护税率的统一性。

企业所得税实行比例税率。比例税率简便易行,透明度高,不会因征税而改变企业间收入分配比例,有利于促进效率的提高。现行规定包括如下两点:

(1)基本税率为25%,适用于居民企业和在中国境内设有机构、场所且所得与机构、场所有关联的非居民企业;

(2)低税率为20%,适用于在中国境内未设立机构、场所的,或者虽设立机构、场所但取得的所得与其所设机构、场所没有实际联系的非居民企业,实际征税时适用10%的税率。

第二节　应纳税所得额

应纳税所得额是企业所得税的计税依据,按照《企业所得税法》的规定,应纳税所得额为企业每一个纳税年度的收入总额,减除不征税收入、免税收入、各项扣除以及允许弥补的以前年度亏损后的余额。其基本公式为：

应纳税所得额＝收入总额－不征税收入－免税收入－各项扣除－允许弥补的以前年度亏损

企业应纳税所得额的计算以权责发生制为原则，属于当期的收入和费用，不论款项是否收付，均作为当期的收入和费用；不属于当期的收入和费用，即使款项已经在当期收付，均不作为当期的收入和费用。应纳税所得额的正确计算直接关系到国家财政收入和企业的税收负担，并且同成本、费用核算关系密切。因此，《企业所得税法》对应纳税所得额计算作出了明确规定，主要内容包括收入总额、扣除范围和标准、资产的税务处理、亏损弥补等。

一、收入总额

企业的收入总额包括以货币形式和非货币形式从各种来源取得的收入，具体有：销售货物收入，提供劳务收入，转让财产收入，股息、红利等权益性投资收益，利息收入，租金收入，特许权使用费收入，接受捐赠收入，其他收入。

企业取得收入的货币形式，包括现金、存款、应收账款、应收票据、准备持有至到期的债券投资以及债务的豁免等；纳税人以非货币形式取得的收入，包括固定资产、生物资产、无形资产、股权投资、存货、不准备持有至到期的债券投资、劳务以及有关权益等。非货币资产应当按照公允价值确定收入额。

（一）一般收入的确认

1. 销售货物收入

销售货物收入，是指企业销售商品、产品、原材料、包装物、低值易耗品以及其他存货取得的收入。

2. 提供劳务收入

提供劳务收入，是指企业从事建筑安装、修理修配、交通运输、仓储租赁、金融保险、邮电通信、咨询经纪、文化体育、科学研究、技术服务、教育培训、餐饮住宿、中介代理、卫生保健、社区服务、旅游、娱乐、加工以及其他劳务服务活动取得的收入。

3. 转让财产收入

转让财产收入，是指企业转让固定资产、生物资产、无形资产、股权、债权等财产取得的收入。企业转让股权收入，应于转让协议生效且完成股权变更手续时，确认收入的实现。

4. 股息、红利等权益性投资收益

股息、红利等权益性投资收益，是指企业因权益性投资从被投资方取得的收入。股息、红利等权益性投资收益，除国务院财政、税务主管部门另有规定外，按照被投资方作出利润分配决定的日期确认收入的实现。

5. 利息收入

利息收入,是指企业将资金提供给他人使用但不构成权益性投资,或者因他人占用本企业资金取得的收入,包括存款利息、贷款利息、债券利息、欠款利息等收入。利息收入,按照合同约定的债务人应付利息的日期确认收入的实现。

6. 租金收入

租金收入,是指企业提供固定资产、包装物或者其他有形资产的使用权取得的收入。租金收入,按照合同约定的承租人应付租金的日期确认收入的实现。

7. 特许权使用费收入

特许权使用费收入,是指企业提供专利权、非专利技术、商标权、著作权以及其他特许权的使用权取得的收入。特许权使用费收入,按照合同约定的特许权使用人应付特许权使用费的日期确认收入的实现。

8. 接受捐赠收入

接受捐赠收入,是指企业接受的来自其他企业、组织或者个人无偿给予的货币性资产、非货币性资产。接受捐赠收入,按照实际收到捐赠资产的日期确认收入的实现。

9. 其他收入

其他收入,是指企业取得的除以上收入外的其他收入,包括企业资产溢余收入、逾期未退包装物押金收入、确实无法偿付的应付款项、已作坏账损失处理后又收回的应收款项、债务重组收入、补贴收入、违约金收入、汇兑收益等。

(二)特殊收入的确认

特殊收入确认的主要规定如下:

(1)以分期收款方式销售货物的,按照合同约定的收款日期确认收入的实现;

(2)企业受托加工制造大型机械设备、船舶、飞机,以及从事建筑、安装、装配工程业务或者提供其他劳务等,持续时间超过12个月的,按照纳税年度内完工进度或者完成的工作量确认收入的实现;

(3)采取产品分成方式取得收入的,按照企业分得产品的日期确认收入的实现,其收入额按照产品的公允价值确定;

(4)企业发生非货币性资产交换,以及将货物、财产、劳务用于捐赠、偿债、赞助、集资、广告、样品、职工福利或者利润分配等用途的,应当视同销售货物、转让财产或者提供劳务,但国务院财政、税务主管部门另有规定的除外。

（三）处置资产收入的确认

企业发生下列情形的处置资产,除将资产转移至境外以外,由于资产所有权属在形式和实质上均不发生改变,可作为内部处置资产,不视同销售确认收入,相关资产的计税基础延续计算：
(1)将资产用于生产、制造、加工另一产品；
(2)改变资产形状、结构或性能；
(3)改变资产用途（如自建商品房转为自用或经营）；
(4)将资产在总机构及其分支机构之间转移；
(5)上述两种或两种以上情形的混合；
(6)其他不改变资产所有权属的用途。

企业将资产移送他人的下列情形,因资产所有权属已发生改变而不属于内部处置资产,应按规定视同销售确定收入：
(1)用于市场推广或销售；
(2)用于交际应酬；
(3)用于职工奖励或福利；
(4)用于股息分配；
(5)用于对外捐赠；
(6)其他改变资产所有权属的用途。

企业发生将资产移送他人的上述情形时,除另有规定外,应按照被移送资产的公允价值确定销售收入。

（四）相关收入实现的确认

除《企业所得税法》及其《实施条例》关于前述收入的规定外,企业销售收入的确认,必须遵循权责发生制原则和实质重于形式原则。

1. 收入确认条件

企业销售商品同时满足下列条件的,应确认收入的实现：
(1)商品销售合同已经签订,企业已将与商品所有权相关的主要风险和报酬转移给购货方；
(2)企业对已售出的商品既没有保留通常与所有权相联系的继续管理权,也没有实施有效控制；
(3)收入的金额能够可靠地计量；
(4)已发生或将发生的销售方的成本能够可靠地核算。

2. 收入确认时间

符合第1项的收入确认条件,采取下列商品销售方式的,应按以下规定确认收入实现时间：

(1)销售商品采用托收承付方式的,在办妥托收手续时确认收入;

(2)销售商品采取预收款方式的,在发出商品时确认收入;

(3)销售商品需要安装和检验的,在购买方接受商品以及安装和检验完毕时确认收入,如果安装程序比较简单,可在发出商品时确认收入;

(4)销售商品采用支付手续费方式委托代销的,在收到代销清单时确认收入。

3. 售后回购方式销售的收入确认

采用售后回购方式销售商品的,销售的商品按售价确认收入,回购的商品作为购进商品处理。有证据表明不符合销售收入确认条件的,如以销售商品方式进行融资,收到的款项应确认为负债,回购价格大于原售价的,差额应在回购期间确认为利息费用。

4. 以旧换新方式销售的收入确认

采取以旧换新方式销售商品的,销售的商品应当按照销售商品收入确认条件确认收入,回收的商品作为购进商品处理。

5. 折扣方式销售的收入确认

企业为促进商品销售而在商品价格上给予的价格扣除属于商业折扣。商品销售涉及商业折扣的,应当按照扣除商业折扣后的金额确定销售商品收入金额。

债权人为鼓励债务人在规定的期限内付款而向债务人提供的债务扣除属于现金折扣。销售商品涉及现金折扣的,应当按扣除现金折扣前的金额确定销售商品收入金额,现金折扣在实际发生时作为财务费用扣除。

企业因售出商品的质量不合格等原因而在售价上给予的减让属于销售折让;企业因售出商品质量、品种不符合要求等原因而发生的退货属于销售退回。企业已经确认销售收入的售出商品发生销售折让和销售退回,应当在发生当期冲减当期销售商品收入。

6. 纳税期末劳务交易的收入确认

企业在各个纳税期末,提供劳务交易的结果能够可靠估计的,应采用完工进度(完工百分比)法确认提供劳务收入。

提供劳务交易的结果能够可靠估计,是指同时满足下列条件:

(1)收入的金额能够可靠地计量;

(2)交易的完工进度能够可靠地确定;

(3)交易中已发生和将发生的成本能够可靠地核算。

企业提供劳务完工进度的确定,可选用下列方法:

(1)已完工作的测量;

(2)已提供劳务占劳务总量的比例;

(3)发生成本占总成本的比例。

企业应按照从接受劳务方已收或应收的合同或协议价款确定劳务收入总额,根据纳税期末提供劳务收入总额乘以完工进度扣除以前纳税年度累计已确认提供劳务收入后的金额,确认为当期劳务收入;同时,按照提供劳务估计总成本乘以完工进度扣除以前纳税期间累计已确认劳务成本后的金额,结转为当期劳务成本。

下列提供劳务满足收入确认条件的,应按以下规定确认收入。

(1)安装费,应根据安装完工进度确认收入。安装工作是商品销售附带条件的,安装费在确认商品销售实现时确认收入。

(2)宣传媒介的收费,应在相关的广告或商业行为出现于公众面前时确认收入。广告的制作费,应根据制作广告的完工进度确认收入。

(3)软件费。为特定客户开发软件的收费,应根据开发的完工进度确认收入。

(4)服务费。包含在商品售价内可区分的服务费,在提供服务的期间分期确认收入。

(5)艺术表演、招待宴会和其他特殊活动的收费,在相关活动发生时确认收入。收费涉及几项活动的,预收的款项应合理分配给每项活动,分别确认收入。

(6)会员费。申请人会或加入会员,只允许取得会籍,所有其他服务或商品都要另行收费的,在取得该会员费时确认收入。申请入会或加入会员后,会员在会员期内不再付费就可得到各种服务或商品,或者以低于非会员的价格销售商品或提供服务的,该会员费应在整个受益期内分期确认收入。

(7)特许权费。属于提供设备和其他有形资产的特许权费,在交付资产或转移资产所有权时确认收入;属于提供初始及后续服务的特许权费,在提供服务时确认收入。

(8)劳务费。长期为客户提供重复的劳务收取的劳务费,在相关劳务活动发生时确认收入。

7. 买一赠一等方式销售的收入确认

企业以买一赠一等方式组合销售本企业商品的,不属于捐赠,应将总的销售金额按各项商品的公允价值的比例来分摊确认各项的销售收入。

8. 取得财产转让收入等特殊收入的确认

企业取得财产(包括各类资产、股权、债权等)转让收入、债务重组收入、接受捐赠收入、无法偿付的应付款收入等,不论是以货币形式还是非货币形式体现,除另有规定外,均应一次性计入确认收入的年度计算缴纳企业所得税。

9. 取得政府财政资金的收入确认

企业按照市场价格销售货物、提供劳务服务等,凡由政府财政部门根据企业销售货物、提供劳务服务的数量、金额的一定比例给予全部或部分资金支付的,应当按照权责发生制原则确认收入。

除上述情形外,企业取得的各种政府财政支付,如财政补贴、补助、补偿、退税等,应当按照实际取得收入的时间确认收入。

二、不征税收入和免税收入

国家为了扶持和鼓励某些特殊的纳税人和特定的项目，或者避免因征税影响企业的正常经营，对企业取得的某些收入予以不征税或免税的特殊政策，或准予抵扣应纳税所得额，或者是对专项用途的资金作为非税收入处理，减轻企业的税负，增加企业可用资金，促进经济的协调发展。

（一）不征税收入

不征税收入主要包括如下几类。

(1) 财政拨款，是指各级人民政府对纳入预算管理的事业单位、社会团体等组织拨付的财政资金，但国务院和国务院财政、税务主管部门另有规定的除外。

(2) 依法收取并纳入财政管理的行政事业性收费、政府性基金。行政事业性收费是指依照法律法规等有关规定，按照国务院规定程序批准，在实施社会公共管理以及在向公民、法人或者其他组织提供特定公共服务的过程中，向特定对象收取并纳入财政管理的费用。政府性基金，是指企业依照法律、行政法规等有关规定，代政府收取的具有专项用途的财政资金。

(3) 国务院规定的其他不征税收入，是指企业取得的，由国务院财政、税务主管部门规定专项用途并经国务院批准的财政性资金。财政性资金，是指企业取得的来源于政府及其有关部门的财政补助、补贴、贷款贴息，以及其他各类财政专项资金，包括直接减免的增值税和即征即退、先征后退、先征后返的各种税收，但不包括企业按规定取得的出口退税款。

（二）免税收入

免税收入主要包括如下几类。

(1) 国债利息收入。为鼓励企业积极购买国债，支援国家建设，税法规定，企业因购买国债所得的利息收入，免征企业所得税。

(2) 符合条件的居民企业之间的股息、红利等权益性投资收益。

(3) 在中国境内设立机构、场所的非居民企业从居民企业取得与该机构、场所有实际联系的股息、红利等权益性投资收益。该收益不包括连续持有居民企业公开发行并上市流通的股票不足 12 个月取得的投资收益。

(4) 符合条件的非营利组织的收入。

【注意】 免税收入和不征税收入存在些许差异。不征税收入是指从性质和根源上不属于企业营利性活动带来的经济利益、不负有纳税义务且不作为应纳税所得额组成部分的收入。免税收入是指国家对于某些在征税范围之内、应该交税的经营活动准予其不交税，有可能是为了鼓励此项经营活动或者是避免重复征税；而不征税收入本身就不需要交税。免税收入对应的费用、折旧、摊销一般可以在计算应纳税所得额时扣除，不征税收入对应的费用、折旧、摊销一般不得扣除。

三、税前扣除原则和范围

（一）扣除项目的原则

企业申报的扣除项目和金额要真实、合法。所谓真实,是指能提供有关支出确属已经实际发生的证明;合法,是指符合国家税法的规定,若其他法规规定与税收法规规定不一致,应以税收法规的规定为标准。除税收法规另有规定外,税前扣除一般应遵循以下原则。

(1)权责发生制原则,是指企业费用应在发生的所属期扣除,而不是在实际支付时确认扣除。

(2)配比原则,是指企业发生的费用应当与收入配比扣除。除特殊规定外,企业发生的费用不得提前或滞后申报扣除。

(3)相关性原则,是指企业可扣除的费用从性质和根源上必须与取得应税收入直接相关。

(4)确定性原则,是指企业可扣除的费用不论何时支付,其金额必须是确定的。

(5)合理性原则,是指符合生产经营活动常规,应当计入当期损益或者有关资产成本的必要和正常的支出。

（二）扣除项目的范围

《企业所得税法》规定,企业实际发生的与取得收入有关的、合理的支出,包括成本、费用、税金、损失和其他支出,准予在计算应纳税所得额时扣除。在实际中,计算应纳税所得额时还应注意三个方面的内容。第一,企业发生的支出应当区分收益性支出和资本性支出。收益性支出在发生当期直接扣除;资本性支出应当分期扣除或者计入有关资产成本,不得在发生当期直接扣除。第二,企业的不征税收入用于支出所形成的费用或者财产,不得扣除或者计算对应的折旧、摊销扣除。第三,除《企业所得税法》及其《实施条例》另有规定外,企业实际发生的成本、费用、税金、损失和其他支出,不得重复扣除。

1. 成本

成本,是指企业在生产经营活动中发生的销售成本、销货成本、业务支出以及其他耗费,即企业销售商品(产品、材料、下脚料、废料、废旧物资等)、提供劳务、转让固定资产、无形资产(包括技术转让)的成本。

企业必须将经营活动中发生的成本合理划分为直接成本和间接成本。直接成本是可直接计入有关成本计算对象或劳务的经营成本中的直接材料、直接人工等。间接成本是指多个部门为同一成本对象提供服务的共同成本,或者同一种投入可以制造、提供两种或两种以上的产品或劳务的联合成本。

直接成本可根据有关会计凭证、记录直接计入有关成本计算对象或劳务的经营成本中。间接成本必须根据与成本计算对象之间的因果关系、成本计算对象的产量等,以合理的方法分配计入有关成本计算对象中。

2. 费用

费用，是指企业每一个纳税年度为生产、经营商品和提供劳务等所发生的销售（经营）费用、管理费用和财务费用。已经计入成本的有关费用除外。

销售费用，是指应由企业负担的为销售商品而发生的费用，包括广告费、运输费、装卸费、包装费、展览费、保险费、销售佣金（能直接认定的进口佣金调整商品进价成本）、代销手续费、经营性租赁费及销售部门发生的差旅费、工资、福利费等费用。

管理费用，是指企业的行政管理部门为管理组织经营活动提供各项支援性服务而发生的费用。

财务费用，是指企业筹集经营性资金而发生的费用，包括利息净支出、汇兑净损失、金融机构手续费以及其他非资本化支出。

3. 税金

税金，是指企业发生的除企业所得税和允许抵扣的增值税以外的各项税金及其附加，即企业按规定缴纳的消费税、城市维护建设税、关税、资源税、土地增值税、房产税、车船税、城镇土地使用税、印花税、契税、教育费附加、地方教育附加等税金及附加。这些已纳税金准予在税前扣除，准许扣除的方式有两种：一是在发生当期扣除；二是在发生当期计入相关资产的成本中，以后各期分摊扣除。

4. 损失

损失，是指企业在生产经营活动中发生的固定资产和存货的盘亏、毁损、报废损失，转让财产损失，呆账损失，坏账损失，自然灾害等不可抗力因素造成的损失以及其他损失。

企业发生的损失，减除责任人赔偿和保险赔款后的余额，依照国务院财政、税务主管部门的规定扣除。

企业已经作为损失处理的资产，在以后纳税年度又全部收回或者部分收回时，应当计入当期收入。

5. 其他支出

其他支出，是指除成本、费用、税金、损失外，企业在生产经营活动中发生的与生产经营活动有关的、合理的支出。

（三）扣除项目及其标准

在计算应纳税所得额时，下列项目可按照实际发生额或规定的标准扣除。

1. 工资、薪金支出

企业发生的合理的工资、薪金支出准予据实扣除。工资、薪金支出是企业每一纳税年度支付给在本企业任职或与其有雇佣关系的员工的所有现金或非现金形式的劳动报酬,包括基本工资、奖金、津贴、补贴、年终加薪、加班工资,以及与任职或者是受雇有关的其他支出。

2.职工福利费、工会经费、职工教育经费

企业发生的职工福利费、工会经费、职工教育经费按标准扣除,未超过标准的按实际数扣除,超过标准的只能按标准扣除。标准如下:

(1)企业发生的职工福利费支出,不超过工资、薪金总额14%的部分准予扣除;

(2)企业拨缴的工会经费,不超过工资、薪金总额2%的部分准予扣除;

(3)除国务院财政、税务主管部门另有规定外,企业发生的职工教育经费支出,自2018年1月1日起不超过工资、薪金总额8%的部分,准予在计算企业所得税应纳税所得额时扣除;超过部分,准予在以后纳税年度结转扣除。

软件生产企业发生的职工教育经费中的职工培训费用,可以全额在企业所得税税前扣除。软件生产企业应准确划分职工教育经费中的职工培训费支出,对于不能准确划分的,以及准确划分后职工教育经费中扣除职工培训费用的余额,一律按照工资、薪金总额8%的比例扣除。

核力发电企业为培养核电厂操纵员发生的培养费用,可作为企业的发电成本在税前扣除。核力发电企业应将核电厂操纵员培养费与员工的职工教育经费严格区分,单独核算,员工实际发生的职工教育经费支出不得计入核电厂操纵员培养费直接扣除。

上述计算职工福利费、工会经费、职工教育经费的工资、薪金总额,不包括企业的职工福利费、职工教育经费、工会经费以及养老保险费、医疗保险费、失业保险费、工伤保险费、生育保险费等社会保险费和住房公积金。

◇ **同步案例4-1**

某居民企业2023年实际支出的工资、薪金总额为150万元,支出福利费30万元,拨缴工会经费3万元,已经取得工会拨缴收据,实际发生职工教育经费4.5万元,请计算该企业进行2023年度企业所得税汇算清缴时应调整的应纳税所得额。

【解析】

福利费扣除限额为150×14%=21(万元),小于实际发生额30万元,则准予扣除21万元;

工会经费扣除限额=150×2%=3(万元),实际发生3万元,可以据实扣除;

职工教育经费扣除限额=150×8%=12(万元),实际发生4.5万元,准予扣除4.5万元;

因此,应调增的应纳税所得额=30-21=9(万元)。

3. 社会保险费

企业依照国务院有关主管部门或者省级人民政府规定的范围和标准为职工缴纳的五险一金,即基本养老保险费、基本医疗保险费、失业保险费、工伤保险费、生育保险费等基本社会保险费和住房公积金,准予扣除。

企业为投资者或者职工支付的补充养老保险费、补充医疗保险费,在国务院财政、税务主管部门规定的范围和标准内,准予扣除。企业依照国家有关规定为特殊工种职工支付的人身安全保险费和符合国务院财政、税务主管部门规定可以扣除的商业保险费准予扣除。

企业参加财产保险,按照规定缴纳的保险费,准予扣除。企业为投资者或者职工支付的商业保险费,不得扣除。

4. 利息费用

企业在生产、经营活动中发生的利息费用,按下列规定扣除。

(1)非金融企业向金融企业借款的利息支出、金融企业的各项存款利息支出和同业拆借利息支出、企业经批准发行债券的利息支出可据实扣除。

(2)非金融企业向非金融企业借款的利息支出,不超过按照金融企业同期同类贷款利率计算的数额的部分可据实扣除,超过部分不许扣除。

(3)企业从其关联方接受的债权性投资与权益性投资的比例超过规定标准而发生的利息支出,不得在计算应纳税所得额时扣除。

(4)企业向股东或其他与企业有关联关系的自然人借款的利息支出,应根据税收法律法规规定的条件,计算企业所得税扣除额;企业向除上述规定以外的内部职工或其他人员借款的利息支出,在不超过按照金融企业同期同类贷款利率计算的数额的部分,准予扣除,其借款情况必须同时符合以下条件:① 企业与个人之间的借贷是真实、合法、有效的,并且不具有非法集资目的或其他违反法律、法规的行为;② 企业与个人之间签订了借款合同。

◇ 同步案例4-2

某公司2023年度实现会计利润总额30万元。经查,"财务费用"账户中列支有两笔利息费用:向银行借入生产用资金100万元,借用期限6个月,支付借款利息2.5万元;经过批准向本企业职工借入生产用资金80万元,借用期限9个月,支付借款利息4万元。请计算该公司2023年度的应纳税所得额。

【解析】

银行的利率=(2.5×2)÷100=5%

可以税前扣除的职工借款利息=80×5%÷12×9=3(万元)

超标准利息=4-3=1(万元)

应纳税所得额=30+1=31(万元)

5. 借款费用

企业在生产经营活动中发生的合理的不需要资本化的借款费用,准予扣除。

企业为购置、建造固定资产、无形资产和经过12个月以上的建造才能达到预定可销售状态的存货发生借款的,在有关资产购置、建造期间发生的合理的借款费用,应予以资本化,作为资本性支出计入有关资产的成本;有关资产交付使用后发生的借款利息,可在发生当期扣除。

企业通过发行债券、取得贷款、吸收保户储金等方式融资而发生的合理的费用支出,符合资本化条件的,应计入相关资产成本;不符合资本化条件的,应作为财务费用,准予在企业所得税税前据实扣除。

6. 汇兑损失

企业在货币交易中,以及纳税年度终了时将人民币以外的货币性资产、负债按照期末即期人民币汇率中间价折算为人民币时产生的汇兑损失,除已经计入有关资产成本以及与向所有者进行利润分配相关的部分外,准予扣除。

7. 业务招待费

企业发生的与生产经营活动有关的业务招待费支出,按照发生额的60%扣除,但最高不得超过当年销售(营业)收入的5‰。

对从事股权投资业务的企业(包括集团公司总部、创业投资企业等),其从被投资企业所分配的股息、红利以及股权转让收入,可以按规定的比例计算业务招待费扣除限额。

企业在筹建期间发生的与筹办活动有关的业务招待费支出,可按实际发生额的60%计入企业筹办费,并按有关规定在税前扣除。

◇ **同步案例4-3**

> 某企业2023年实现销售收入1 000万元。经查,当年实际发生业务招待费10万元,请计算该企业当年可在企业所得税税前列支的业务招待费金额。
>
> 【解析】
>
> 业务招待费按照发生额的60%扣除:10×60%=6(万元);
>
> 扣除限额:1 000×5‰=5(万元);
>
> 按照最小的上限扣除,则该企业当年可在企业所得税税前列支的业务招待费金额为5万元。

8. 广告费和业务宣传费

企业发生的符合条件的广告费和业务宣传费支出,除国务院财政、税务主管部门另有规定外,不超过当年销售(营业)收入15%的部分,准予扣除;超过部分,准予结转以后纳税年度扣除。

自2021年1月1日起至2025年12月31日止,对化妆品制造或销售、医药制造和饮料制造(不含酒类制造)企业发生的广告费和业务宣传费支出,不超过当年销售(营业)收入30%的部分,准予扣除;超过部分,准予在以后纳税年度结转扣除。

对签订广告费和业务宣传费分摊协议(以下简称分摊协议)的关联企业,其中一方发生的不超过当年销售(营业)收入税前扣除限额比例内的广告费和业务宣传费支出可以在本企业扣除,也可以将其中的部分或全部按照分摊协议归集至另一方扣除。另一方在计算本企业广告费和业务宣传费支出企业所得税税前扣除限额时,可将按照上述办法归集至本企业的广告费和业务宣传费不计算在内。

企业在筹建期间发生的广告费和业务宣传费,可按实际发生额计入企业筹办费,并按上述规定在税前扣除。

烟草企业的烟草广告费和业务宣传费支出,一律不得在计算应纳税所得额时扣除。

企业申报扣除的广告费支出应与赞助支出严格区分。企业申报扣除的广告费支出,必须符合下列条件:广告是通过工商部门批准的专门机构制作的;已实际支付费用,并已取得相应发票;通过一定的媒体传播。

◇ 同步案例4-4

某企业2023年当年实现自产货物销售收入500万元,当年发生计入销售费用中的广告费60万元,企业上年还有40万元的广告费没有在税前扣除,请计算企业当年可以税前扣除的广告费金额。

【解析】

当年准予扣除的广告费=500×15%=75(万元),大于60万元,因此当年发生的广告费60万元可以全部扣除。扣除上年结转的40万元中的15万元(75-60),该企业当年可以税前扣除的广告费是75万元(60+15),剩余的25万元(40-15)留待以后年度结转扣除。

9. 环境保护专项资金

企业依照法律、行政法规有关规定提取的用于环境保护、生态恢复等方面的专项资金,准予扣除。上述专项资金提取后改变用途的,不得扣除。

10. 保险费

企业参加财产保险,按照规定缴纳的保险费,准予扣除。

11. 租赁费

企业根据生产经营活动的需要租入固定资产支付的租赁费,按照以下方法扣除。

(1)以经营租赁方式租入固定资产发生的租赁费支出,按照租赁期限均匀扣除。经营性租赁是指所有权不转移的租赁。

(2)以融资租赁方式租入固定资产发生的租赁费支出,按照规定构成融资租入固定资产价值的部分应当提取折旧费用,分期扣除。融资租赁是指在实质上转移与一项资产所有权有关的全部风险和报酬的一种租赁。

12. 劳动保护费

企业发生的合理的劳动保护支出,准予扣除。自2011年7月1日起,企业根据其工作性质和特点,由企业统一制作并要求员工工作时统一着装所发生的工作服饰费用,根据《实施条例》第二十七条的规定,可以作为企业合理的支出给予税前扣除。

13. 公益性捐赠支出

公益性捐赠,是指企业通过公益性社会团体或者县级(含县级)以上人民政府及其部门,用于《中华人民共和国公益事业捐赠法》(以下简称《公益事业捐赠法》)规定的公益事业的捐赠。

企业发生的公益性捐赠支出,不超过年度利润总额12%的部分,准予扣除。超过年度利润总额12%的部分,准予以后3年内在计算应纳税所得额时结转扣除。年度利润总额,是指企业依照国家统一会计制度的规定计算的年度会计利润。

企业发生的公益性捐赠支出未在当年税前扣除的部分,自2017年1月1日起准予向以后年度结转扣除,但结转年限自捐赠发生年度的次年起计算最长不得超过3年。企业在对公益性捐赠支出计算扣除时,应先扣除以前年度结转的捐赠支出,再扣除当年发生的捐赠支出。

14. 有关资产的费用

企业转让各类固定资产发生的费用,允许扣除。企业按规定计算的固定资产折旧费、无形资产和长期待摊费用的摊销费,准予扣除。

15. 总机构分摊的费用

非居民企业在中国境内设立的机构、场所,就其中国境外总机构发生的与该机构、场所生产经营有关的费用,能够提供总机构出具的费用汇集范围、定额、分配依据和方法等证明文件,并合理分摊的,准予扣除。

16. 资产损失

企业当期发生的固定资产和流动资产盘亏、毁损净损失，准予扣除。企业向税务机关申报扣除资产损失，仅需填报企业所得税年度纳税申报表《资产损失税前扣除及纳税调整明细表》，不再报送资产损失相关资料，相关资料由企业留存备查。

17. 手续费及佣金支出

企业发生的与生产经营有关的手续费及佣金支出的税前扣除规定如下。

(1)企业发生的与生产经营有关的手续费及佣金支出，不超过以下规定计算限额以内的部分，准予扣除；超过部分，不得扣除。

① 保险企业，自2019年1月1日起，发生与其经营活动有关的手续费及佣金支出，不超过当年全部保费收入扣除退保金等后余额的18%（含本数）的部分，在计算应纳税所得额时准予扣除；超过部分，允许结转以后年度扣除。

保险企业发生的手续费及佣金支出税前扣除的其他事项继续按照下列第(2)—(5)条相关规定处理。保险企业应建立健全手续费及佣金的相关管理制度，并加强手续费及佣金结转扣除的台账管理。

② 其他企业，按与具有合法经营资格中介服务机构或个人(不含交易双方及其雇员、代理人和代表人等)所签订服务协议或合同确认的收入金额的5%计算限额。

(2)企业应与具有合法经营资格的中介服务企业或个人签订代办协议或合同，并按国家有关规定支付手续费及佣金。除委托个人代理外，企业以现金等非转账方式支付的手续费及佣金不得在税前扣除。企业为发行权益性证券支付给有关证券承销机构的手续费及佣金不得在税前扣除。

(3)企业不得将手续费及佣金支出计入回扣、业务提成、返利、进场费等费用。

(4)企业已计入固定资产、无形资产等相关资产的手续费及佣金支出，应当通过折旧、摊销等方式分期扣除，不得在发生当期直接扣除。

(5)企业支付的手续费及佣金不得直接冲减服务协议或合同金额，并如实入账。

(6)电信企业在发展客户、拓展业务等过程中(如委托销售电话入网卡、电话充值卡等)，需向经纪人、代办商支付手续费及佣金的，其实际发生的相关手续费及佣金支出，不超过企业当年收入总额5%的部分，准予在企业所得税税前据实扣除。

(7)从事代理服务、主营业务收入为手续费、佣金的企业(如证券、期货、保险代理等企业)，其为取得该类收入而实际发生的营业成本(包括手续费及佣金支出)，准予在企业所得税税前据实扣除。

(8)企业应当如实向当地主管税务机关提供当年手续费及佣金计算分配表和其他相关资料，并依法取得合法真实凭证。

18. 企业维简费支出

企业实际发生的维简费支出，属于收益性支出的，可作为当期费用税前扣除；属于资本性支出的,应计入有关资产成本,并按《企业所得税法》规定计提折旧或摊销费用在税前扣除。

19. 企业参与政府统一组织的棚户区改造支出

企业参与政府统一组织的工矿(含中央下放煤矿)棚户区改造、林区棚户区改造、垦区危房改造并同时符合一定条件的棚户区改造支出,准予在企业所得税税前扣除。

在企业所得税年度纳税申报时,企业应向主管税务机关提供其棚户区改造支出同时符合规定条件的书面说明材料。

20. 金融企业贷款损失准备金企业所得税税前扣除有关政策

自2019年1月1日起,金融企业贷款(涉农贷款和中小企业贷款除外)损失准备金企业所得税税前扣除按以下规定处理。

(1)准予税前提取贷款损失准备金的贷款资产范围包括:
① 贷款(含抵押、质押、担保、信用等贷款);
② 银行卡透支、贴现、信用垫款(含银行承兑汇票垫款、信用证垫款、担保垫款等)、进出口押汇、同业拆出、应收融资租赁款等各项具有贷款特征的风险资产;
③ 由金融企业转贷并承担对外还款责任的国外贷款,包括国际金融组织贷款、外国买方信贷、外国政府贷款、日本国际协力银行不附条件贷款和外国政府混合贷款等资产。

(2)金融企业准予当年税前扣除的贷款损失准备金计算公式为:

准予当年税前扣除的贷款损失准备金=本年末准予提取贷款损失准备金的贷款资产余额×1%-截至上年末已在税前扣除的贷款损失准备金的余额

金融企业按上述公式计算的数额如为负数,应当相应调增当年应纳税所得额。

(3)金融企业的委托贷款、代理贷款、国债投资、应收股利、上交央行准备金以及金融企业剥离的债权和股权、应收财政贴息、央行款项等不承担风险和损失的资产,以及除(1)列举资产之外的其他风险资产不得提取贷款损失准备金在税前扣除。

(4)金融企业发生的符合条件的贷款损失,应先冲减已在税前扣除的贷款损失准备金,不足冲减部分可据实在计算当年应纳税所得额时扣除。

21. 关于可转换债券转换为股权投资的税务处理

可转换债券转换为股权投资的税务处理,涉及购买方企业和发行方企业两个方面。

(1)购买方企业购买可转换债券,在其持有期间按照约定利率取得的利息收入,应当依法申报缴纳企业所得税。购买方企业可转换债券转换为股票时,将应收未收利息一并转为股票的,该应收未收利息即使会计上未确认收入,税收上也应当作为当期利息收入申报纳税;转换后以该债券购买价、应收未收利息和支付的相关税费为该股票投资成本。

(2)发行方企业发生的可转换债券的利息,按照规定在税前扣除。发行方企业按照约定将购买方持有的可转换债券和应付未付利息一并转为股票的,其应付未付利息视同已支付,按照规定在税前扣除。

22. 党组织工作经费

国有企业(包括国有独资、全资和国有资本绝对控股、相对控股企业)纳入管理费用的党组织工作经费,实际支出不超过职工年度工资薪金总额1%的部分,可以据实在企业所得税税前扣除。

非公有制企业党组织工作经费纳入企业管理费列支,不超过职工年度工资薪金总额1%的部分,可以据实在企业所得税税前扣除。

23. 准予扣除的其他项目

依照有关法律、行政法规和国家有关税法规定,准予扣除的其他项目还包括会员费,合理的会议费、差旅费、违约金、诉讼费用等。

四、不得扣除的项目

在计算应纳税所得额时,下列支出不得扣除:
(1)向投资者支付的股息、红利等权益性投资收益款项;
(2)企业所得税税款;
(3)税收滞纳金,是指纳税人违反税收法规,被税务机关处以的滞纳金;
(4)罚金、罚款和被没收财物的损失,是指纳税人违反国家有关法律、法规规定,被有关部门处以的罚款,以及被司法机关处以的罚金和被没收财物;
(5)超过规定标准的捐赠支出;
(6)赞助支出,是指企业发生的与生产经营活动无关的各种非广告性质支出;
(7)未经核定的准备金支出,是指不符合国务院财政、税务主管部门规定的各项资产减值准备、风险准备等准备金支出;
(8)企业之间支付的管理费、企业内营业机构之间支付的租金和特许权使用费,以及非银行企业内营业机构之间支付的利息;
(9)与取得收入无关的其他支出。

【注意】 纳税人按照经济合同规定支付的违约金、银行罚息、罚款和诉讼费,不属于行政罚款,可以扣除。

企业以其取得的不征税收入用于支出所形成的费用或资产(包括对资产计提的折旧、摊销)不得在税前扣除,但企业取得的免税收入所对应的各项成本费用,除另有规定外,可以在计算企业应纳税所得额时扣除。

五、亏损弥补

亏损,是指企业依照《企业所得税法》及其《实施条例》的规定,将每一纳税年度的收入总额减除不征税收入、免税收入和各项扣除后小于零的数额。税法规定,企业某一纳税年度发生的亏损可以用下一年度的所得弥补,下一年度的所得不足以弥补的,可以逐年延续弥补,但最长不得超过5年。而且,企业在汇总计算缴纳企业所得税时,其境外营业机构的亏损不得抵减境内营业机构的盈利。

自2018年1月1日起,当年具备高新技术企业或科技型中小企业资格(以下统称资格)的企业,其具备资格年度之前5个年度发生的尚未弥补完的亏损,准予结转以后年度弥补,最长结转年限由5年延长至10年。

企业筹办期间不计算为亏损年度,企业自开始生产经营的年度,为开始计算企业损益的年度。企业从事生产经营之前进行筹办活动期间发生的筹办费用支出,不得计算为当期的亏损,企业可以在开始经营之日的当年一次性扣除,也可以按照税法有关长期待摊费用的处理规定处理,但一经选定,不得改变。

对于税务机关对企业以前年度纳税情况进行检查时调增的应纳税所得额,凡企业以前年度发生亏损且该亏损属于《企业所得税法》规定允许弥补的,应允许以调增的应纳税所得额弥补该亏损。弥补该亏损后仍有余额的,按照《企业所得税法》规定计算缴纳企业所得税。对检查调增的应纳税所得额应根据其情节,依照《税收征收管理法》有关规定进行处理或处罚。

对企业发现以前年度实际发生的、按照税法规定应在企业所得税税前扣除而未扣除或者少扣除的支出,企业作出专项申报及说明后,准予追补至该项目发生年度计算扣除,但追补确认期限不得超过5年。

受疫情影响较大的困难行业企业2020年度发生的亏损,最长结转年限由5年延长至8年。

第三节 资产的税务处理

资产是由于资本投资而形成的财产,对于资本性支出以及无形资产受让、开办、开发费用,不允许作为成本、费用从纳税人的收入总额中一次性扣除,只能采取分次计提折旧或分次摊销的方式予以扣除,即纳税人经营活动中使用的固定资产的折旧费用、无形资产和长期待摊费用的摊销费用可以扣除。税法规定,纳入税务处理范围的资产形式主要有固定资产、生物资产、无形资产、长期待摊费用、投资资产、存货等,均以历史成本为计税基础。历史成本是指企业取得该项资产时实际发生的支出。企业持有各项资产期间资产增值或者减值,除国务院财政、税务主管部门规定可以确认损益外,不得调整该资产的计税基础。

一、固定资产的税务处理

固定资产,是指企业为生产产品、提供劳务、出租或者经营管理而持有的、使用时间超过

12个月的非货币性资产,包括房屋、建筑物、机器、机械、运输工具以及其他与生产经营活动有关的设备、器具、工具等。

(一)固定资产计税基础

固定资产按照以下方法确定计税基础:

(1)外购的固定资产,以购买价款和支付的相关税费以及直接归属于使该资产达到预定用途发生的其他支出为计税基础;

(2)自行建造的固定资产,以竣工结算前发生的支出为计税基础;

(3)融资租入的固定资产,以租赁合同约定的付款总额和承租人在签订租赁合同过程中发生的相关费用为计税基础,租赁合同未约定付款总额的,以该资产的公允价值和承租人在签订租赁合同过程中发生的相关费用为计税基础;

(4)盘盈的固定资产,以同类固定资产的重置完全价值为计税基础;

(5)通过捐赠、投资、非货币性资产交换、债务重组等方式取得的固定资产,以该资产的公允价值和支付的相关税费为计税基础;

(6)改建的固定资产,除已足额提取折旧的固定资产和租入的固定资产以外的其他固定资产,以改建过程中发生的改建支出增加计税基础。

(二)固定资产折旧的范围

在计算应纳税所得额时,企业按照规定计算的固定资产折旧,准予扣除。下列固定资产不得计算折旧扣除:

(1)房屋、建筑物以外未投入使用的固定资产;

(2)以经营租赁方式租入的固定资产;

(3)以融资租赁方式租出的固定资产;

(4)已足额提取折旧仍继续使用的固定资产;

(5)与经营活动无关的固定资产;

(6)单独估价作为固定资产入账的土地;

(7)其他不得计算折旧扣除的固定资产。

(三)固定资产折旧的计提方法

企业应当自固定资产投入使用月份的次月起计算折旧;停止使用的固定资产,应当自停止使用月份的次月起停止计算折旧。

企业应当根据固定资产的性质和使用情况,合理确定固定资产的预计净残值。固定资产的预计净残值一经确定,不得变更。

固定资产按照直线法计算的折旧,准予扣除。

(四)固定资产折旧的计提年限

除国务院财政、税务主管部门另有规定外,固定资产计算折旧的最低年限如下:

(1)房屋、建筑物,为20年;
(2)飞机、火车、轮船、机器、机械和其他生产设备,为10年;
(3)与生产经营活动有关的器具、工具、家具等,为5年;
(4)飞机、火车、轮船以外的运输工具,为4年;
(5)电子设备,为3年。

从事开采石油、天然气等矿产资源的企业,在开始商业性生产前发生的费用和有关固定资产的折耗、折旧方法,由国务院财政、税务主管部门另行规定。

(五)固定资产折旧的处理

企业固定资产会计折旧年限如果短于税法规定的最低折旧年限,其按会计折旧年限计提的折旧高于按税法规定的最低折旧年限计提的折旧部分,应调增当期应纳税所得额;企业固定资产会计折旧年限已期满且会计折旧已提足,但税法规定的最低折旧年限尚未到期且税收折旧尚未足额扣除,其未足额扣除的部分准予在剩余的税收折旧年限继续按规定扣除。

企业固定资产会计折旧年限如果长于税法规定的最低折旧年限,其折旧应按会计折旧年限计算扣除,税法另有规定的除外。

企业按会计规定提取的固定资产减值准备,不得税前扣除,其折旧仍按税法确定的固定资产计税基础计算扣除。

企业按税法规定实行加速折旧的,其按加速折旧办法计算的折旧额可全额在税前扣除。

石油天然气开采企业在计提油气资产折耗(折旧)时,由于会计与税法规定的计算方法不同导致的折耗(折旧)差异,应按税法规定进行纳税调整。

(六)固定资产改扩建的税务处理

自2011年7月1日起,企业对房屋、建筑物等固固定资产在未足额提取折旧前进行改扩建的,如属于推倒重置的,该资产原值减除提取折旧后的净值,应并入重置后的固定资产计税成本,并在该固定资产投入使用后的次月起,按照税法规定的折旧年限,一并计提折旧;如属于提升功能、增加面积的,该固定资产的改扩建支出,应并入该固定资产计税基础,并从改扩建完工投入使用后的次月起,重新按税法规定的该固定资产折旧年限计提折旧,如该改扩建后的固定资产尚可使用的年限低于税法规定的最低年限的,可以按尚可使用的年限计提折旧。

(七)企业所得税核定征收改为查账征收后有关资产的税务处理

企业能够提供资产购置发票的,以发票载明金额为计税基础;不能提供资产购置发票的,可以凭购置资产的合同(协议)、资金支付证明、会计核算资料等记载金额,作为计税基础。

企业核定征税期间投入使用的资产,改为查账征税后,按照税法规定的折旧、摊销年限,扣除该资产投入使用年限后,就剩余年限继续计提折旧、摊销额并在税前扣除。

（八）文物、艺术品资产的税务处理

企业购买的文物、艺术品用于收藏、展示、保值增值的，作为投资资产进行税务处理。文物、艺术品资产在持有期间，计提的折旧、摊销费用，不得在税前扣除。

二、生物资产的税务处理

生物资产，是指有生命的动物和植物。生物资产分为消耗性生物资产、生产性生物资产和公益性生物资产。消耗性生物资产，是指为出售而持有的或在将来收获为农产品的生物资产，包括生长中的农田作物、蔬菜、用材林以及存栏待售的牲畜等。生产性生物资产，是指为产出农产品、提供劳务或出租等目的而持有的生物资产，包括经济林、薪炭林、产畜和役畜等。公益性生物资产，是指以防护、环境保护为主要目的的生物资产，包括防风固沙林、水土保持林和水源涵养林等。

（一）生物资产的计税基础

生产性生物资产按照以下方法确定计税基础：
(1)外购的生产性生物资产，以购买价款和支付的相关税费为计税基础；
(2)通过捐赠、投资、非货币性资产交换、债务重组等方式取得的生产性生物资产，以该资产的公允价值和支付的相关税费为计税基础。

（二）生物资产的折旧方法和折旧年限

生产性生物资产按照直线法计算的折旧，准予扣除。企业应当自生产性生物资产投入使用月份的次月起计算折旧；停止使用的生产性生物资产，应当自停止使用月份的次月起停止计算折旧。

企业应当根据生产性生物资产的性质和使用情况，合理确定生产性生物资产的预计净残值。生产性生物资产的预计净残值一经确定，不得变更。

生产性生物资产计算折旧的最低年限如下：
(1)林木类生产性生物资产，为 10 年；
(2)畜类生产性生物资产，为 3 年。

三、无形资产的税务处理

无形资产，是指企业长期使用但没有实物形态的资产，包括专利权、商标权、著作权、土地使用权、非专利技术、商誉等。

（一）无形资产的计税基础

无形资产按照以下方法确定计税基础：

(1)外购的无形资产,以购买价款和支付的相关税费以及直接归属于使该资产达到预定用途发生的其他支出为计税基础;

(2)自行开发的无形资产,以开发过程中该资产符合资本化条件后至达到预定用途前发生的支出为计税基础;

(3)通过捐赠、投资、非货币性资产交换、债务重组等方式取得的无形资产,以该资产的公允价值和支付的相关税费为计税基础。

(二)无形资产摊销的范围

在计算应纳税所得额时,企业按照规定计算的无形资产摊销费用,准予扣除。

下列无形资产不得计算摊销费用扣除:

(1)自行开发的支出已在计算应纳税所得额时扣除的无形资产;

(2)自创商誉;

(3)与经营活动无关的无形资产;

(4)其他不得计算摊销费用扣除的无形资产。

(三)无形资产的摊销方法及年限

无形资产的摊销采取直线法计算。无形资产的摊销年限不得低于10年。作为投资或者受让的无形资产,有关法律规定或者合同约定了使用年限的,可以按照规定或者约定的使用年限分期摊销。外购商誉的支出,在企业整体转让或者清算时,准予扣除。

四、长期待摊费用的税务处理

长期待摊费用,是指企业发生的应在1个年度以上或几个年度进行摊销的费用。在计算应纳税所得额时,企业发生的下列支出作为长期待摊费用,按照规定摊销的,准予扣除:

(1)已足额提取折旧的固定资产的改建支出;

(2)租入固定资产的改建支出;

(3)固定资产的大修理支出;

(4)其他应当作为长期待摊费用的支出。

企业的固定资产修理支出可在发生当期直接扣除。企业的固定资产改良支出,如果有关固定资产尚未提足折旧,可增加固定资产价值;如有关固定资产已提足折旧,可作为长期待摊费用,在规定的期间内平均摊销。

固定资产的改建支出,是指改变房屋或者建筑物结构、延长使用年限等发生的支出。已足额提取折旧的固定资产的改建支出,按照固定资产预计尚可使用年限分期摊销;租入固定资产的改建支出,按照合同约定的剩余租赁期限分期摊销;改建的固定资产延长使用年限的,除已足额提取折旧的固定资产、租入固定资产的改建支出外,其他的固定资产发生改建支出,应当适当延长折旧年限。

大修理支出,按照固定资产尚可使用年限分期摊销。

《企业所得税法》所指固定资产的大修理支出,是指同时符合下列条件的支出:

(1)修理支出达到取得固定资产时的计税基础50%以上;
(2)修理后固定资产的使用年限延长2年以上。

其他应当作为长期待摊费用的支出,自支出发生月份的次月起,分期摊销,摊销年限不得低于3年。

五、存货的税务处理

存货,是指企业持有以备出售的产品或者商品、处在生产过程中的在产品、在生产或者提供劳务过程中耗用的材料和物料等。

(一)存货的计税基础

存货按照以下方法确定成本:
(1)通过支付现金方式取得的存货,以购买价款和支付的相关税费为成本;
(2)通过支付现金以外的方式取得的存货,以该存货的公允价值和支付的相关税费为成本;
(3)生产性生物资产收获的农产品,以产出或者采收过程中发生的材料费、人工费和分摊的间接费用等必要支出为成本。

(二)存货的成本计算方法

企业使用或者销售的存货的成本计算方法,可以在先进先出法、加权平均法、个别计价法中选用一种。计价方法一经选用,不得随意变更。

企业转让以上资产,在计算企业应纳税所得额时,资产的净值允许扣除。其中,资产的净值是指有关资产、财产的计税基础减除已经按照规定扣除的折旧、折耗、摊销、准备金等后的余额。

除国务院财政、税务主管部门另有规定外,企业在重组过程中,应当在交易发生时确认有关资产的转让所得或者损失,相关资产应当按照交易价格重新确定计税基础。

六、投资资产的税务处理

投资资产,是指企业对外进行权益性投资和债权性投资而形成的资产。

(一)投资资产的成本

投资资产按以下方法确定投资成本:
(1)通过支付现金方式取得的投资资产,以购买价款为成本;
(2)通过支付现金以外的方式取得的投资资产,以该资产的公允价值和支付的相关税费为成本。

（二）投资资产成本的扣除方法

企业对外投资期间，投资资产的成本在计算应纳税所得额时不得扣除，企业在转让或者处置投资资产时，投资资产的成本准予扣除。

（三）投资企业撤回或减少投资的税务处理

自2011年7月1日起，投资企业从被投资企业撤回或减少投资，其取得的资产中，相当于初始出资的部分，应确认为投资收回；相当于被投资企业累计未分配利润和累计盈余公积按减少实收资本比例计算的部分，应确认为股息所得；其余部分确认为投资资产转让所得。

被投资企业发生的经营亏损，由被投资企业按规定结转弥补。投资企业不得调整减低其投资成本，也不得将其确认为投资损失。

七、税法规定与会计规定差异的处理

税法规定与会计规定差异的处理，是指在计算应纳税所得额时，企业会计规定与税法规定不一致的，应当依照税法规定予以调整。即企业在平时进行会计核算时，可以按会计制度的有关规定进行账务处理，但在申报纳税时，对税法规定和会计制度规定有差异的，要按税法的规定进行纳税调整。

根据《企业所得税法》第二十一条的规定，对企业依据财务会计制度规定并实际在财务会计处理上已确认的支出，凡没有超过《企业所得税法》和有关税收法规规定的税前扣除范围和标准的，可按企业实际会计处理确认的支出，在企业所得税税前扣除，计算其应纳税所得额。

企业不能提供完整、准确的收入及成本、费用凭证，不能正确计算应纳税所得额的，由税务机关核定其应纳税所得额。

企业依法清算时，以其清算终了后的清算所得为应纳税所得额，按规定缴纳企业所得税。所谓清算所得，是指企业的全部资产可变现价值或者交易价格减除资产净值、清算费用以及相关税费等后的余额。投资方企业从被清算企业分得的剩余资产，其中相当于从被清算企业累计未分配利润和累计盈余公积中应当分得的部分，应当确认为股息所得；剩余资产减除上述股息所得后的余额，超过或者低于投资成本的部分，应当确认为投资资产转让所得或者损失。

企业应纳税所得额是根据税收法规计算出来的，它在数额上与依据财务会计制度计算的利润总额往往不一致。因此，税法规定：对企业按照有关财务会计制度计算的利润总额，要按照税法的规定进行必要调整后，才能作为应纳税所得额计算缴纳所得税。

自2011年7月1日起，企业当年度实际发生的相关成本、费用，由于各种原因未能及时取得该成本、费用的有效凭证，企业在预缴季度所得税时，可暂按账面发生金额进行核算；但在汇算清缴时，应补充提供该成本、费用的有效凭证。

第四节 税收优惠

税收优惠,是指国家对某一部分特定企业和课税对象给予减轻或免除税收负担的一种措施。税法规定的企业所得税的税收优惠方式包括免税、减税、加计扣除、加速折旧、减计收入、税额抵免等。

一、免征与减征优惠

企业的下列所得,可以免征或减征企业所得税。企业如果从事国家限制和禁止发展的项目,不得享受企业所得税优惠。

(一)从事农、林、牧、渔业项目的所得

企业从事农、林、牧、渔业项目的所得,包括免征和减征两部分。

1. 免征企业所得税

企业从事下列项目的所得,免征企业所得税:
(1)蔬菜、谷物、薯类、油料、豆类、棉花、麻类、糖料、水果、坚果的种植;
(2)农作物新品种的选育;
(3)中药材的种植;
(4)林木的培育和种植;
(5)牲畜、家禽的饲养;
(6)林产品的采集;
(7)灌溉、农产品初加工、兽医、农技推广、农机作业和维修等农、林、牧、渔服务业项目;
(8)远洋捕捞。

2. 减半征收企业所得税

企业从事下列项目的所得,减半征收企业所得税:
(1)花卉、茶以及其他饮料作物和香料作物的种植;
(2)海水养殖、内陆养殖。

(二)从事国家重点扶持的公共基础设施项目投资经营的所得

《企业所得税法》所称国家重点扶持的公共基础设施项目,是指《公共基础设施项目

企业所得税优惠目录》规定的港口码头、机场、铁路、公路、城市公共交通、电力、水利等项目。

企业从事国家重点扶持的公共基础设施项目的投资经营的所得,自项目取得第一笔生产经营收入所属纳税年度起,第一年至第三年免征企业所得税,第四年至第六年减半征收(以下简称"三免三减半")企业所得税。企业承包经营、承包建设和内部自建自用上述规定的项目,不得享受上述规定的企业所得税优惠。

(三)从事符合条件的环境保护、节能节水项目的所得

环境保护、节能节水项目的所得,自项目取得第一笔生产经营收入所属纳税年度起,享受企业所得税"三免三减半"优惠。

符合条件的环境保护、节能节水项目,包括公共污水处理、公共垃圾处理、沼气综合开发利用、节能减排技术改造、海水淡化等。项目的具体条件和范围由国务院财政、税务主管部门商国务院有关部门制定,报国务院批准后公布施行。

但是以上规定享受减免税优惠的项目,在减免税期限内转让的,受让方自受让之日起,可以在剩余期限内享受规定的减免税优惠;减免税期限届满后转让的,受让方不得就该项目重复享受减免税优惠。

(四)符合条件的技术转让所得

《企业所得税法》所称符合条件的技术转让所得免征、减征企业所得税,是指1个纳税年度内,居民企业转让技术所得不超过500万元的部分,免征企业所得税;超过500万元的部分,减半征收企业所得税。

技术转让中所称技术的范围,包括居民企业转让专利技术、计算机软件著作权、集成电路布图设计权、植物新品种、生物医药新品种、5年(含)以上非独占许可使用权,以及财政部和国家税务总局确定的其他技术。

二、特殊类型企业优惠

(一)高新技术企业优惠

国家需要重点扶持的高新技术企业减按15%的税率征收企业所得税。具体来说,自2010年1月1日起,以境内、境外全部生产经营活动有关的研究开发费用总额、总收入、销售收入总额、高新技术产品(服务)收入等指标申请并经认定的高新技术企业,其来源于境外的所得可以享受高新技术企业所得税优惠政策,即对其来源于境外所得可以按照15%的优惠税率缴纳企业所得税,在计算境外抵免限额时,可按照15%的优惠税率计算境内外应纳税总额。

企业的高新技术企业资格期满当年,在通过重新认定前,其企业所得税暂按15%的税率预缴,在年底前仍未取得高新技术企业资格的,应按规定补缴相应期间的税款。

（二）技术先进型服务企业优惠

自 2017 年 1 月 1 日起，在全国范围内对经认定的技术先进型服务企业，减按 15% 的税率征收企业所得税。

享受符合规定的企业所得税优惠政策的技术先进型服务企业必须符合规定的条件。

省级科技部门会同本级商务、财政、税务和发展改革部门负责本地区技术先进型服务企业的认定管理工作。

（三）创投企业优惠

创业投资企业从事国家需要重点扶持和鼓励的创业投资，可以按投资额的一定比例抵扣应纳税所得额。

创投企业优惠，是指创业投资企业采取股权投资方式直接投资于初创科技型企业满 2 年的，可以按照其投资额的 70% 在股权持有满 2 年的当年抵扣该创业投资企业的应纳税所得额；当年不足抵扣的，可以在以后纳税年度结转抵扣。

三、小型微利企业优惠

小型微利企业是指从事国家非限制和禁止行业，且同时符合年度应纳税所得额不超过 300 万元、从业人数不超过 300 人、资产总额不超过 5 000 万元三个条件的企业。

2022 年 1 月 1 日至 2024 年 12 月 31 日，对小型微利企业年应纳税所得额不超过 100 万元的部分，减按 12.5% 计入应纳税所得额，按 20% 的税率缴纳企业所得税；对小型微利企业年应纳税所得额超过 100 万元但不超过 300 万元的部分，减按 25% 计入应纳税所得额，按 20% 的税率缴纳企业所得税。

四、加计扣除优惠

加计扣除是指对企业支出项目按规定的比例给予税前扣除的基础上再给予追加扣除。加计扣除优惠包括以下几项内容。

（一）企业研究开发费用加计扣除

自 2023 年 1 月 1 日起，企业开展研发活动中实际发生的研发费用，未形成无形资产计入当期损益的，在按规定据实扣除的基础上，再按照实际发生额的 100% 在税前加计扣除；形成无形资产的，按照无形资产成本的 200% 在税前摊销。

【注意】 烟草制造业、住宿和餐饮业、批发和零售业、房地产业、租赁和商务服务业、娱乐业不可享受以上政策。

（二）企业委托境外研究开发费用加计扣除

企业委托境外的研究开发费用按照费用实际发生额的 80% 计入委托方的委托境外研究

开发费用,不超过境内符合条件的研究开发费用2/3的部分,可以按规定在企业所得税税前加计扣除。

(三)支持我国基础研究加计扣除

对企业出资给非营利性科学技术研究开发机构、高等学校和政府性自然科学基金用于基础研究的支出,在计算应纳税所得额时可按实际发生额在税前扣除,并可按100%在税前加计扣除。

对非营利性科研机构、高等学校接收企业、个人和其他组织机构的基础研究资金收入,免征企业所得税。

(四)企业预缴申报享受研发费用加计扣除

自2022年1月1日起,企业10月份预缴申报第三季度(按季预缴)或9月份(按月预缴)企业所得税时,可以自主选择就当年前三季度研发费用享受加计扣除优惠政策;对10月份预缴申报期未选择享受研发费用加计扣除优惠政策的,可以在办理当年度企业所得税汇算清缴时统一享受。

(五)企业安置残疾人员所支付工资加计扣除

企业安置残疾人员的,在按照支付给残疾职工工资据实扣除的基础上,按照支付给残疾职工工资的100%加计扣除。残疾人员的范围适用《中华人民共和国残疾人保障法》的有关规定。企业安置国家鼓励安置的其他就业人员所支付的工资的加计扣除办法,由国务院另行规定。

(六)高新技术企业新购置设备、器具加计扣除

高新技术企业在2022年10月1日至2022年12月31日期间新购置的设备、器具,允许当年一次性全额在计算应纳税所得额时扣除,并允许在税前实行100%加计扣除。

凡在2022年第四季度内具有高新技术企业资格的企业,均可适用该项政策。企业选择适用该项政策当年不足扣除的,可结转至以后年度按现行有关规定执行。

上述所称设备、器具是指除房屋、建筑物以外的固定资产。

五、加速折旧优惠

企业的固定资产由于技术进步等原因,确需加速折旧的,可以缩短折旧年限或者采取加速折旧的方法。采取缩短折旧年限方法的,最低折旧年限不得低于规定折旧年限的60%;采取加速折旧方法的,可以采取双倍余额递减法或者年数总和法。

可采用以上折旧方法的固定资产是指:
(1)由于技术进步,产品更新换代较快的固定资产;
(2)常年处于强震动、高腐蚀状态的固定资产。

对生物药品制造业、专用设备制造业、铁路、船舶、航空航天和其他运输设备制造业、计算机、通信和其他电子设备制造业、仪器仪表制造业、信息传输、软件和信息技术服务业6个行业的企业2014年1月1日后新购进的固定资产,可缩短折旧年限或采取加速折旧的方法。

对轻工、纺织、机械、汽车四个领域重点行业的企业2015年1月1日后新购进的固定资产,允许缩短折旧年限或采取加速折旧方法。

六、减计收入优惠

企业综合利用资源,生产符合国家产业政策规定的产品所取得的收入,可以在计算应纳税所得额时减计收入。

减计收入,是指企业以《资源综合利用企业所得税优惠目录》规定的资源作为主要原材料,生产国家非限制和禁止并符合国家和行业相关标准的产品取得的收入,减按90%计入收入总额。

上述所称原材料占生产产品材料的比例不得低于《资源综合利用企业所得税优惠目录》规定的标准。

七、税额抵免优惠

企业购置并实际使用《环境保护专用设备企业所得税优惠目录(2017年版)》《节能节水专用设备企业所得税优惠目录(2017年版)》和《安全生产专用设备企业所得税优惠目录》规定的环境保护、节能节水、安全生产等专用设备的,该专用设备的投资额的10%可以从企业当年的应纳税额中抵免;当年不足抵免的,可以在以后5个纳税年度结转抵免。

享受上述优惠的企业,应当实际购置并自身实际投入使用前款规定的专用设备;企业购置上述专用设备在5年内转让、出租的,应当停止享受企业所得税优惠,并补缴已经抵免的企业所得税税款。转让的受让方可以按照该专用设备投资额的10%抵免当年企业所得税应纳税额;当年应纳税额不足抵免的,可以在以后5个纳税年度结转抵免。

八、民族自治地方的优惠

民族自治地方的自治机关对本民族自治地方的企业应缴纳的企业所得税中属于地方分享的部分,可以决定减征或者免征。自治州、自治县决定减征或者免征的,须报省、自治区、直辖市人民政府批准。

对民族自治地方内国家限制和禁止行业的企业,不得减征或者免征企业所得税。

九、非居民企业优惠

非居民企业减按10%的税率征收企业所得税。这里的非居民企业,是指在中国境内未设立机构、场所的,或者虽设立机构、场所但取得的所得与其所设机构、场所没有实际联系的企业。该类非居民企业取得下列所得免征企业所得税:

(1)外国政府向中国政府提供贷款取得的利息所得;

(2)国际金融组织向中国政府和居民企业提供优惠贷款取得的利息所得;

(3)经国务院批准的其他所得。

十、特殊行业优惠

(一)软件产业和集成电路产业

为进一步鼓励软件产业和集成电路产业发展,从2020年1月1日起,有关企业所得税优惠政策的规定如下。

(1)国家鼓励的集成电路线宽小于28纳米(含),且经营期在15年以上的集成电路生产企业或项目,第一年至第十年免征企业所得税;国家鼓励的集成电路线宽小于65纳米(含),且经营期在15年以上的集成电路生产企业或项目,第一年至第五年免征企业所得税,第六年至第十年按照25%的法定税率减半征收企业所得税;国家鼓励的集成电路线宽小于130纳米(含),且经营期在10年以上的集成电路生产企业或项目,第一年至第二年免征企业所得税,第三年至第五年按照25%的法定税率减半征收企业所得税(以下简称"两免三减半")。

对于按照集成电路生产企业享受税收优惠政策的,优惠期自获利年度起计算;对于按照集成电路生产项目享受税收优惠政策的,优惠期自项目取得第一笔生产经营收入所属纳税年度起计算,集成电路生产项目需单独进行会计核算、计算所得,并合理分摊期间费用。

(2)国家鼓励的线宽小于130纳米(含)的集成电路生产企业,属于国家鼓励的集成电路生产企业清单年度之前5个纳税年度发生的尚未弥补完的亏损,准予向以后年度结转,总结转年限最长不得超过10年。

(3)国家鼓励的集成电路设计、装备、材料、封装、测试企业和软件企业,自获利年度起,享受"两免三减半"的企业所得税优惠待遇,按照25%的法定税率减半征收企业所得税。

(4)国家鼓励的重点集成电路设计企业和软件企业,自获利年度起,第一年至第五年免征企业所得税,接续年度减按10%的税率征收企业所得税。

(二)证券投资基金

对证券投资基金从证券市场中取得的收入,包括买卖股票、债券的差价收入,股权的股息、红利收入,债券的利息收入及其他收入,暂不征收企业所得税。

对投资者从证券投资基金分配中取得的收入,暂不征收企业所得税。

对证券投资基金管理人运用基金买卖股票、债券的差价收入,暂不征收企业所得税。

（三）节能服务公司

对符合条件的节能服务公司实施合同能源管理项目,符合《企业所得税法》有关规定的,自项目取得第一笔生产经营收入所属纳税年度起,享受"三免三减半"的优惠待遇。

（四）电网企业电网新建项目

根据《企业所得税法》及其《实施条例》的有关规定,居民企业从事符合《公共基础设施项目企业所得税优惠目录(2008年版)》规定条件和标准的电网(输变电设施)的新建项目,可依法享受"三免三减半"的企业所得税优惠政策。基于企业电网新建项目的核算特点,暂以资产比例法,即以企业新增输变电固定资产原值占企业总输变电固定资产原值的比例,合理计算电网新建项目的应纳税所得额,并据此享受"三免三减半"的企业所得税优惠政策。

（五）经营性文化事业单位转制为企业

2019年1月1日至2023年12月31日经营性文化事业单位转制为企业,自转制注册之日起5年内免征企业所得税。2018年12月31日之前已完成转制的企业,自2019年1月1日起可继续免征5年企业所得税。

十二、其他优惠

（一）西部大开发的税收优惠

在2021年1月1日至2030年12月31日期间,对设在西部地区的国家鼓励类产业企业减按15%的税率征收企业所得税。国家鼓励类产业企业,是指以《西部地区鼓励类产业目录》(2005年版)中规定的产业项目为主营业务,且其主营业务收入占企业收入总额60%以上的企业。

对在西部地区新办的交通、电力、水利、邮政、广播电视内资企业,上述项目业务收入占企业收入总额60%以上的,自开始生产经营之日起,享受企业所得税"两免三减半"税收优惠。

（二）海南自由贸易港的税收优惠

为支持海南自由贸易港建设,自2020年1月1日至2024年12月31日,有关企业所得税优惠政策的规定如下：

(1)对注册在海南自由贸易港并实质性运营的鼓励类产业企业,减按15%的税率征收企业所得税；

(2)对在海南自由贸易港设立的旅游业、现代服务业、高新技术产业企业新增境外直接投资取得的所得,免征企业所得税；

(3)对在海南自由贸易港设立的企业,新购置(含自建、自行开发)固定资产或无形资产,单位价值不超过500万元(含)的,允许一次性计入当期成本费用在计算应纳税所得额时扣除,不再分年度计算折旧和摊销;新购置(含自建、自行开发)固定资产或无形资产,单位价值超过500万元的,可以缩短折旧、摊销年限或采取加速折旧、摊销的方法。

十三、其他事项

享受企业所得税过渡优惠政策的企业,应按照新税法及实施条例中有关收入和扣除的规定计算应纳税所得额。

企业所得税过渡优惠政策与新税法及实施条例规定的优惠政策存在交叉的,由企业选择最优惠的政策执行,不得叠加享受,且一经选择,不得改变。

法律设置的发展对外经济合作和技术交流的特定地区内,以及国务院已规定执行上述地区特殊政策的地区内新设立的国家需要重点扶持的高新技术企业,可以享受过渡性税收优惠,具体办法由国务院规定。

国家已确定的其他鼓励类企业,可以按照国务院规定享受减免税优惠。

对企业取得的2009年及以后年度发行的地方政府债券利息所得,免征企业所得税。地方政府债券是指经国务院批准,以省、自治区、直辖市和计划单列市政府为发行和偿还主体的债券。

第五节 应纳税额的计算

一、居民企业应纳税额的计算

居民企业应缴纳所得税额等于应纳税所得额乘以适用税率,减除依照税法关于税收优惠的规定减免和抵免的税额后的余额,基本计算公式为:

应纳税额=应纳税所得额×适用税率−减免税额−抵免税额

根据计算公式可以看出,应纳税额的多少,主要取决于应纳税所得额和适用税率两个因素。在实际操作中,应纳税所得额的计算一般有以下两种方法。

(一)直接计算法

在直接计算法下,企业每一纳税年度的收入总额减除不征税收入、免税收入、各项扣除以及允许弥补的以前年度亏损后的余额为应纳税所得额。计算公式为:

应纳税所得额＝收入总额－不征税收入－免税收入－各项扣除金额－允许弥补的以前年度亏损

（二）间接计算法

在间接计算法下，会计利润总额加上或减去按照税法规定调整的项目金额后，即为应纳税所得额。计算公式为：

应纳税所得额＝会计利润总额±纳税调整项目金额

纳税调整项目金额包括两方面的内容：一是税法规定范围与会计规定不一致的应予以调整的金额；二是税法规定扣除标准与会计规定不一致的应予以调整的金额。

◇ **同步案例4-5**

某工业企业为居民企业，2023年度发生经营业务如下：

(1) 全年取得产品销售收入6 000万元，发生产品销售成本4 000万元；

(2) 取得其他业务收入800万元，发生其他业务成本500万元；

(3) 取得购买国债的利息收入40万元；

(4) 缴纳税金及附加300万元；

(5) 发生管理费用760万元，其中含新技术的研究开发费用60万元、业务招待费用70万元；

(6) 发生财务费用200万元；

(7) 取得直接投资其他居民企业的权益性收益40万元（已在投资方所在地按15%的税率缴纳了企业所得税）；

(8) 取得营业外收入100万元，发生营业外支出250万元（其中含公益性捐赠38万元）。

要求：计算该企业2023年应纳的企业所得税。

【解析】

(1) 利润总额＝6 000＋800＋40＋40＋100－4 000－500－300－760－200－250＝970（万元）

(2) 国债利息收入免征企业所得税，应调减所得额40万元。

(3) 技术开发费调减所得额＝60×100%＝60（万元）

(4) 按实际发生业务招待费的60%计算＝70×60%＝42（万元）

按销售（营业）收入的5‰计算＝(6 000＋800)×5‰＝34（万元）

按照规定，业务招待费税前扣除限额应为34万元，实际应调增应纳税所得额＝70－34＝36（万元）。

(5)取得直接投资其他居民企业的权益性收益属于免税收入,应调减应纳税所得额40万元。

(6)捐赠扣除标准=970×12%=116.4(万元)

实际捐赠额38万元小于扣除标准116.4万元,可据实扣除,无须进行纳税调整。

(7)应纳税所得额=970-40-60+36-40=866(万元)

(8)该企业2023年应缴纳企业所得税=866×25%=216.5(万元)

◇ 同步案例4-6

某制造业企业享受高新技术企业税收优惠,2023年度生产经营业务如下:

(1)取得产品销售收入3 000万元、国债利息收入20万元;

(2)与产品销售收入配比的成本2 200万元;

(3)发生销售费用250万元;

(4)管理费用390万元,其中含业务招待费28万元、新产品研发费用120万元;

(5)向非金融企业借款200万元,支付年利息费用18万元(注:金融企业同期同类借款年利息率为6%);

(6)企业所得税税前准许扣除的税金及附加32万元;

(7)10月购进符合《环境保护专用设备企业所得税优惠目录》的专用设备,取得的增值税专用发票注明金额30万元、增值税进项税额5.1万元,该设备当月投入使用;

(8)计入成本、费用中的实发工资总额200万元,拨缴职工工会经费4万元,发生职工福利费35万元,发生职工教育经费10万元。

要求:计算该企业2023年度应纳的企业所得税。

【解析】

(1)会计利润总额=3 000+20-2 200-250-390-18-32=130(万元)

(2)国债利息收入免征企业所得税,应调减所得额20万元。

(3)业务招待费按60%计算,28×60%=16.8(万元),大于业务招待费扣除上限3 000×5‰=15(万元),因此业务招待费应调增所得额=28-15=13(万元)。

(4)新产品研发费用应调减所得额=120×100%=120(万元)

(5)利息费用支出应调增所得额=18-200×6%=6(万元)

(6)购进环保专用设备可抵免的所得税=30×10%=3(万元)

(7)工会经费的扣除限额=200×2%=4(万元),实际发生额未超过4万元,故不需要进行纳税调整。

(8)职工福利费应调增所得额=35-200×14%=7(万元)

(9)职工教育经费扣除限额=200×8%=16(万元),大于实际发生额10万元,不需要进行纳税调整。

(10)应纳税所得额=130-20+13-120+6+7=16(万元)

(11)该企业2023年度应缴企业所得税=16×15%-3=-0.6(万元),小于0,因此本期不需纳税。

二、境外所得抵扣税额的计算

企业取得的下列所得已在境外缴纳的所得税税额,可以从其当期应纳税额中抵免,抵免限额为该项所得依照规定计算的应纳税额;超过抵免限额的部分,可以在以后五个年度内,用每年度抵免限额抵免当年应抵税额后的余额进行抵补:

(1)居民企业来源于中国境外的应税所得;

(2)非居民企业在中国境内设立机构、场所,取得发生在中国境外但与该机构、场所有实际联系的应税所得。

抵免限额,是指企业来源于中国境外的所得,依照《企业所得税法》和《实施条例》的规定计算的应纳税额。除国务院财政、税务主管部门另有规定外,该抵免限额应当分国(地区)不分项计算,计算公式如下:

抵免限额=中国境内、境外所得依照《企业所得税法》和《实施条例》的规定计算的应纳税总额×来源于某国(地区)的应纳税所得额÷中国境内、境外应纳税所得总额

该公式可以简化成:

抵免限额=来源于某国(地区)的应纳税所得额×我国法定税率

三、居民企业核定征收应纳税额的计算

为了加强企业所得税征收管理,规范核定征收企业所得税工作,保障国家税款及时、足额入库,维护纳税人合法权益,根据《企业所得税法》及其《实施条例》、《税收征收管理法》及《中华人民共和国税收征收管理法实施细则》(以下简称《实施细则》)的有关规定,核定征收企业所得税的有关规定如下。

(一)核定征收企业所得税的范围

核定征收办法适用于居民企业纳税人,纳税人具有下列情形之一的,税务机关可核定征收企业所得税:

(1)依照法律、行政法规的规定可以不设置账簿的;

(2)依照法律、行政法规的规定应当设置但未设置账簿的;

(3)擅自销毁账簿或者拒不提供纳税资料的;

(4)虽设置账簿,但账目混乱或者成本资料、收入凭证、费用凭证残缺不全,难以查账的;

(5)发生纳税义务,未按照规定的期限办理纳税申报,经税务机关责令限期申报,逾期仍不申报的;

(6)申报的计税依据明显偏低,又无正当理由的。

特殊行业、特殊类型的纳税人和一定规模以上的纳税人不适用核定征收办法。上述特定纳税人由国家税务总局另行明确。

根据《国家税务总局关于企业所得税核定征收有关问题的公告》(国家税务总局公告2012年第27号)规定,自2012年1月1日起,专门从事股权(股票)投资业务的企业,不得核定征收企业所得税。

对依法按照核定应税所得率方式核定征收企业所得税的企业,取得的转让股权(股票)收入等转让财产收入,应全额计入应税收入额,按照主营项目(业务)确定适用的应税所得率计算征税;若主营项目(业务)发生变化,应在当年汇算清缴时,按照变化后的主营项目(业务)重新确定适用的应税所得率计算征税。

(二)核定征收的办法

税务机关应根据纳税人具体情况,对核定征收企业所得税的纳税人,核定应税所得率或者核定应纳所得税额。

具有下列情形之一的,核定其应税所得率:

(1)能正确核算(查实)收入总额,但不能正确核算(查实)成本费用总额的;

(2)能正确核算(查实)成本费用总额,但不能正确核算(查实)收入总额的;

(3)通过合理方法,能计算和推定纳税人收入总额或成本费用总额的。

纳税人不属于以上情形的,核定其应纳所得税额。

税务机关采用下列方法核定征收企业所得税:

(1)参照当地同类行业或者类似行业中经营规模和收入水平相近的纳税人的税负水平核定;

(2)按照应税收入额或成本费用支出额定率核定;

(3)按照耗用的原材料、燃料、动力等推算或测算核定;

(4)按照其他合理方法核定。

采用前款所列一种方法不足以正确核定应纳税所得额或应纳税额的,可以同时采用两种以上的方法核定。采用两种以上方法测算的应纳税额不一致时,可按测算的应纳税额从高核定。

采用应税所得率方式核定征收企业所得税的,应纳所得税额计算公式如下:

$$应纳所得税额 = 应纳税所得额 \times 适用税率$$

$$应纳税所得额 = 应税收入额 \times 应税所得率$$

或者可以表述为：

应纳税所得额＝成本(费用)支出额÷(1－应税所得率)×应税所得率

实行应税所得率方式核定征收企业所得税的纳税人，经营多业的，无论其经营项目是否单独核算，均由税务机关根据其主营项目确定适用的应税所得率。

主营项目应为纳税人所有经营项目中，收入总额或者成本(费用)支出额或者耗用原材料、燃料、动力数量所占比重最大的项目。

应税所得率按表 4-1 规定的幅度标准确定。

表 4-1　应税所得率的幅度标准　　　　　　　　　　　单位：%

行业	应税所得率
农、林、牧、渔业	3～10
制造业	5～15
批发和零售贸易业	4～15
交通运输业	7～15
建筑业	8～20
饮食业	8～25
娱乐业	15～30
其他行业	10～30

纳税人的生产经营范围、主营业务发生重大变化，或者应纳税所得额或应纳税额增减变化达到 20% 的，应及时向税务机关申报调整已确定的应纳税额或应税所得率。

(三) 核定征收企业所得税的管理

 1. 核定征收鉴定程序

主管税务机关应及时向纳税人送达《企业所得税核定征收鉴定表》，及时完成对其核定征收企业所得税的鉴定工作。

纳税人应在收到《企业所得税核定征收鉴定表》后 10 个工作日内，填好该表并报送主管税务机关。《企业所得税核定征收鉴定表》一式三联，主管税务机关和县税务机关各执一联，另一联送达纳税人执行。主管税务机关还可根据实际工作需要，适当增加联次备用。

纳税人收到《企业所得税核定征收鉴定表》后，未在规定期限内填列、报送的，税务机关视同纳税人已经报送，按上述程序进行复核认定。

 2. 核定应税所得率方式下的纳税申报

纳税人实行核定应税所得率方式的，按下列规定申报纳税。

(1)主管税务机关根据纳税人应纳税额的大小确定纳税人按月或者按季预缴，年终汇算清缴。预缴方法一经确定，1 个纳税年度内不得改变。

(2)纳税人应依照确定的应税所得率计算纳税期间实际应缴纳的税额,进行预缴。按实际数额预缴有困难的,经主管税务机关同意,可按上一年度应纳税额的1/12或1/4预缴,或者按经主管税务机关认可的其他方法预缴。

(3)纳税人预缴税款或年终进行汇算清缴时,应按规定填写《中华人民共和国企业所得税月(季)度预缴纳税申报表(B类)》,在规定的纳税申报时限内报送主管税务机关。

3.核定应纳所得税额方式下的纳税申报

纳税人实行核定应纳所得税额方式的,按下列规定申报纳税。

(1)纳税人在应纳所得税额尚未确定之前,可暂按上年度应纳所得税额的1/12或1/4预缴,或者按经主管税务机关认可的其他方法,按月或按季分期预缴。

(2)在应纳所得税额确定以后,减除当年已预缴的所得税额,余额按剩余月份或季度均分,以此确定以后各月或各季的应纳税额,由纳税人按月或按季填写《中华人民共和国企业所得税月(季)度预缴纳税申报表(B类)》,在规定的纳税申报期限内进行纳税申报。

(3)纳税人年度终了后,在规定的时限内按照实际经营额或实际应纳税额向税务机关申报纳税。申报额超过核定经营额或应纳税额的,按申报额缴纳税款;申报额低于核定经营额或应纳税额的,按核定经营额或应纳税额缴纳税款。

对违反核定征收规定的行为,按照《税收征收管理法》及其《实施细则》的有关规定处理。

四、非居民企业应纳税额的计算

对于在中国境内未设立机构、场所的,或者虽设立机构、场所但取得的所得与其所设机构、场所没有实际联系的非居民企业的所得,按照下列方法计算应纳税所得额。

(1)股息、红利等权益性投资收益和利息、租金、特许权使用费所得,以收入全额为应纳税所得额。

营业税改征增值税试点中的非居民企业,应以不含增值税的收入全额作为应纳税所得额。

(2)转让财产所得,以收入全额减除财产净值后的余额为应纳税所得额。

财产净值是指财产的计税基础减除已经按照规定扣除的折旧、折耗、摊销、准备金等后的余额。

《企业所得税法》第十九条第二项规定的转让财产所得包含转让股权等权益性投资资产(以下称股权)所得。股权转让收入减除股权净值后的余额为股权转让所得应纳税所得额。

股权转让收入是指股权转让人转让股权所收取的对价,包括货币形式和非货币形式的各种收入。

股权净值是指取得该股权的计税基础。股权的计税基础是股权转让人投资入股时向中国居民企业实际支付的出资成本,或购买该项股权时向该股权的原转让人实际支付的股权受让成本。股权在持有期间发生减值或者增值,按照国务院财政、税务主管部门规定可以确认损益的,股权净值应进行相应调整。企业在计算股权转让所得时,不得扣除被投资企业未分配利润等股东留存收益中按该项股权所可能分配的金额。

多次投资或收购的同项股权被部分转让的,从该项股权全部成本中按照转让比例计算确定被转让股权对应的成本。

(3)其他所得,参照前两项规定的方法计算应纳税所得额。

(4)扣缴企业所得税应纳税额的计算公式如下:

$$扣缴企业所得税应纳税额＝应纳税所得额\times 实际征收率$$

扣缴义务人扣缴企业所得税的,应当按照扣缴义务发生之日人民币汇率中间价折合成人民币,计算非居民企业应纳税所得额。扣缴义务发生之日为相关款项实际支付或者到期应支付之日。

取得收入的非居民企业在主管税务机关责令限期缴纳税款前自行申报缴纳应源泉扣缴税款的,应当按照填开税收缴款书之日前一日人民币汇率中间价折合成人民币,计算非居民企业应纳税所得额。

主管税务机关责令取得收入的非居民企业限期缴纳应源泉扣缴税款的,应当按照主管税务机关作出限期缴税决定之日前一日人民币汇率中间价折合成人民币,计算非居民企业应纳税所得额。

五、非居民企业所得税核定征收办法

非居民企业因会计账簿不健全,资料残缺难以查账,或者其他原因不能准确计算并据实申报其应纳税所得额的,税务机关有权采取以下方法核定其应纳税所得额。

(1)按收入总额核定应纳税所得额:适用于能够正确核算收入或通过合理方法推定收入总额,但不能正确核算成本费用的非居民企业。其计算公式为:

$$应纳税所得额＝收入总额\times 经税务机关核定的利润率$$

(2)按成本费用核定应纳税所得额:适用于能够正确核算成本费用,但不能正确核算收入总额的非居民企业。其计算公式为:

$$应纳税所得额＝成本费用总额\div (1-经税务机关核定的利润率)\times 经税务机关核定的利润率$$

(3)按经费支出换算收入核定应纳税所得额:适用于能够正确核算经费支出总额,但不能正确核算收入总额和成本费用的非居民企业。其计算公式为:

$$应纳税所得额＝经费支出总额\div (1-经税务机关核定的利润率)\times 经税务机关核定的利润率$$

(4)税务机关可按照以下标准确定非居民企业的利润率:① 从事承包工程作业、设计和咨询劳务的,利润率为15%～30%;② 从事管理服务的,利润率为30%～50%;③ 从事其他劳务或劳务以外经营活动的,利润率不低于15%。

税务机关有根据认为非居民企业的实际利润率明显高于上述标准的,可以按照比上述标准更高的利润率核定其应纳税所得额。

(5)非居民企业与中国居民企业签订机器设备或货物销售合同,同时提供设备安装、装配、技术培训、指导、监督服务等劳务,其销售货物合同中未列明提供上述劳务服务收费金额,或者计价不合理的,主管税务机关可以根据实际情况,参照相同或相近业务的计价标准核定劳务收入。无参照标准的,以不低于销售货物合同总价款的10%为原则,确定非居民企业的劳务收入。

六、房地产开发企业所得税预缴税款的处理

房地产开发企业按当年实际利润据实分季(或月)预缴企业所得税的,对开发、建造的住宅、商业用房以及其他建筑物、附着物、配套设施等开发产品,在未完工前采取预售方式销售取得的预售收入,按照规定的预计利润率分季(或月)计算出预计利润额,计入利润总额预缴,开发产品完工、结算计税成本后按照实际利润再行调整。

房地产开发企业按当年实际利润据实预缴企业所得税的,对开发、建造的住宅、商业用房以及其他建筑物、附着物、配套设施等开发产品,在未完工前采取预售方式销售取得的预售收入,按照规定的预计利润率分季(或月)计算出预计利润额,填报在《中华人民共和国企业所得税月(季)度预缴纳税申报表(A类)》(国税函〔2008〕44号文件附件1)第4行"利润总额"内。

房地产开发企业对经济适用房项目的预售收入进行初始纳税申报时,必须附送有关部门批准经济适用房项目开发、销售的文件以及其他相关证明材料。凡不符合规定或未附送有关部门的批准文件以及其他相关证明材料的,一律按销售非经济适用房的规定执行。

第六节 征收管理

一、纳税地点

除税收法律、行政法规另有规定外,居民企业以企业登记注册地为纳税地点;但登记注册地在境外的,以实际管理机构所在地为纳税地点。企业注册登记地是指企业依照国家有关规定登记注册的住所地。

居民企业在中国境内设立不具有法人资格的营业机构的,应当汇总计算并缴纳企业所得税。企业汇总计算并缴纳企业所得税时,应当统一核算应纳税所得额,具体办法由国务院财政、税务主管部门另行制定。

非居民企业在中国境内设立机构、场所的,应当就其所设机构、场所取得的来源于中国境内的所得,以及发生在中国境外但与其所设机构、场所有实际联系的所得,以机构、场所所在地为纳税地点。非居民企业在中国境内设立两个或者两个以上机构、场所的,符合国务院税务主管部门规定条件的,可以选择由其主要机构、场所汇总缴纳企业所得税。

非居民企业在中国境内未设立机构、场所的,或者虽设立机构、场所但取得的所得与其所设机构、场所没有实际联系的所得,以扣缴义务人所在地为纳税地点。

除国务院另有规定外,企业之间不得合并缴纳企业所得税。

二、纳税期限

企业所得税按年计征,分月或者分季预缴,年终汇算清缴,多退少补。

企业所得税的纳税年度,自公历1月1日起至12月31日止。企业在某个纳税年度的中间开业,或者终止经营活动,使该纳税年度的实际经营期不足12个月的,应当以其实际经营期为1个纳税年度。企业清算时,应当以清算期间作为1个纳税年度。

企业可自年度终了之日起5个月内,向税务机关报送年度企业所得税纳税申报表,并汇算清缴,结清应缴应退税款。

企业在年度中间终止经营活动的,应当自实际经营终止之日起60日内,向税务机关办理当期企业所得税汇算清缴。

三、纳税申报

按月或按季预缴的,应当自月份或者季度终了之日起15日内,向税务机关报送预缴企业所得税纳税申报表,预缴税款。

企业在报送企业所得税纳税申报表时,应当按照规定附送财务会计报告和其他有关资料。

企业应当在办理注销登记前,就其清算所得向税务机关申报并依法缴纳企业所得税。

依照《企业所得税法》缴纳的企业所得税,以人民币计算。所得以人民币以外的货币计算的,应当折合成人民币计算并缴纳税款。

企业在纳税年度内无论盈利或者亏损,都应当依照《企业所得税法》第五十四条规定的期限,向税务机关报送预缴企业所得税纳税申报表、年度企业所得税纳税申报表、财务会计报告和税务机关规定应当报送的其他有关资料。

四、源泉扣缴

(一)扣缴义务人

对非居民企业在中国境内未设立机构、场所的,或者虽设立机构、场所但取得的所得与其所设机构、场所没有实际联系的所得应缴纳的所得税,实行源泉扣缴,以支付人为扣缴义务人。税款由扣缴义务人在每次支付或者到期应支付时,从支付或者到期应支付的款项中扣缴。上述所称支付人,是指依照有关法律规定或者合同约定对非居民企业直接负有支付相关款项义务的单位或者个人;所称支付,包括现金支付、汇拨支付、转账支付和权益兑价支付等货币支付和非货币支付;所称到期应支付的款项,是指支付人按照权责发生制原则应当计入相关成本、费用的应付款项。

对非居民企业在中国境内取得工程作业和劳务所得应缴纳的所得税,税务机关可以指定工程价款或者劳务费的支付人为扣缴义务人。

(二)扣缴方法

扣缴义务人扣缴税款时,按前述非居民企业应纳税额的计算方法计算税款。

对于应当扣缴的所得税,扣缴义务人未依法扣缴或者无法履行扣缴义务的,由企业在所得发生地缴纳。企业未依法缴纳的,税务机关可以从该企业在中国境内其他收入项目的支付人应付的款项中,追缴该企业的应纳税款。上述所称所得发生地,是指依照《实施条例》第七条规定的原则确定的所得发生地;在中国境内存在多处所得发生地的,由企业选择其中之一申报缴纳企业所得税。上述所称该企业在中国境内其他收入,是指该企业在中国境内取得的其他各种来源的收入。

税务机关在追缴该企业应纳税款时,应当将追缴理由、追缴数额、缴纳期限和缴纳方式等告知该企业。

扣缴义务人每次代扣的税款,应当自代扣之日起 7 日内缴入国库,并向所在地的税务机关报送扣缴企业所得税报告表。

五、跨地区经营汇总纳税企业所得税征收管理

(一)基本原则和适用范围

1. 基本原则

属于中央与地方共享范围的跨省市总分机构企业缴纳的企业所得税,按照统一规范、兼顾总机构和分支机构所在地利益的原则,实行"统一计算、分级管理、就地预缴、汇总清算、财政调库"的处理办法,总分机构统一计算的当期应纳税额的地方分享部分中,25%由总机构所在地分享,50%由各分支机构所在地分享,25%按一定比例在各地间进行分配。

统一计算,是指居民企业应统一计算包括各个不具有法人资格营业机构在内的企业全部应纳税所得额、应纳税额。总机构和分支机构适用税率不一致的,应分别按适用税率计算应纳所得税额。

分级管理,是指居民企业总机构、分支机构,分别由所在地主管税务机关属地进行监督和管理。

就地预缴,是指居民企业总机构、分支机构,应按规定的比例分别就地按月或者按季向所在地主管税务机关申报、预缴企业所得税。

汇总清算,是指在年度终了后,总分机构企业根据统一计算的年度应纳税所得额、应纳所得税额,抵减总机构、分支机构当年已就地分期预缴的企业所得税款后,多退少补。

财政调库,是指财政部定期将缴入中央总金库的跨省市总分机构企业所得税待分配收入,按照核定的系数调整至地方国库。

2. 适用范围

跨省市总分机构企业是指跨省(自治区、直辖市和计划单列市,下同)设立不具有法人资格分支机构的居民企业。

总机构和具有主体生产经营职能的二级分支机构就地预缴企业所得税。

按照现行财政体制的规定,国有邮政企业(包括中国邮政集团公司及其控股公司和直属单位)、中国工商银行股份有限公司、中国农业银行股份有限公司、中国银行股份有限公司、国家开发银行股份有限公司、中国农业发展银行、中国进出口银行、中国投资有限责任公司、中国建设银行股份有限公司、中国建银投资有限责任公司、中国信达资产管理股份有限公司、中国石油天然气股份有限公司、中国石油化工股份有限公司、海洋石油天然气企业[包括中国海洋石油总公司、中海石油(中国)有限公司、中海油田服务股份有限公司、海洋石油工程股份有限公司]、中国长江电力股份有限公司等企业总分机构缴纳的企业所得税(包括滞纳金、罚款收入)为中央收入,全额上缴中央国库,不适用前述规定。

(二)税款预缴

由总机构统一计算企业应纳税所得额和应纳所得税额,并分别由总机构、分支机构按月或按季就地预缴。

1. 分支机构分摊预缴税款

总机构在每月或每季终了之日起10日内,按照上年度各省市分支机构的营业收入、职工薪酬和资产总额三个因素,将统一计算的企业当期应纳税额的50%在各分支机构之间进行分摊(总机构所在省市同时设有分支机构的,同样按三个因素分摊),各分支机构根据分摊税款就地办理缴库,所缴纳税款收入由中央与分支机构所在地按60∶40分享。分摊时,三个因素的权重依次为0.35、0.35和0.3。当年新设立的分支机构第二年起参与分摊;当年撤销的分支机构自办理注销税务登记之日起不参与分摊。

分支机构营业收入,是指分支机构销售商品、提供劳务、让渡资产使用权等日常经营活动实现的全部收入。其中,生产经营企业分支机构营业收入是指生产经营企业分支机构销售商品、提供劳务、让渡资产使用权等取得的全部收入;金融企业分支机构营业收入是指金融企业分支机构取得的利息、手续费、佣金等全部收入;保险企业分支机构营业收入是指保险企业分支机构取得的保费等全部收入。

分支机构职工薪酬,是指分支机构为获得职工提供的服务而给予职工的各种形式的报酬以及其他相关支出。

分支机构资产总额,是指分支机构在12月31日拥有或者控制的资产合计额。

各分支机构分摊预缴额按下列公式计算:

某分支机构分摊税款＝所有分支机构分摊税款总额×该分支机构分摊比例

其中：

所有分支机构分摊税款总额＝汇总纳税企业当期应纳所得税额×50％

该分支机构分摊比例＝（该分支机构营业收入÷各分支机构营业收入之和）×0.35＋（该分支机构职工薪酬÷各分支机构职工薪酬之和）×0.35＋（该分支机构资产总额÷各分支机构资产总额之和）×0.3

以上公式中，分支机构仅指需要参与就地预缴的分支机构。

2. 总机构就地预缴税款

总机构应将统一计算的企业当期应纳税额的25％，就地办理缴库，所缴纳税款收入由中央与总机构所在地按60∶40分享。

3. 总机构预缴中央国库税款

总机构应将统一计算的企业当期应纳税额的剩余25％，就地全额缴入中央国库，所缴纳税款收入的60％为中央收入，40％由财政部按照2004—2006年各省市3年实际分享企业所得税占地方分享总额的比例定期向各省市分配。

（三）汇总清算

企业总机构汇总计算企业年度应纳所得税额，扣除总机构和各境内分支机构已预缴的税款，计算出应补应退税款，分别由总机构和各分支机构（不包括当年已办理注销税务登记的分支机构）就地办理税款缴库或退库。

1. 应补税款的分配

补缴的税款按照预缴的分配比例，50％由各分支机构就地办理缴库，所缴纳税款收入由中央与分支机构所在地按60∶40分享；25％由总机构就地办理缴库，所缴纳税款收入由中央与总机构所在地按60∶40分享；其余25％部分就地全额缴入中央国库，所缴纳税款收入中60％为中央收入，40％由财政部按照2004—2006年各省市3年实际分享企业所得税占地方分享总额的比例定期向各省市分配。

2. 应退税款的分配

多缴的税款按照预缴的分配比例，50％由各分支机构就地办理退库，所退税款由中央与分支机构所在地按60∶40分担；25％由总机构就地办理退库，所退税款由中央与总机构所在地按60∶40分担；其余25％部分就地从中央国库退库，其中60％从中央级1010442项"总机构汇算清缴所得税"下有关科目退付，40％从中央级1010443项"企业所得税待分配收入"下有关科目退付。

六、合伙企业所得税的征收管理

自2008年1月1日起,合伙企业缴纳的所得税按下列规定处理,此前规定与下列规定有抵触的,以下列规定为准。

(一)分别纳税

合伙企业以每一个合伙人为纳税义务人。合伙企业合伙人是自然人的,缴纳个人所得税;合伙人是法人和其他组织的,缴纳企业所得税。

(二)先分后税

合伙企业生产经营所得和其他所得采取先分后税的原则。具体应纳税所得额的计算按照《关于个人独资企业和合伙企业投资者征收个人所得税的规定》(财税〔2000〕91号)及《财政部 国家税务总局关于调整个体工商户个人独资企业和合伙企业个人所得税税前扣除标准有关问题的通知》(财税〔2008〕65号)的有关规定执行。

上述生产经营所得和其他所得,包括合伙企业分配给所有合伙人的所得和企业当年留存的所得(利润)。

(三)确定应纳税所得额

合伙企业的合伙人按照下列原则确定应纳税所得额:
(1)合伙企业的合伙人以合伙企业的生产经营所得和其他所得,按照合伙协议约定的分配比例确定应纳税所得额;
(2)合伙协议未约定或者约定不明确的,以全部生产经营所得和其他所得,按照合伙人协商决定的分配比例确定应纳税所得额;
(3)协商不成的,以全部生产经营所得和其他所得,按照合伙人实缴出资比例确定应纳税所得额;
(4)无法确定出资比例的,以全部生产经营所得和其他所得,按照合伙人数量平均计算每个合伙人的应纳税所得额。

合伙协议不得约定将全部利润分配给部分合伙人。

(四)亏损抵减

合伙企业的合伙人是法人和其他组织的,合伙人在计算其应缴纳的企业所得税时,不得用合伙企业的亏损抵减其盈利。

七、居民企业报告境外投资和所得信息的管理

为规范居民企业境外投资和所得信息报告的内容和方式,国家税务总局公布了《关于居

民企业报告境外投资和所得信息有关问题的公告》（国家税务总局公告2014年第38号），具体规定如下：

居民企业成立或参股外国企业，或者处置已持有的外国企业股份或有表决权股份，符合以下情形之一，且按照中国会计制度可确认的，应当在办理企业所得税预缴申报时向主管税务机关填报《居民企业参股外国企业信息报告表》：

(1)在该规定施行之日，居民企业直接或间接持有外国企业股份或有表决权股份达到10%（含）以上；

(2)在该规定施行之日后，居民企业在被投资外国企业中直接或间接持有的股份或有表决权股份自不足10%的状态改变为达到或超过10%的状态；

(3)在该规定施行之日后，居民企业在被投资外国企业中直接或间接持有的股份或有表决权股份自达到或超过10%的状态改变为不足10%的状态。

居民企业在办理企业所得税年度申报时，还应附报以下与境外所得相关的资料信息：

(1)有适用《企业所得税法》第四十五条情形或者需要适用《特别纳税调整实施办法（试行）》（国税发〔2009〕2号）第八十四条规定的居民企业填报《受控外国企业信息报告表》；

(2)纳入《企业所得税法》第二十四条规定抵免范围的外国企业或符合《企业所得税法》第四十五条规定的受控外国企业按照中国会计制度编报的年度独立财务报表。

在税务检查（包括纳税评估、税务审计及特别纳税调整调查等）时，主管税务机关可以要求居民企业限期报告与其境外所得相关的必要信息。

居民企业能够提供合理理由，证明确实不能按照上述公告规定期限报告境外投资和所得信息的，可以依法向主管税务机关提出延期要求。限制提供相关信息的境外法律规定、商业合同或协议，不构成合理理由。

主管税务机关应当为纳税人报告境外投资和所得信息提供便利，及时受理纳税人报告的各类信息，并依法保密。

居民企业未按照上述规定报告境外投资和所得信息，经主管税务机关责令限期改正，逾期仍不改正的，主管税务机关可根据《税收征收管理法》及其《实施细则》以及其他有关法律、法规的规定，按已有信息合理认定相关事实，并据以计算或调整应纳税款。

非居民企业在境内设立机构、场所，取得发生在境外但与其所设机构、场所有实际联系的所得的，参照上述规定报告相关信息。

上述规定自2014年9月1日起施行。在施行之日以前发生，但与施行之日以后应报告信息相关或者属于施行之日以后纳税年度的应报告信息，仍适用该规定。

八、跨境电子商务综合试验区核定征收企业所得税

自2020年1月1日起，对跨境电子商务综合试验区（以下简称综试区）内的跨境电商企业核定征收企业所得税。

综试区内的跨境电商企业，同时符合下列条件的，试行核定征收企业所得税：

(1)在综试区注册，并在注册地跨境电子商务线上综合服务平台登记出口货物日期、名称、计量单位、数量、单价、金额的；

(2)出口货物通过综试区所在地海关办理电子商务出口申报手续的;

(3)出口货物未取得有效进货凭证,其增值税、消费税享受免税政策的。

综试区内核定征收的跨境电商企业应准确核算收入总额,并采用应税所得率方式核定征收企业所得税,应税所得率统一按照4%确定。

税务机关应按照有关规定,及时完成综试区跨境电商企业核定征收企业所得税的鉴定工作。

综试区内实行核定征收的跨境电商企业符合小型微利企业优惠政策条件的,可享受小型微利企业所得税优惠政策;其取得的收入属于《企业所得税法》第二十六条规定的免税收入的,可享受免税收入优惠政策。

上述所称综试区,是指经国务院批准的跨境电子商务综合试验区;所称跨境电商企业,是指自建跨境电子商务销售平台或利用第三方跨境电子商务平台开展电子商务出口的企业。

专栏 4-1
企业所得税
年度纳税申报表
(A类,2017年版)

九、纳税申报表填写方法

企业所得税的纳税人应按《企业所得税法》及其《实施条例》的有关规定及时办理纳税申报,并如实填写纳税申报表。

◇ 本章小结

企业所得税是本书介绍的重点税种之一,也是学习难度较大的税种。企业所得税是对我国境内的企业和其他取得收入的组织的生产经营所得和其他所得征收的一种税。企业所得税实行比例税率,现行基本税率为25%。本章的知识点包括企业所得税的纳税义务人、征税对象与税率,应纳税所得额,资产的税务处理,税收优惠,应纳税额的计算,征收管理等。同学们学习本章后,应掌握应纳税额间接计算法、收入的确定、准予扣除项目的确定等难点。

◇ 本章思考题

1. 简述我国《企业所得税法》规定的居民企业的概念。
2. 企业所得税有哪些特点?
3. 企业所得税税前扣除应遵循哪些原则?
4. 简述企业所得税税前不得扣除的项目。
5. 我国企业所得税相关法律法规有哪几类优惠规定?

第五章　个人所得税

◇ **学习目标**

■ **1. 知识目标**

(1)了解个人所得税的概念和特点；

(2)了解个人所得税的征收范围和税率；

(3)能正确计算个人所得税应纳税额；

(4)了解个人所得税税收优惠的政策规定。

■ **2. 能力目标**

(1)能区分居民纳税人和非居民纳税人；

(2)会计算居民个人预扣预缴税额和汇算清缴税额；

(3)能计算非居民个人应纳税额；

(4)能确定个人所得税的纳税义务发生时间、纳税期限和纳税地点。

■ **3. 情感目标**

(1)了解、掌握并学会运用个人所得税法的相关规定；

(2)做到合理纳税筹划，培养合法合规纳税的意识。

◇ **学习重难点**

1.个人所得税的征税范围、纳税人、税率。

2.个人所得税的计算。

3.个人所得税的纳税申报和年度汇算清缴。

◇ **本章关键词**

个人所得税纳税人　个人所得税征税范围　个人所得税税率　个人所得税计算

◇ 导入案例

减税降费中的个人所得税

2023年9月7日,在国务院新闻办公室举行的政策例行吹风会上,财政部副部长王东伟表示,当前,我国发展面临着一些不确定的、难预料的因素,这些因素有的还在增多,小微企业和个体工商户的抗风险能力较弱,面临不少困难,有的还比较突出。鉴于这种情况,近期财政部会同相关部门出台了多项税收优惠政策。针对小微企业生产经营面临的困难,国家近期将涉及小微企业和个体工商户的到期税费优惠政策统一延续到2027年底。

这些优惠政策针对性强、支持力度大,主要有减免小规模纳税人增值税、小微企业所得税优惠以及创投企业税收优惠等。同时,优化完善多项政策,包括扩大享受减半征收个人所得税的个体工商户的范围、对小微企业和个体工商户统一减半征收"六税两费"、提高从事个体经营的高校毕业生等重点群体税费抵减限额等。

王东伟介绍,目前,全国存续涉税经营主体中的小微企业和个体工商户大概为7 300万户,符合条件的小微企业和个体工商户都可以享受相关税费优惠政策。根据2022年数据,我国约七成的小微企业和个体工商户不需要缴纳税收。

资料来源:姜慧梓. 财政部:约七成小微企业和个体工商户无须缴税[EB/OL]. (2023-09-07)[2023-12-15]. https://baijiahao.baidu.com/s? id = 1776373815206727276&wfr＝spider&for＝pc.

第一节 纳税义务人与征税范围

个人所得税是主要以自然人取得的各类应税所得为征税对象而征收的一种所得税,是政府利用税收对个人收入进行调节的一种手段。在我国,个体工商户适用的是个人所得税,而非企业所得税。目前我国适用的个人所得税基本规范是经过了七次修改、自2019年1月1日起施行的《中华人民共和国个人所得税法》(以下简称《个人所得税法》)。

一、纳税义务人

个人所得税的纳税义务人,包括中国公民、个体工商业户、个人独资企业、合伙企业投资者、在中国有所得的外籍人员(包括无国籍人员,下同)和香港、澳门、台湾同胞。依据住所和居住时间两个标准,可以将纳税义务人区分为居民个人和非居民个人,分别承担不同的纳税义务。我国个人所得税同时实行居民税收管辖权和地域税收管辖权。

(一)居民个人

居民个人是指在中国境内有住所,或者无住所而1个纳税年度在中国境内居住累计满183天的个人。居民个人承担无限纳税义务。其所取得的应纳税所得,无论是来源于中国境内还是中国境外,都要在中国缴纳个人所得税。

在中国境内有住所的个人,是指因户籍、家庭、经济利益关系,而在中国境内习惯性居住的个人。习惯性居住,是指个人因学习、工作、探亲等原因消除之后,没有理由在其他地方继续居留时,所要回到的地方,而不是指实际居住地或在某一个特定时期内的居住地。

1个纳税年度在境内居住累计满183天,是指在1个纳税年度(即公历1月1日起至12月31日止,下同)内,在中国境内居住累计满183天。

(二)非居民个人

非居民个人,是指习惯性居住地不在中国境内,而且不在中国居住;或者在1个纳税年度内,在中国境内居住累计不满183天的个人。居民个人承担有限纳税义务,即仅就其来源于中国境内的所得,向中国缴纳个人所得税。

在实际生活中,非居民个人是在1个纳税年度中,没有在中国境内居住,或者在中国境内居住天数累计不满183天的外籍人员、华侨或香港、澳门、台湾同胞。

二、征税范围

《个人所得税法》规定的征税范围包括九类:① 工资、薪金所得;② 劳务报酬所得;③ 稿酬所得;④ 特许权使用费所得;⑤ 经营所得;⑥ 利息、股息、红利所得;⑦ 财产租赁所得;⑧ 财产转让所得;⑨ 偶然所得。

居民个人取得以上第①项至第④项所得称为综合所得,按纳税年度合并计算个人所得税;非居民个人取得第①项至第④项所得,按月或者按次分项计算个人所得税。纳税人取得以上第⑤项至第⑨项所得,依照规定分别计算个人所得税。

(一)工资、薪金所得

工资、薪金所得,是指个人因任职或者受雇而取得的工资、薪金、奖金、年终加薪、劳动分红、津贴、补贴以及与任职或者受雇有关的其他所得。

1. 工资、薪金所得的涵盖范围

一般来说，工资、薪金所得属于非独立个人劳动所得。所谓非独立个人劳动，是指个人所从事的是由他人指定、安排并接受管理的劳动，工作或服务于公司、工厂、行政事业单位的人员（私营企业主除外）均为非独立劳动者。他们从上述单位取得的劳动报酬，是以工资、薪金的形式体现的。在这类报酬中，工资和薪金的收入主体略有差异。通常情况下，把直接从事生产、经营或服务的劳动者（工人）的收入称为工资，即所谓"蓝领阶层"所得；而将从事社会公职或管理活动的劳动者（公职人员）取得的收入称为薪金，即所谓"白领阶层"所得。但在实际立法过程中，各国都从简便易行的角度考虑，将工资、薪金合并为一个项目计征个人所得税。

除工资、薪金以外，奖金、年终加薪、劳动分红、津贴、补贴也属于工资、薪金范畴。其中，年终加薪、劳动分红不分种类和取得情况，一律按工资、薪金所得课税。奖金是指所有具有工资性质的奖金，免税奖金的范围在税法中另有规定。此外，还有一些所得的发放也被视为取得工资、薪金所得。举例如下：

（1）公司职工取得的用于购买企业国有股权的劳动分红，按"工资、薪金所得"项目计征个人所得税；

（2）出租汽车经营单位对出租车驾驶员采取单车承包或承租方式运营，出租车驾驶员从事客货营运取得的收入，按"工资、薪金所得"项目征税；

（3）在减除按税法规定的费用扣除标准后，按"工资、薪金所得"项目缴纳个人所退休人员再任职取得的收入得税；

（4）离退休人员按规定领取离退休工资或养老金外，另从原任职单位取得的各类补贴、奖金、实物，不属于免税项目，应按"工资、薪金所得"应税项目的规定缴纳个人所得税。

2. 个人取得的津贴、补贴，不计入工资、薪金所得的项目

对于一些不属于工资、薪金性质的补贴、津贴或者不属于纳税人本人工资、薪金所得项目的收入，不予征税。这些项目包括如下几类。

（1）独生子女补贴。

（2）执行公务员工资制度未纳入基本工资总额的补贴、津贴差额和家属成员的副食品补贴。

（3）托儿补助费。

（4）差旅费津贴、误餐补助。其中，误餐补助是指按照财政部规定，个人因公在城区、郊区工作，不能在工作单位或返回就餐的，根据实际误餐顿数，按规定的标准领取的误餐费。注意：单位以误餐补助名义发给职工的补助、津贴不能包括在内。

（5）外国来华留学生领取的生活津贴费、奖学金，不属于工资、薪金范畴，不征个人所得税。

（6）军队干部取得的补贴、津贴中部分项目不计入工资、薪金所得项目征税。

3. 关于个人取得公务交通、通信补贴收入的征税问题

个人因公务用车和通信制度改革而取得的公务用车、通信补贴收入,扣除一定标准的公务费用后,按照"工资、薪金所得"项目计征个人所得税。按月发放的,并入当月"工资、薪金所得"计征个人所得税;不按月发放的,分解到所属月份并与该月份"工资、薪金所得"合并后计征个人所得税。

公务费用扣除标准,由省税务局根据纳税人公务交通、通信费用实际发生情况调查测算,报经省级人民政府批准后确定,并报国家税务总局备案。

(二)劳务报酬所得

劳务报酬所得,是指个人独立从事非雇用的各种劳务所取得的所得,包括从事设计、装潢、安装、制图、化验、测试、医疗、法律、会计、咨询、讲学、翻译、审稿、书画、雕刻、影视、录音、录像、演出、表演、广告、展览、技术服务、介绍服务、经纪服务、代办服务以及其他劳务取得的所得。

自 2004 年 1 月 20 日起,对商品营销活动中,企业和单位对其营销业绩突出的非雇员以培训班、研讨会、工作考察等名义组织旅游活动,通过免收差旅费、旅游费对个人实行的营销业绩奖励(包括实物、有价证券等),应根据所发生费用的全额作为该营销人员当期的劳务收入,按照"劳务报酬所得"项目征收个人所得税,并由提供上述费用的企业和单位代扣代缴。

在实际操作过程中,还可能出现难以判定一项所得是属于工资、薪金所得还是属于劳务报酬所得的情况。这两者的区别在于:工资、薪金所得是属于非独立个人劳务活动,即在机关、团体、学校、部队、企业、事业单位及其他组织中任职、受雇而得到的报酬;而劳务报酬所得,则是个人独立从事各种技艺、提供各项劳务取得的报酬。

【注意】 个人由于担任董事职务所取得的董事费收入,属于劳务报酬所得性质,按照"劳务报酬所得"项目征收个人所得税,但仅适用于个人担任公司董事、监事,且不在公司任职、受雇的情形。个人在公司(包括关联公司)任职、受雇,同时兼任董事、监事的,应将董事费、监事费与个人工资收入合并,统一按"工资、薪金所得"项目缴纳个人所得税。

(三)稿酬所得

稿酬所得,是指个人因其作品以图书、报刊形式出版、发表而取得的所得。将稿酬所得独立划归一个征税项目,而对不以图书、报刊形式出版、发表的翻译、审稿、书画所得归为劳务报酬所得,主要是考虑了出版、发表作品的特殊性。第一,它是一种依靠较高智力创作的精神产品;第二,它具有普遍性;第三,它与社会主义精神文明和物质文明密切相关;第四,它的报酬相对偏低。因此,稿酬所得应当与一般劳务报酬相区别,并给予适当优惠照顾。

(四)特许权使用费所得

特许权使用费所得,是指个人提供专利权、商标权、著作权、非专利技术以及其他特许权的使用权取得的所得。提供著作权的使用权取得的所得,不包括稿酬所得。

专利权,是由国家专利主管机关依法授予专利申请人或其权利继承人在一定期间内实施其发明创造的专有权。对于专利权,许多国家只将提供他人使用取得的所得,列入特许权使用费,而将转让专利权所得列为资本利得税的征税对象。我国没有开征资本利得税,故将个人提供和转让专利权取得的所得,都列入特许权使用费所得征收个人所得税。

商标权,即商标注册人享有的商标专用权。著作权,即版权,是作者依法对文学、艺术和科学作品享有的专有权。个人提供或转让商标权、著作权、专有技术或技术秘密、技术诀窍取得的所得,应当依法缴纳个人所得税。

(五)经营所得

经营所得,是指如下几类所得。

(1)个体工商户从事生产、经营活动取得的所得,个人独资企业投资人、合伙企业的个人合伙人来源于境内注册的个人独资企业、合伙企业生产、经营的所得。个体工商户以业主为个人所得税纳税义务人。

(2)个人依法从事办学、医疗、咨询以及其他有偿服务活动取得的所得。

(3)个人对企业、事业单位承包经营、承租经营以及转包、转租取得的所得。对企事业单位的承包经营、承租经营所得,是指个人承包经营或承租经营以及转包、转租取得的所得。承包项目可分多种,如生产经营、采购、销售、建筑安装等。转包包括全部转包或部分转包。

(4)个人从事其他生产、经营活动取得的所得。例如,个人因从事彩票代销业务而取得的所得,或者从事个体出租车运营的出租车驾驶员取得的收入,都应按照"经营所得"项目计征个人所得税。这里所说的从事个体出租车运营,包括:出租车属个人所有,但挂靠出租汽车经营单位或企事业单位,驾驶员向挂靠单位缴纳管理费的,或出租汽车经营单位将出租车所有权转移给驾驶员的。

【注意】 个体工商户和从事生产、经营的个人,取得与生产、经营活动无关的其他各项应税所得,应分别按照其他应税项目的有关规定,计算征收个人所得税。如取得银行存款的利息所得、对外投资取得的股息所得,应按"股息、利息、红利"税目的规定单独计征个人所得税。个人独资企业、合伙企业的个人投资者以企业资金为本人、家庭成员及其相关人员支付与企业生产经营无关的消费性支出及购买汽车、住房等财产性支出,视为企业对个人投资者的利润分配,并入投资者个人的生产经营所得,依照"经营所得"项目计征个人所得税。

(六)利息、股息、红利所得

利息、股息、红利所得,是指个人拥有债权、股权而取得的利息、股息、红利所得。利息,是指个人拥有债权而取得的利息,包括存款利息、贷款利息和各种债券的利息。按税法规定,个人取得的利息所得,除国债和国家发行的金融债券利息外,应当依法缴纳个人所得税。股息、红利,是指个人拥有股权取得的股息、红利。股息、红利所得,除另有规定外,都应当缴纳个人所得税。

【注意】 按照一定的比率派发的每股息金称为股息;根据公司、企业应分配的超过股息部分的利润,按股份分配的称为红利。股息与红利的区别在于:

（1）红利的数额一般是不确定的，取决于企业每年可分配的盈余，但股息的利率是固定的；

（2）红利是股息分配完后从企业剩余的利润中分配给普通股股东的，股息则是分配给优先股股东的股票收益。

除个人独资企业、合伙企业以外的其他企业的个人投资者，以企业资金为本人、家庭成员及其相关人员支付与企业生产经营无关的消费性支出及购买汽车、住房等财产性支出，视为企业对个人投资者的红利分配，依照"利息、股息、红利所得"项目计征个人所得税。企业的上述支出不允许在所得税税前扣除。

纳税年度内个人投资者从其投资企业（个人独资企业、合伙企业除外）借款，在该纳税年度终了后既不归还又未用于企业生产经营的，其未归还的借款可视为企业对个人投资者的红利分配，依照"利息、股息、红利所得"项目计征个人所得税。

企业为股东购买车辆并将车辆所有权办到股东个人名下，其实质为企业对股东进行了红利性质的实物分配，应按照"利息、股息、红利所得"项目征收个人所得税。考虑到该股东个人名下的车辆同时也为企业经营使用的实际情况，允许合理减除部分所得；减除的具体数额由主管税务机关根据车辆的实际使用情况合理确定。

（七）财产租赁所得

财产租赁所得，是指个人出租不动产、机器设备、车船以及其他财产取得的所得。

个人取得的财产转租收入，属于"财产租赁所得"的征税范围，由财产转租人缴纳个人所得税。

（八）财产转让所得

财产转让所得，是指个人转让有价证券、股权、合伙企业中的财产份额、不动产、机器设备、车船以及其他财产取得的所得。

【注意】 股票转让所得暂不征收个人所得税。

（九）偶然所得

偶然所得，是指个人得奖、中奖、中彩以及其他偶然性质的所得。得奖是指参加各种有奖竞赛活动，取得名次得到的奖金；中奖、中彩是指参加各种有奖活动，如有奖销售、有奖储蓄或者购买彩票，经过规定程序，抽中、摇中号码而取得的奖金。偶然所得应缴纳的个人所得税税款，一律由发奖单位或机构代扣代缴。

个人取得的所得，难以界定应纳税所得项目的，由国务院税务主管部门确定。

三、所得来源地的确定

除国务院财政、税务主管部门另有规定外，下列所得，不论支付地点是否在中国境内，均为来源于中国境内的所得：

(1)因任职、受雇、履约等而在中国境内提供劳务取得的所得;

(2)将财产出租给承租人在中国境内使用而取得的所得;

(3)转让中国境内的不动产等财产或者在中国境内转让其他财产取得的所得;

(4)许可各种特许权在中国境内使用而取得的所得;

(5)从中国境内企业、事业单位、其他组织以及居民个人取得的利息、股息、红利所得。

在中国境内无住所的个人,在中国境内居住累计满183天的年度连续不满6年的,其来源于中国境外的所得,经向主管税务机关备案,其来源于中国境外且由境外单位或者个人支付的所得,免予缴纳个人所得税;在中国境内居住累计满183天的任一年度中有一次离境超过30天的,其在中国境内居住累计满183天的年度的连续年限重新起算。

在中国境内无住所,但是在1个纳税年度中在中国境内居住累计不超过90天的个人,其来源于中国境内的所得,由境外雇主支付并且不由该雇主在中国境内的机构、场所负担的部分,免予缴纳个人所得税。

第二节 税率与应纳税所得额的确定

一、税率

（一）综合所得适用税率

综合所得适用七级超额累进税率,税率为3%～45%(见表5-1)。

表5-1 综合所得个人所得税税率表

级数	全年应纳税所得额	税率(%)
1	不超过36 000元的	3
2	超过36 000元至144 000元的部分	10
3	超过144 000元至300 000元的部分	20
4	超过300 000元至420 000元的部分	25
5	超过420 000元至660 000元的部分	30
6	超过660 000元至960 000元的部分	35

续表

级数	全年应纳税所得额	税率(%)
7	超过960 000元的部分	45

注:(1)本表所称全年应纳税所得额是指依照税法的规定,居民个人取得综合所得以每一纳税年度收入额减除费用60 000元以及专项扣除、专项附加扣除和依法确定的其他扣除后的余额;

(2)非居民个人取得工资、薪金所得,劳务报酬所得,稿酬所得和特许权使用费所得,依照本表按月换算后计算应纳税额。

居民个人每一纳税年度内取得的综合所得包括工资、薪金所得,劳务报酬所得,稿酬所得和特许权使用费所得。

(二)经营所得适用税率

经营所得适用五级超额累进税率,税率为5%~35%(见表5-2)。

表5-2 经营所得个人所得税税率表

级数	全年应纳税所得额	税率(%)
1	不超过30 000元的	5
2	超过30 000元至90 000元的部分	10
3	超过90 000元至300 000元的部分	20
4	超过300 000元至500 000元的部分	30
5	超过500 000元的部分	35

注:本表所称全年应纳税所得额是指依照《个人所得税法》第六条的规定,以每一纳税年度的收入总额减除成本、费用以及损失后的余额。

这里值得注意的是,由于目前实行承包(租)经营的形式较多,分配方式也不相同,因此,承包、承租人按照承包、承租经营合同(协议)规定取得所得的适用税率也不一致。

(1)承包、承租人对企业经营成果不拥有所有权,仅是按合同(协议)规定取得一定所得的,其所得按"工资、薪金所得"项目征税,纳入年度综合所得,适用3%~45%的七级超额累进税率。

(2)承包、承租人按合同(协议)的规定只向发包、出租方缴纳一定费用后,企业经营成果归其所有的,承包、承租人取得的所得,按"对企事业单位的承包经营、承租经营所得"项目,适用5%~35%的五级超额累进税率征税。

(三)其他所得适用税率

利息、股息、红利所得,财产租赁所得,财产转让所得和偶然所得适用比例税率,税率为20%。

二、应纳税所得额的规定

由于个人所得税的应税项目不同,并且取得某项所得所需费用也不相同,因此,计算个人应纳税所得额,需按不同应税项目分项计算。以某项应税项目的收入额减去税法规定的该项目费用减除标准后的余额,为该应税项目应纳税所得额。两个以上的个人共同取得同一项目收入的,应当对每个人取得的收入分别按照《个人所得税法》的规定计算纳税。

(一)每次收入的确定

非居民个人取得劳务报酬所得、稿酬所得、特许权使用费所得的规定为:
(1)属于一次性收入的,以取得该项收入为一次;
(2)属于同一事项连续取得收入的,以1个月内取得的收入为一次。
财产租赁所得,以1个月内取得的收入为一次。
利息、股息、红利所得,以支付利息、股息、红利时取得的收入为一次。
偶然所得,以每次取得该项收入为一次。

(二)应纳税所得额和费用减除标准

1. 居民个人取得的综合所得

居民个人取得综合所得,以每年收入额减除费用60 000元以及专项扣除、专项附加扣除和依法确定的其他扣除后的余额,为应纳税所得额。有关规定如下:
(1)专项扣除,包括居民个人按照国家规定的范围和标准缴纳的基本养老保险、基本医疗保险、失业保险等社会保险费和住房公积金等;
(2)专项附加扣除,包括子女教育、继续教育、大病医疗、住房贷款利息或者住房租金、赡养老人、3岁以下婴幼儿照护等支出,具体范围、标准和实施步骤由国务院确定,并报全国人民代表大会常务委员会备案;
(3)依法确定的其他扣除,包括个人缴付符合国家规定的企业年金、职业年金,个人购买的符合国家规定的商业健康保险、税收递延型商业养老保险的支出,以及国务院规定可以扣除的其他项目;
(4)专项扣除、专项附加扣除和依法确定的其他扣除,以居民个人1个纳税年度的应纳税所得额为限额,1个纳税年度扣除不完的,不结转以后年度扣除。

2. 非居民个人的部分所得

非居民个人的工资、薪金所得,以每月收入额减除费用5 000元后的余额为应纳税所得额;劳务报酬所得、稿酬所得、特许权使用费所得,以每次收入额为应纳税所得额。

3. 经营所得

经营所得,以每一纳税年度的收入总额减除成本、费用以及损失后的余额,为应纳税所得额。
所称成本、费用,是指生产、经营活动中发生的各项直接支出和分配计入成本的间接费用以及销售费用、管理费用、财务费用;所称损失,是指生产、经营活动中发生的固定资产和存货的盘亏、毁损、报废损失，转让财产损失，坏账损失，自然灾害等不可抗力因素造成的损失以及其他损失。

取得经营所得的个人，没有综合所得的，在计算其每一纳税年度的应纳税所得额时，应当减除费用 60 000 元、专项扣除、专项附加扣除以及依法确定的其他扣除。专项附加扣除在办理汇算清缴时减除。

纳税人从事生产、经营活动，未提供完整、准确的纳税资料，不能正确计算应纳税所得额的，由主管税务机关核定其应纳税所得额或者应纳税额。

个人独资企业的投资者以全部生产经营所得为应纳税所得额；合伙企业的投资者按照合伙企业的全部生产经营所得和合伙协议约定的分配比例，确定应纳税所得额，合伙协议没有约定分配比例的，以全部生产经营所得和合伙人数量为标准平均计算每个投资者的应纳税所得额。

上述所称生产经营所得，包括企业分配给投资者个人的所得和企业当年留存的所得（利润）。

对个体工商户业主、个人独资企业和合伙企业自然人投资者的生产经营所得依法计征个人所得税时，个体工商户业主、个人独资企业和合伙企业自然人投资者本人的费用扣除标准统一确定为 60 000 元/年（5 000 元/月）。

对企事业单位的承包经营、承租经营所得，以每一纳税年度的收入总额，减除必要费用后的余额，为应纳税所得额。这里的每一纳税年度的收入总额，是指纳税义务人按照承包经营、承租经营合同规定分得的经营利润和工资、薪金性质的所得；这里所说的减除必要费用，是指按年减除 60 000 元。

4. 财产租赁所得

财产租赁所得，每次收入不超过 4 000 元的，减除费用 800 元；4 000 元以上的，减除 20% 的费用，其余额为应纳税所得额。

5. 财产转让所得

财产转让所得，以转让财产的收入额减除财产原值和合理费用后的余额，为应纳税所得额。财产原值，按照下列方法计算：

(1) 有价证券，为买入价以及买入时按照规定缴纳的有关费用；
(2) 建筑物，为建造费或者购进价格以及其他有关费用；
(3) 土地使用权，为取得土地使用权所支付的金额、开发土地的费用以及其他有关费用；
(4) 机器设备、车船，为购进价格、运输费、安装费以及其他有关费用；
(5) 其他财产，参照以上方法确定。

纳税义务人未提供完整、准确的财产原值凭证，不能正确计算财产原值的，由主管税务机关核定其财产原值。

合理费用，是指卖出财产时按照规定支付的有关费用。

6. 利息、股息、红利所得和偶然所得

利息、股息、红利所得和偶然所得，以每次收入额为应纳税所得额。

7. 专项附加扣除标准

专项附加扣除是本次《个人所得税法》修订后引入的新的费用扣除标准，遵循公平合理、利于民生、简便易行的原则，目前包含了子女教育、继续教育、大病医疗、住房贷款利息、住房租金、赡养老人、3岁以下婴幼儿照护7项支出，并将根据教育、医疗、住房、养老等民生支出变化情况，适时调整专项附加扣除的范围和标准。取得综合所得和经营所得的居民个人可以享受专项附加扣除。

专栏 5-1 个人所得税专项附加扣除信息表

1）子女教育

纳税人年满3岁的子女接受学前教育和学历教育的相关支出，按照每个子女每月2 000元（每年24 000元）的标准定额扣除。

学前教育包括年满3岁至小学入学前教育；学历教育包括义务教育（小学、初中教育）、高中阶段教育（普通高中、中等职业、技工教育）、高等教育（大学专科、大学本科、硕士研究生、博士研究生教育）。

父母可以选择由其中一方按扣除标准的100%扣除，也可以选择由双方分别按扣除标准的50%扣除，具体扣除方式在1个纳税年度内不能变更。

纳税人子女在中国境外接受教育的，纳税人应当留存境外学校录取通知书、留学签证等相关教育的证明资料备查。

2）继续教育

纳税人在中国境内接受学历（学位）继续教育的支出，在学历（学位）教育期间按照每月400元（每年4 800元）定额扣除。同一学历（学位）继续教育的扣除期限不能超过48个月（4年）。纳税人接受技能人员职业资格继续教育、专业技术人员职业资格继续教育支出，在取得相关证书的当年，按照3 600元定额扣除。

个人接受本科及以下学历（学位）继续教育，符合税法规定扣除条件的，可以选择由其父母扣除，也可以选择由本人扣除。

纳税人接受技能人员职业资格继续教育、专业技术人员职业资格继续教育的，应当留存相关证书等资料备查。

3）大病医疗

在1个纳税年度内，纳税人发生的与基本医保相关的医药费用支出，扣除医保报销后个人负担（指医保目录范围内的自付部分）累计超过15 000元的部分，由纳税人在办理年度汇算清缴时，在80 000元限额内据实扣除。

纳税人发生的医药费用支出可以选择由本人或者其配偶扣除；未成年子女发生的医药费用支出可以选择由其父母一方扣除。纳税人及其配偶、未成年子女发生的医药费用支出，应按前述规定分别计算扣除额。

纳税人应当留存医药服务收费及医保报销相关票据原件（或复印件）等资料备查。医疗保障部门应当向患者提供在医疗保障信息系统记录的本人年度医药费用信息查询服务。

4）住房贷款利息

纳税人本人或配偶，单独或共同使用商业银行或住房公积金个人住房贷款，为本人或其配偶购买中国境内住房，发生的首套住房贷款利息支出，在实际发生贷款利息的年度，按照每月1 000元（每年12 000元）的标准定额扣除，扣除期限最长不超过240个月（20年）。纳税人只能享受一套首套住房贷款利息扣除。

所称首套住房贷款是指购买住房享受首套住房贷款利率的住房贷款。

经夫妻双方约定，可以选择由其中一方扣除，具体扣除方式确定后，在1个纳税年度内不得变更。

夫妻双方婚前分别购买住房发生的首套住房贷款，其贷款利息支出，婚后可以选择其中一套购买的住房，由购买方按扣除标准的100%扣除，也可以由夫妻双方对各自购买的住房分别按扣除标准的50%扣除，具体扣除方式在1个纳税年度内不能变更。

纳税人应当留存住房贷款合同、贷款还款支出凭证备查。

5）住房租金

纳税人在主要工作城市没有自有住房而发生的住房租金支出，可以按照以下标准定额扣除。

直辖市、省会（首府）城市、计划单列市以及国务院确定的其他城市，扣除标准为每月1 500元（每年18 000元）。除上述所列城市外，市辖区户籍人口超过100万的城市，扣除标准为每月1 100元（每年13 200元）；市辖区户籍人口不超过100万的城市，扣除标准为每月800元（每年9 600元）。

市辖区户籍人口，以国家统计局公布的数据为准。

所称主要工作城市是指纳税人任职受雇的直辖市、计划单列市、副省级城市、地级市（地区、州、盟）全部行政区域范围；纳税人无任职受雇单位的，为受理其综合所得汇算清缴的税务机关所在城市。

夫妻双方主要工作城市相同的，只能由一方扣除住房租金支出。

住房租金支出由签订租赁住房合同的承租人扣除。

纳税人及其配偶在1个纳税年度内不得同时分别享受住房贷款利息专项附加扣除和住房租金专项附加扣除。

纳税人应当留存住房租赁合同、协议等有关资料备查。

6）赡养老人

纳税人赡养一位及以上被赡养人的赡养支出，统一按以下标准定额扣除。

(1)纳税人为独生子女的，按照每月3 000元（每年36 000元）的标准定额扣除。

(2)纳税人为非独生子女的，由其与兄弟姐妹分摊每月3 000元（每年36 000元）的扣除额度，每人分摊的额度最高不得超过每月1 500元（每年18 000元）。可以由赡养人均摊或者约定分摊，也可以由被赡养人指定分摊。约定或者指定分摊的须签订书面分摊协议，指定分摊优于约定分摊。具体分摊方式和额度在1个纳税年度内不得变更。

所称被赡养人是指年满 60 岁的父母,以及子女均已去世的年满 60 岁的祖父母、外祖父母。

7) 3 岁以下婴幼儿照护

纳税人照护 3 岁以下婴幼儿子女的相关支出,按照每个婴幼儿每月 2 000 元的标准定额扣除。

父母可以选择由其中一方按扣除标准的 100% 扣除,也可以选择由双方分别按扣除标准的 50% 扣除,具体扣除方式在 1 个纳税年度内不能变更。

(三) 应纳税所得额的其他规定

劳务报酬所得、稿酬所得、特许权使用费所得以收入减除 20% 的费用后的余额为收入额。稿酬所得的收入额减按 70% 计算。个人兼有不同的劳务报酬所得,应当分别减除费用,计算缴纳个人所得税。

个人将其所得对教育、扶贫、济困等公益慈善事业进行捐赠,捐赠额未超过纳税人申报的应纳税所得额 30% 的部分,可以从其应纳税所得额中扣除;国务院规定对公益慈善事业捐赠实行全额税前扣除的,从其规定。这里所称个人将其所得对教育、扶贫、济困等公益慈善事业进行捐赠,是指个人将其所得通过中国境内的公益性社会组织、国家机关向教育、扶贫、济困等公益慈善事业的捐赠;所称应纳税所得额,是指计算扣除捐赠额之前的应纳税所得额。

个人所得的形式,包括现金、实物、有价证券和其他形式的经济利益;所得为实物的,应当按照取得的凭证上所注明的价格计算应纳税所得额,无凭证的实物或者凭证上所注明的价格明显偏低的,参照市场价格核定应纳税所得额;所得为有价证券的,根据票面价格和市场价格核定应纳税所得额;所得为其他形式的经济利益的,参照市场价格核定应纳税所得额。

居民个人从中国境外取得的所得,可以从其应纳税额中抵免已在境外缴纳的个人所得税税额,但抵免额不得超过该纳税人境外所得依照税法规定计算的应纳税额。

所得为人民币以外货币的,按照办理纳税申报或者扣缴申报的上一月最后一日人民币汇率中间价,折合成人民币计算应纳税所得额。年度终了后办理汇算清缴的,对已经按月、按季或者按次预缴税款的人民币以外货币所得,不再重新折算;对应当补缴税款的所得部分,按照上一纳税年度最后一日人民币汇率中间价,折合成人民币计算应纳税所得额。

对个人从事技术转让、提供劳务等过程中所支付的中介费,如能提供有效、合法凭证的,允许从其所得中扣除。

第三节 税收优惠

《个人所得税法》及其《实施条例》以及财政部、国家税务总局的若干规定等,都对个人所得项目给予了减税、免税的优惠。下面先逐项讨论免征优惠,再讨论减征优惠。

一、免征个人所得税的优惠

免征个人所得税的优惠政策规定主要包括如下若干项。

(1)省级人民政府、国务院部委和中国人民解放军军以上单位,以及外国组织颁发(颁布)的科学、教育、技术、文化、卫生、体育、环境保护等方面的奖金(奖学金)。

(2)国债和国家发行的金融债券利息。国债利息,是指个人持有中华人民共和国财政部发行的债券而取得的利息所得和2012年及以后年度发行的地方政府债券(以省、自治区、直辖市和计划单列市政府为发行和偿还主体)取得的利息所得;国家发行的金融债券利息,是指个人持有经国务院批准发行的金融债券而取得的利息所得。

(3)按照国家统一规定发给的补贴、津贴。按照国家统一规定发给的补贴、津贴,是指按照国务院规定发给的政府特殊津贴、院士津贴,以及国务院规定免予缴纳个人所得税的其他补贴、津贴。

(4)福利费、抚恤金、救济金。福利费,是指根据国家有关规定,从企业、事业单位、国家机关、社会团体提留的福利费或者工会经费中支付给个人的生活补助费;救济金,是指各级人民政府民政部门支付给个人的生活困难补助费。

(5)保险赔款。

(6)军人的转业费、复员费。对退役士兵按照《退役士兵安置条例》规定,取得的一次性退役金以及地方政府发放的一次性经济补助,免征个人所得税。

(7)按照国家统一规定发给干部、职工的安家费、退职费、基本养老金或者退休费、离休费、离休生活补助费。

(8)依照我国有关法律规定应予免税的各国驻华使馆、领事馆的外交代表、领事官员和其他人员的所得。

(9)中国政府参加的国际公约以及签订的协议中规定免税的所得。

(10)对乡、镇(含乡、镇)以上人民政府或经县(含县)以上人民政府主管部门批准成立的有机构、有章程的见义勇为基金或者类似性质组织,奖励见义勇为者的奖金或奖品,经主管税务机关核准,免征个人所得税。

(11)企业和个人按照省级以上人民政府规定的比例缴付的住房公积金、医疗保险金、基本养老保险金、失业保险金,允许在个人应纳税所得额中扣除,免予征收个人所得税。超过规定的比例缴付的部分并入个人当期的工资、薪金收入,计征个人所得税。

个人领取原提存的住房公积金、医疗保险金、基本养老保险金时,免予征收个人所得税。

对按照国家或省级地方政府规定的比例缴付的住房公积金、医疗保险金、基本养老保险金和失业保险金存入银行个人账户所取得的利息收入,免征个人所得税。

(12)对个人取得的教育储蓄存款利息所得以及国务院财政部门确定的其他专项储蓄存款或者储蓄性专项基金存款的利息所得,免征个人所得税。自 2008 年 10 月 9 日起,对居民储蓄存款利息,暂免征收个人所得税。

(13)储蓄机构内从事代扣代缴工作的办税人员取得的扣缴利息税手续费所得,免征个人所得税。

(14)生育妇女按照县级以上人民政府根据国家有关规定制定的生育保险办法,取得的生育津贴、生育医疗费或其他属于生育保险性质的津贴、补贴,免征个人所得税。

(15)对工伤职工及其近亲属按照《工伤保险条例》规定取得的工伤保险待遇,免征个人所得税。工伤保险待遇,包括工伤职工按照《工伤保险条例》规定取得的一次性伤残补助金、伤残津贴、一次性工伤医疗补助金、一次性伤残就业补助金、工伤医疗待遇、住院伙食补助费、外地就医交通食宿费用、工伤康复费用、辅助器具费用、生活护理费等,以及职工因工死亡,其近亲属按照《工伤保险条例》规定取得的丧葬补助金、供养亲属抚恤金和一次性工亡补助金等。

(16)对个体工商户或个人,以及个人独资企业和合伙企业从事种植业、养殖业、饲养业和捕捞业取得的所得暂不征收个人所得税。

(17)个人举报、协查各种违法、犯罪行为而获得的奖金。

(18)个人办理代扣代缴税款手续,按规定取得的扣缴手续费。

(19)个人转让自用达 5 年以上并且是唯一的家庭生活用房取得的所得。

(20)对达到离休、退休年龄,但确因工作需要,适当延长离休、退休年龄的高级专家,其在延长离休、退休期间的工资、薪金所得,视同退休工资、离休工资免征个人所得税。

(21)外籍个人从外商投资企业取得的股息、红利所得。

(22)符合条件的外籍专家取得的工资、薪金所得可免征个人所得税。

(23)对被拆迁人按照国家有关城镇房屋拆迁管理办法规定的标准取得的拆迁补偿款(含因棚户区改造而取得的拆迁补偿款),免征个人所得税。

(24)对个人投资者从投保基金公司取得的行政和解金,暂免征收个人所得税。

(25)对个人转让上市公司股票取得的所得暂免征收个人所得税。自 2008 年 10 月 9 日起,对证券市场个人投资者取得的证券交易结算资金利息所得,暂免征收个人所得税,即证券市场个人投资者的证券交易结算资金在 2008 年 10 月 9 日后(含 10 月 9 日)孳生的利息所得,暂免征收个人所得税。

(26)个人从公开发行和转让市场取得的上市公司股票,持股期限超过 1 年的,股息、红利所得暂免征收个人所得税。个人从公开发行和转让市场取得的上市公司股票,持股期限在 1 个月以内(含 1 个月)的,其股息、红利所得全额计入应纳税所得额;持股期限在 1 个月以上至 1 年(含 1 年)的,股息、红利所得暂减按 50%计入应纳税所得额;上述所得统一适用 20%的税率计征个人所得税。本规定自 2015 年 9 月 8 日起施行。

自 2019 年 7 月 1 日起至 2024 年 6 月 30 日止,全国中小企业股份转让系统挂牌公司股息、红利差别化个人所得税政策也按上述政策执行。

(27)个人取得的下列中奖所得,暂免征收个人所得税。

① 单张有奖发票奖金所得不超过 800 元(含 800 元)的,暂免征收个人所得税;个人取得单张有奖发票奖金所得超过 800 元的,应全额按照税法规定的"偶然所得"项目征收个人所得税。

② 购买社会福利有奖募捐奖券、体育彩票一次中奖收入不超过 10 000 元的暂免征收个人所得税;对一次中奖收入超过 10 000 元的,应按税法规定全额征税。

(28)乡镇企业的职工和农民取得的青苗补偿费,属种植业的收益范围,同时,也属经济损失的补偿性收入,暂不征收个人所得税。

(29)对由亚洲开发银行支付给我国公民或国民(包括为亚洲开发银行执行任务的专家)的薪金和津贴,凡经亚洲开发银行确认这些人员为亚洲开发银行雇员或执行项目专家的,其取得的符合我国税法规定的有关薪金和津贴等报酬,免征个人所得税。

(30)对法律援助人员按照《中华人民共和国法律援助法》规定获得的法律援助补贴,免征个人所得税。法律援助机构向法律援助人员支付法律援助补贴时,应当为获得补贴的法律援助人员办理个人所得税劳务报酬所得免税申报。

(31)经国务院财政部门批准免税的所得。

二、减征个人所得税的优惠

有下列情形之一的,可以减征个人所得税,具体幅度和期限,由省、自治区、直辖市人民政府规定,并报同级人民代表大会常务委员会备案:

(1)残疾、孤老人员和烈属的所得;

(2)因自然灾害遭受重大损失的。

国务院可以规定其他减税情形,报全国人民代表大会常务委员会备案。

第四节 应纳税额的计算

依照税法规定的适用税率和费用扣除标准,各项所得的应纳税额计算如下。

一、居民个人综合所得应纳税额的计算

首先,工资、薪金所得全额计入收入额;而劳务报酬所得、特许权使用费所得的收入额为实际取得劳务报酬、特许权使用费收入的 80%;此外,稿酬所得的收入额在扣除 20% 费用的基础上,再减按 70% 计算,即稿酬所得的收入额为实际取得稿酬收入的 56%。

其次，居民个人的综合所得，以每一纳税年度的收入额减除费用60 000元以及专项扣除、专项附加扣除和依法确定的其他扣除后的余额，为应纳税所得额。

居民个人综合所得应纳税额的计算公式为：

应纳税额 = $\sum$（每一级数的全年应纳税所得额 × 对应级数的适用税率）

= $\sum$［每一级数（全年收入额 − 60 000元 − 专项扣除 − 享受的专项附加扣除 − 享受的其他扣除）× 对应级数的适用税率］

【注意】 由于居民个人的全年综合所得在计算应纳个人所得税税额时，适用的是超额累进税率，所以，计算比较烦琐。运用速算扣除数计算法，可以简化计算过程。

速算扣除数是指在采用超额累进税率征税的情况下，根据超额累进税率表中划分的应纳税所得额级距和税率，先用全额累进方法计算出税额，再减去用超额累进方法计算的应征税额以后的差额。当超额累进税率表中的级距和税率确定以后，各级速算扣除数也固定不变，成为计算应纳税额时的常数。虽然税法中没有提供含有速算扣除数的税率表，但我们可以利用上述原理整理出包含有速算扣除数的居民个人全年综合所得个人所得税税率表（见表5-3）。

表5-3 综合所得个人所得税税率表（含速算扣除数）

级数	全年应纳税所得额	税率(%)	速算扣除数(元)
1	不超过36 000元的	3	0
2	超过36 000元至144 000元的部分	10	2 520
3	超过144 000元至300 000元的部分	20	16 920
4	超过300 000元至420 000元的部分	25	31 920
5	超过420 000元至660 000元的部分	30	52 920
6	超过660 000元至960 000元的部分	35	85 920
7	超过960 000元的部分	45	181 920

这样，居民个人综合所得应纳税额的计算公式应为：

应纳税额 = 全年应纳税所得额 × 适用税率 − 速算扣除数

= （全年收入额 − 60 000元 − 专项扣除、专项附加扣除和依法确定的其他扣除）× 适用税率 − 速算扣除数

= ［工资、薪金收入额 + 劳务报酬收入 × (1−20%) + 稿酬收入 × (1−20%) × 70% + 特许权使用费收入 × (1−20%) − 60 000元 − 专项扣除、专项附加扣除和依法确定的其他扣除］× 适用税率 − 速算扣除数

◇ **同步案例5-1**

假定某居民个人纳税人2023年扣除"三险一金"后共取得含税工资收入180 000元，除住房贷款专项附加扣除外，该纳税人不享受其余专项附加扣除和税法规定的其他扣除。计算其当年应纳个人所得税税额。

【解析】

(1) 全年应纳税所得额＝180 000－60 000－12 000＝108 000(元)

(2) 应纳税额＝108 000×10%－2 520＝8 280(元)

◇ 同步案例5-2

假定某居民个人纳税人2023年交完社保和住房公积金后共取得税前工资收入20万元，劳务报酬10 000元，稿酬30 000元。该纳税人因抚养3岁以下婴幼儿和赡养老人，每月可享受专项附加扣除4 000元。计算其当年应纳个人所得税税额。

【解析】

(1) 全年应纳税所得额＝200 000＋10 000×(1－20%)＋30 000×70%×(1－20%)－60 000－4 000×12＝116 800(元)

(2) 应纳税额＝116 800×10%－2 520＝9 160(元)

需要注意的是，2027年12月31日前，居民个人取得全年一次性奖金，可不并入当年综合所得，单独计算缴纳个人所得税。全年一次性奖金是指行政机关、企事业单位等扣缴义务人根据其全年经济效益和对雇员全年工作业绩的综合考核情况，向雇员发放的一次性奖金。一次性奖金也包括年终加薪、实行年薪制和绩效工资办法的单位根据考核情况兑现的年薪和绩效工资。对居民个人取得的全年一次性奖金单独计算缴纳个人所得税时，由扣缴义务人发放时代扣代缴，即将居民个人取得的全年一次性奖金，除以12个月，按其商数依照按月换算后的综合所得税率表确定适用税率和速算扣除数(见表5-4)。

表5-4 按月换算后的综合所得税率表

级数	月应纳税所得额	税率(%)	速算扣除数(元)
1	不超过3 000元的	3	0
2	超过3 000元至12 000元的部分	10	210
3	超过12 000元至25 000元的部分	20	1 410
4	超过25 000元至35 000元的部分	25	2 660
5	超过35 000元至55 000元的部分	30	4 410
6	超过55 000元至80 000元的部分	35	7 160
7	超过80 000元的部分	45	15 160

在1个纳税年度内,对每一个纳税人,该计税办法只允许采用一次。

实行年薪制和绩效工资的单位,居民个人取得年终兑现的年薪和绩效工资,其个人所得税按上述方法执行。居民个人取得全年一次性奖金,也可以选择并入当年综合所得计算纳税。

居民个人取得除全年一次性奖金以外的其他各种名目奖金,如半年奖、季度奖、加班奖、先进奖、考勤奖等,一律与当月工资、薪金收入合并,按税法规定缴纳个人所得税。

◇ **同步案例5-3**

假定中国居民个人李某2023年在我国境内1—12月每月的税后工资为7 000元,当年度12月31日又一次性领取年终含税奖金72 000元。李某选择年终奖单独计税,不并入综合所得计税。请计算李某取得年终奖金应缴纳的个人所得税。

【解析】

(1)年终奖金适用的税率和速算扣除数为:按12个月分摊后,每月的奖金=72 000÷12=6 000(元),根据工资、薪金七级超额累进税率的规定,适用的税率和速算扣除数分别为10%、210元。

(2)该笔年终奖应缴纳的个人所得税为:

应纳税额=年终奖金收入×适用的税率-速算扣除数
      =72 000×10%-210=6 990(元)

二、全员全额扣缴申报纳税(预缴税款)

扣缴义务人向个人支付应税款项时,应当依照《个人所得税法》的规定预扣或者代扣税款,按时缴库,并专项记载备查。

全员全额扣缴申报,是指扣缴义务人应当在代扣税款的次月15日内,向主管税务机关报送其支付所得的所有个人的有关信息、支付所得数额、扣除事项和数额、扣缴税款的具体数额和总额以及其他相关涉税信息资料。这种方法有利于控制税源、防止漏税和逃税。

根据《个人所得税法》及其《实施条例》、《税收征收管理法》及其《实施细则》的有关规定,国家税务总局制定下发了《个人所得税扣缴申报管理办法(试行)》(以下简称《管理办法》)。自2019年1月1日起执行的《管理办法》,对扣缴义务人和代扣预扣税款的范围、不同项目所得扣缴方法、扣缴义务人的义务及应承担的责任等内容做了明确规定。

（一）扣缴义务人和代扣预扣税款的范围

扣缴义务人，是指向个人支付所得的单位或者个人。所称支付，包括现金支付、汇拨支付、转账支付和以有价证券、实物以及其他形式的支付。

实行个人所得税全员全额扣缴申报的应税所得包括：工资、薪金所得；劳务报酬所得；稿酬所得；特许权使用费所得；利息、股息、红利所得；财产租赁所得；财产转让所得；偶然所得。扣缴义务人应当依法办理全员全额扣缴申报。

（二）不同项目所得的扣缴方法

1.居民个人取得工资、薪金所得的扣缴办法

（1）扣缴义务人向居民个人支付工资、薪金所得时，应当按照累计预扣法计算预扣税款，并按月办理扣缴申报。居民个人取得全年一次性奖金、半年奖、季度奖、加班奖、先进奖、考勤奖等各种名目奖金时，也须与当月工资、薪金收入合并，按税法规定缴纳（扣缴）个人所得税。

累计预扣法，是指扣缴义务人在1个纳税年度内预扣预缴税款时，以纳税人在本单位截至当前月份工资、薪金所得累计收入减除累计免税收入、累计减除费用、累计专项扣除、累计专项附加扣除和累计依法确定的其他扣除后的余额为累计预扣预缴应纳税所得额，适用居民个人工资、薪金所得预扣预缴率表（见表5-5），计算累计应预扣预缴税额，再减除累计减免税额和累计已预扣预缴税额，其余额为本期应预扣预缴税额。余额为负值时，暂不退税。纳税年度终了后余额仍为负值时，由纳税人通过办理综合所得年度汇算清缴，税款多退少补。

表5-5　居民个人工资、薪金所得预扣预缴率表

级数	累计预扣预缴应纳税所得额	预扣率（%）	速算扣除数（元）
1	不超过36 000元的	3	0
2	超过36 000元至144 000元的部分	10	2 520
3	超过144 000元至300 000元的部分	20	16 920
4	超过300 000元至420 000元的部分	25	31 920
5	超过420 000元至660 000元的部分	30	52 920
6	超过660 000元至960 000元的部分	35	85 920
7	超过960 000元的部分	45	181 920

具体计算公式为：

本期应预扣预缴税额＝（累计预扣预缴应纳税所得额×预扣率－速算扣除数）－累计减免税额－累计已预扣预缴税额

累计预扣预缴应纳税所得额＝累计收入－累计免税收入－累计减除费用－累计专项扣除－累计专项附加扣除－累计依法确定的其他扣除

【注意】 累计减除费用,按照 5 000 元/月乘以纳税人当年截至本月在本单位的任职受雇月份数计算。

居民个人向扣缴义务人提供有关信息并依法要求办理专项附加扣除的,扣缴义务人应当按照规定在工资、薪金所得按月预扣预缴税款时予以扣除,不得拒绝。

年度预扣预缴税额与年度应纳税额不一致的,由居民个人于次年 3 月 1 日至 6 月 30 日向主管税务机关办理综合所得年度汇算清缴,税款多退少补。

◇ **同步案例5-4**

某居民个人2023年每月取得工资收入20 000元,每月缴纳社保费用和住房公积金6 500元,该居民个人全年每月均享受赡养老人专项附加扣除3 000元,无其他专项附加扣除,请计算该居民个人的工资、薪金扣缴义务人2023年每月代扣代缴的税款金额。

【解析】

(1)2023年1月:

累计预扣预缴应纳税所得额＝累计收入－累计免税收入－累计基本减除费用－
累计专项扣除－累计专项附加扣除－
累计依法确定的其他扣除
＝20 000－6 500－5 000－3 000＝5 500(元)

本期应预扣预缴税额＝5 500×3％－0＝165(元)

(2)2023年2月:

累计预扣预缴应纳税所得额＝累计收入－累计免税收入－累计基本减除费用－
累计专项扣除－累计专项附加扣除－
累计依法确定的其他扣除
＝20 000×2－6 500×2－2 500×2－3 000×2
＝11 000(元)

本期应预扣预缴税额＝(16 000×3％－0)－累计减免税额－累计已预扣预缴税额
＝330－165＝165(元)

(3)以此类推,2023年12月:

累计预扣预缴应纳税所得额＝累计收入－累计免税收入－累计基本减除费用－
累计专项扣除－累计专项附加扣除－
累计依法确定的其他扣除
＝20 000×12－60 000－6 500×12－3 000×12
＝66 000(元)

本期应预扣预缴税额＝(66 000×10％－2 520)－累计减免税额－
累计已预扣预缴税额
＝4 080－165×6－340－550×4＝550(元)

(2) 自 2020 年 7 月 1 日起,对 1 个纳税年度内首次取得工资、薪金所得的居民个人,扣缴义务人在预扣预缴个人所得税时,可按照 5 000 元/月乘以纳税人当年截至本月月份数计算累计减除费用。

所称首次取得工资、薪金所得的居民个人,是指自纳税年度首月起至新入职时,未取得工资、薪金所得或者未按照累计预扣法预扣预缴过连续性劳务报酬所得个人所得税的居民个人。

◇ 同步案例5-5

大学生小李 2023 年 7 月毕业后进入某公司工作,公司发放 7 月份工资并计算当期应预扣预缴的个人所得税时,可减除多少费用?
【解析】
可减除费用 35 000 元(7 个月×5 000 元/月)。

(3) 自 2021 年 1 月 1 日起,对同时符合下列第①—③项条件的居民个人,扣缴义务人在预扣预缴本年度工资、薪金所得个人所得税时,累计减除费用自 1 月份起直接按照全年 60 000 元计算扣除。即在纳税人累计收入不超过 60 000 元的月份,暂不预扣预缴个人所得税;在其累计收入超过 60 000 元的当月及年内后续月份,再预扣预缴个人所得税。

① 上一纳税年度 1—12 月均在同一单位任职且预扣预缴申报了工资、薪金所得个人所得税;

② 上一纳税年度 1—12 月的累计工资、薪金收入(包括全年一次性奖金等各类工资、薪金所得,且不扣减任何费用及免税收入)不超过 60 000 元;

③ 本纳税年度自 1 月起,仍在该单位任职受雇并取得工资、薪金所得。

扣缴义务人应当按规定办理全员全额扣缴申报,并在《个人所得税扣缴申报表》相应纳税人的备注栏注明"上年各月均有申报且全年收入不超过 60 000 元"字样。

需要说明的是,对符合上述第(3)项第①—③条的纳税人,如扣缴义务人预计本年度发放给其的收入将超过 60 000 元,纳税人需要纳税记录或者本人有多处所得合并后全年收入预计超过 60 000 元等原因,扣缴义务人与纳税人可在当年 1 月份税款扣缴申报前经双方确认后,按照第(1)项所示的预扣预缴方法计算并预缴个人所得税。

2. 居民个人取得劳务报酬所得、稿酬所得、特许权使用费所得的扣缴办法

(1) 扣缴义务人向居民个人支付劳务报酬所得、稿酬所得、特许权使用费所得时,应当按照以下方法按次或者按月预扣预缴税款。

① 劳务报酬所得、稿酬所得、特许权使用费所得以收入减除费用后的余额为收入额;其中,稿酬所得的收入额减按 70% 计算。

② 减除费用：预扣预缴税款时，劳务报酬所得、稿酬所得、特许权使用费所得每次收入不超过 4 000 元的，减除费用按 800 元计算；每次收入 4 000 元以上的，减除费用按收入的 20% 计算。

③ 应纳税所得额：劳务报酬所得、稿酬所得、特许权使用费所得，以每次收入额为预扣预缴应纳税所得额，计算应预扣预缴税额。劳务报酬所得适用居民个人劳务报酬所得预扣预缴率表（见表 5-6），稿酬所得、特许权使用费所得适用 20% 的比例预扣率。

表 5-6　居民个人劳务报酬所得预扣预缴率表

级数	预扣预缴应纳税所得额	预扣率(%)	速算扣除数(元)
1	不超过 20 000 元的	20	0
2	超过 20 000 元至 50 000 元的部分	30	2000
3	超过 50 000 元的部分	40	7 000

④ 预扣预缴税额计算公式为：

劳务报酬所得应预扣预缴税额＝预扣预缴应纳税所得额×预扣率－速算扣除数

稿酬所得、特许权使用费所得应预扣预缴税额＝预扣预缴应纳税所得额×20%

居民个人办理年度综合所得汇算清缴时，应当依法计算劳务报酬所得、稿酬所得、特许权使用费所得的收入额，并入年度综合所得计算应纳税款，税款多退少补。

◇ **同步案例5-6**

某歌星一次取得表演收入 50 000 元，扣除 20% 的费用后，应纳税所得额为 40 000 元。请计算其应预扣预缴个人所得税税额。

【解析】

应预扣预缴税额＝预扣预缴应纳税所得额×(1－20%)×预扣率－速算扣除数
　　　　　　　＝50 000×(1－20%)×30%－2 000＝10 000(元)

◇ **同步案例5-7**

某作家为居民个人，2023 年 3 月取得一次未扣除个人所得税的稿酬收入 20 000 元，请计算其应预扣预缴的个人所得税税额。

【解析】

应预扣预缴税额＝预扣预缴应纳税所得额×预扣率
　　　　　　　＝20 000×(1－20%)×70%×20%＝2 240(元)

(2)自2020年7月1日起,正在接受全日制学历教育的学生因实习取得劳务报酬所得的,扣缴义务人预扣预缴个人所得税时,可按照上述规定的累计预扣法计算并预扣预缴税款。

◇ 同步案例5-8

学生小王7月份在某公司实习,取得劳务报酬2 000元。扣缴单位在为其预扣预缴劳务报酬所得个人所得税时,可采取累计预扣法预扣预缴税款。请简述小张2023年度个人所得税的预扣预缴情况。

【解析】

如采用累计预扣法,那么小王7月份的劳务报酬扣除5 000元减除费用后无须预缴税款。如小王年内再无其他综合所得,也就无须办理年度汇算退税。

(3)自2021年1月1日起,对同时符合下列第①—③项条件的居民个人,扣缴义务人在预扣预缴本年度劳务报酬所得个人所得税时,累计减除费用自1月份起直接按照全年60 000元计算扣除。即在纳税人累计收入不超过60 000元的月份,暂不预扣预缴个人所得税;在其累计收入超过60 000元的当月及年内后续月份,再预扣预缴个人所得税。

① 上一纳税年度1—12月均在同一单位取酬且按照累计预扣法预扣预缴申报了劳务报酬所得个人所得税。

② 上一纳税年度1—12月的累计劳务报酬(不扣减任何费用及免税收入)不超过60 000元。

③ 本纳税年度自1月起,仍在该单位取得按照累计预扣法预扣预缴税款的劳务报酬所得。

扣缴义务人应当按规定办理全员全额扣缴申报,并在《个人所得税扣缴申报表》相应纳税人的备注栏注明"上年各月均有申报且全年收入不超过60 000元"字样。

3. 居民个人取得利息、股息、红利所得,财产租赁所得,财产转让所得或者偶然所得的扣缴办法

扣缴义务人支付利息、股息、红利所得,财产租赁所得,财产转让所得或者偶然所得时,应当依法按次或者按月代扣代缴税款。

4. 收入次数的确定

根据不同征税项目的具体情况,个人所得税关于收入次数确定的具体规定如下。

(1)劳务报酬所得、稿酬所得、特许权使用费所得,属于一次性收入的,以取得该项收入为一次;属于同一项目连续性收入的,以1个月内取得的收入为一次。

(2)财产租赁所得,以1个月内取得的收入为一次。

(3)利息、股息、红利所得,以支付利息、股息、红利时取得的收入为一次。

(4)偶然所得,以每次取得该项收入为一次。

5.其他规定

纳税人需要享受税收协定待遇的,应当在取得应税所得时主动向扣缴义务人提出,并提交相关信息资料,扣缴义务人代扣代缴税款时按照享受税收协定待遇有关办法办理。

扣缴义务人未将扣缴的税款解缴入库的,不影响纳税人按照规定申请退税,税务机关应当凭纳税人提供的有关资料办理退税。

(三)扣缴义务人责任与义务

有关个人所得税扣缴义务人责任与义务的规定如下。

(1)支付工资、薪金所得的扣缴义务人应当于年度终了后2个月内,向纳税人提供其个人所得和已扣缴税款等信息。纳税人年度中间需要提供上述信息的,扣缴义务人应当提供。

纳税人取得除工资、薪金所得以外的其他所得,扣缴义务人应当在扣缴税款后,及时向纳税人提供其个人所得和已扣缴税款等信息。

(2)扣缴义务人应当按照纳税人提供的信息计算税款、办理扣缴申报,不得擅自更改纳税人提供的信息。

扣缴义务人发现纳税人提供的信息与实际情况不符的,可以要求纳税人修改。纳税人拒绝修改的,扣缴义务人应当报告税务机关,税务机关应当及时处理。

纳税人发现扣缴义务人提供或者扣缴申报的个人信息、支付所得、扣缴税款等信息与实际情况不符的,有权要求扣缴义务人修改。扣缴义务人拒绝修改的,纳税人应当报告税务机关,税务机关应当及时处理。

(3)扣缴义务人对纳税人提供的《个人所得税专项附加扣除信息表》,应当按照规定妥善保存备查。

(4)扣缴义务人应当依法对纳税人报送的专项附加扣除等相关涉税信息和资料保密。

(5)对扣缴义务人按照规定扣缴的税款,按年付给2%的手续费。这里的税款不包括税务机关、司法机关等查补或者责令补扣的税款。

扣缴义务人领取的扣缴手续费可用于提升办税能力、奖励办税人员。

(6)扣缴义务人依法履行代扣代缴义务,纳税人不得拒绝。纳税人拒绝的,扣缴义务人应当及时报告税务机关。

(7)扣缴义务人有未按照规定向税务机关报送资料和信息、未按照纳税人提供信息虚报虚扣专项附加扣除、应扣未扣税款、不缴或少缴已扣税款、借用或冒用他人身份等行为的,依照《税收征收管理法》等相关法律、行政法规处理。

(四)代扣代缴期限

扣缴义务人每月或者每次预扣、代扣的税款,应当在次月15日内缴入国库,并向税务机关报送《个人所得税扣缴申报表》。

扣缴义务人首次向纳税人支付所得时,应当按照纳税人提供的纳税人识别号等基础信息,填写《个人所得税基础信息表(A 表)》,并于次月扣缴申报时向税务机关报送。

扣缴义务人对纳税人向其报告的相关基础信息变化情况,应当于次月扣缴申报时向税务机关报送。

三、非居民个人取得工资、薪金所得,劳务报酬所得,稿酬所得和特许权使用费所得应纳税额的计算

首先需要明确的是,同居民个人取得的劳务报酬所得、稿酬所得和特许权使用费所得一样,非居民个人取得的这些项目的所得同样适用劳务报酬所得、稿酬所得、特许权使用费所得以收入减除 20%的费用后的余额为收入额、稿酬所得的收入额减按 70%计算的规定。

非居民个人的工资、薪金所得,以每月收入额减除费用 5 000 元后的余额为应纳税所得额;劳务报酬所得、稿酬所得、特许权使用费所得,以每次收入额为应纳税所得额。

前面提到,非居民个人取得工资、薪金所得,劳务报酬所得,稿酬所得和特许权使用费所得,依照表 5-1 按月换算后计算应纳税额。因此,非居民个人从我国境内取得这些所得时,适用的税率见表 5-7。

表 5-7 非居民个人工资、薪金所得,劳务报酬所得,稿酬所得,特许权使用费所得适用税率表

级数	应纳税所得额	税率(%)	速算扣除数(元)
1	不超过 3 000 元的	3	0
2	超过 3 000 元至 12 000 元的部分	10	210
3	超过 12 000 元至 25 000 元的部分	20	1 410
4	超过 25 000 元至 35 000 元的部分	25	2 660
5	超过 35 000 元至 55 000 元的部分	30	4 410
6	超过 55 000 元至 80 000 元的部分	35	7 160
7	超过 80 000 元的部分	45	15 160

◇ **同步案例5-9**

假定在某外商投资企业中工作的某外国专家为我国个人所得税非居民纳税人,2022 年 10 月取得由该企业发放的含税工资收入 18 000 元人民币,此外该专家还从别处取得劳务报酬 55 000 元人民币。请计算当月其应纳个人所得税税额。

【解析】
(1)该非居民个人当月工资、薪金所得应纳税额=(18 000-5 000)×20%-1 410
=1 190(元)
(2)该非居民个人当月劳务报酬所得应纳税额=55 000×(1-20%)×30%-4 410
=8 790(元)

非居民个人取得工资、薪金所得,劳务报酬所得,稿酬所得和特许权使用费所得,有扣缴义务人的,由扣缴义务人按月或者按次代扣代缴税款,不办理汇算清缴。

扣缴义务人向非居民个人支付工资、薪金所得,劳务报酬所得,稿酬所得和特许权使用费所得时,应当按照以下方法按月或者按次代扣代缴税款。

(1)非居民个人的工资、薪金所得,以每月收入额减除费用5 000元后的余额为应纳税所得额。

(2)劳务报酬所得、稿酬所得、特许权使用费所得,以每次收入额为应纳税所得额,适用非居民个人工资、薪金所得,劳务报酬所得,稿酬所得,特许权使用费所得适用税率表(见表5-7)计算应纳税额。劳务报酬所得、稿酬所得、特许权使用费所得以收入减除20%的费用后的余额为收入额,其中,稿酬所得的收入额减按70%计算。

(3)税款扣缴计算公式为:

非居民个人工资、薪金所得,劳务报酬所得,稿酬所得,特许权使用费所得应纳税额=应纳税所得额×税率-速算扣除数

非居民个人在1个纳税年度内税款扣缴方法保持不变,达到居民个人条件时,应当告知扣缴义务人基础信息变化情况,年度终了后按照居民个人有关规定办理汇算清缴。

对于非居民个人取得工资、薪金所得,劳务报酬所得,稿酬所得和特许权使用费所得,扣缴义务人的责任、义务及扣缴期限与前述居民个人取得综合所得时相同。

四、经营所得应纳税额的计算

经营所得应纳税额的计算公式为:

$$应纳税额 = 全年应纳税所得额 \times 适用税率 - 速算扣除数$$

或:

$$应纳税额 = (全年收入总额 - 成本、费用以及损失) \times 适用税率 - 速算扣除数$$

同居民个人综合所得应纳税额的计算一样,利用税法给出的经营所得税税率表,换算得到包含速算扣除数的经营所得适用税率表(见表5-8)。

表5-8 经营所得个人所得税税率表(含速算扣除数)

级数	全年应纳税所得额	税率(%)	速算扣除数(元)
1	不超过30 000元的	5	0
2	超过30 000元至90 000元的部分	10	1 500
3	超过90 000元至300 000元的部分	20	10 500
4	超过300 000元至500 000元的部分	30	40 500
5	超过500 000元的部分	35	65 500

自2021年1月1日至2022年12月31日,对个体工商户年应纳税所得额不超过100万元的部分,在现行优惠政策基础上,减半征收个人所得税。个体工商户不区分征收方式,均可享受。

减免税额=(个体工商户经营所得应纳税所得额不超过100万元部分的应纳税额-其他政策减免税额×个体工商户经营所得应纳税所得额不超过100万元部分÷经营所得应纳税所得额)×(1-50%)

(一)个体工商户应纳税额的计算

个体工商户应纳税所得额的计算,以权责发生制为原则,属于当期的收入和费用,不论款项是否收付,均作为当期的收入和费用;不属于当期的收入和费用,即使款项已经在当期收付,均不作为当期的收入和费用。财政部、国家税务总局另有规定的除外。基本规定如下。

1.计税基本规定

1)应纳税所得额的确定

个体工商户的生产、经营所得,以每一纳税年度的收入总额,减除成本、费用、税金、损失、其他支出以及允许弥补的以前年度亏损后的余额,为应纳税所得额。

(1)收入的确定

个体工商户从事生产经营以及与生产经营有关的活动(以下简称生产经营)取得的货币形式和非货币形式的各项收入,为收入总额,包括销售货物收入、提供劳务收入、转让财产收入、利息收入、租金收入、接受捐赠收入、其他收入。

其中,其他收入包括个体工商户资产溢余收入、逾期1年以上的未退包装物押金收入、确实无法偿付的应付款项、已作坏账损失处理后又收回的应收款项、债务重组收入、补贴收入、违约金收入、汇兑收益等。

(2)允许扣除的项目

计算个体工商户的个人所得税应纳税所得额时,允许扣除的项目包括如下几项。

① 成本,是指个体工商户在生产经营活动中发生的销售成本、销货成本、业务支出以及其他耗费。

② 费用,是指个体工商户在生产经营活动中发生的销售费用、管理费用和财务费用,已经计入成本的有关费用除外。

③ 税金,是指个体工商户在生产经营活动中发生的除个人所得税和允许抵扣的增值税以外的各项税金及其附加。

④ 损失,是指个体工商户在生产经营活动中发生的固定资产和存货的盘亏、毁损、报废损失,转让财产损失,坏账损失,自然灾害等不可抗力因素造成的损失以及其他损失。

个体工商户发生的损失,减除责任人赔偿和保险赔款后的余额,参照财政部、国家税务总局有关企业资产损失税前扣除的规定扣除。

个体工商户已经作为损失处理的资产,在以后纳税年度又全部收回或者部分收回时,应当计入收回当期的收入。

⑤ 其他支出,是指除成本、费用、税金、损失外,个体工商户在生产经营活动中发生的与生产经营活动有关的、合理的支出。

个体工商户发生的支出应当区分收益性支出和资本性支出。收益性支出在发生当期直接扣除；资本性支出应当分期扣除或者计入有关资产成本，不得在发生当期直接扣除。

上述支出，是指与取得收入直接相关的支出。

除税收法律法规另有规定外，个体工商户实际发生的成本、费用、税金、损失和其他支出，不得重复扣除。

⑥ 亏损，是指个体工商户依照规定计算的应纳税所得额小于0的数额。

(2) 不得扣除的项目

个体工商户的下列支出不得扣除：① 个人所得税税款；② 税收滞纳金；③ 罚金、罚款和被没收财物的损失；④ 不符合扣除规定的捐赠支出；⑤ 赞助支出；⑥ 用于个人和家庭的支出；⑦ 与取得生产经营收入无关的其他支出；⑧ 国家税务总局规定不准扣除的支出。

(3) 补充说明

个体工商户在生产经营活动中，应当分别核算生产经营费用和个人、家庭费用。对于因生产经营与个人、家庭生活混用难以分清的费用，其40%视为与生产经营有关的费用，准予扣除。

个体工商户纳税年度发生的亏损，准予向以后年度结转，用以后年度的生产经营所得弥补，但结转年限最长不得超过5年。

个体工商户使用或者销售存货，按照规定计算的存货成本，准予在计算应纳税所得额时扣除。

个体工商户转让资产，该项资产的净值，准予在计算应纳税所得额时扣除。

个体工商户与企业联营而分得的利润，按"利息、股息、红利所得"项目征收个人所得税。

个体工商户和从事生产、经营的个人，取得与生产、经营活动无关的各项应税所得，应按规定分别计算征收个人所得税。

2) 扣除项目及标准

个体工商户实际支付给从业人员的、合理的工资、薪金支出，准予扣除。个体工商户业主的费用扣除标准，确定为 60 000 元/年。个体工商户业主的工资、薪金支出不得税前扣除。

个体工商户按照国务院有关主管部门或者省级人民政府规定的范围和标准为其业主和从业人员缴纳的基本养老保险费、基本医疗保险费、失业保险费、生育保险费、工伤保险费和住房公积金，准予扣除。个体工商户为从业人员缴纳的补充养老保险费、补充医疗保险费，分别在不超过从业人员工资总额5%标准内的部分据实扣除；超过部分，不得扣除。个体工商户业主本人缴纳的补充养老保险费、补充医疗保险费，以当地（地级市）上年度社会平均工资的3倍为计算基数，分别在不超过该计算基数5%标准内的部分据实扣除；超过部分，不得扣除。

除个体工商户依照国家有关规定为特殊工种从业人员支付的人身安全保险费和财政部、国家税务总局规定可以扣除的其他商业保险费外，个体工商户业主本人或者为从业人员支付的商业保险费，不得扣除。

个体工商户在生产经营活动中发生的合理的不需要资本化的借款费用，准予扣除。个体工商户为购置、建造固定资产、无形资产和经过12个月以上的建造才能达到预定可销售状态的存货发生借款的,在有关资产购置、建造期间发生的合理的借款费用,应当作为资本性支出计入有关资产的成本,依照规定扣除。

个体工商户在生产经营活动中发生的下列利息支出,准予扣除:向金融企业借款的利息支出;向非金融企业和个人借款的利息支出,不超过按照金融企业同期同类贷款利率计算的数额的部分。

个体工商户在货币交易中,以及纳税年度终了时将人民币以外的货币性资产、负债按照期末即期人民币汇率中间价折算为人民币时产生的汇兑损失,除已经计入有关资产成本部分外,准予扣除。

个体工商户向当地工会组织拨缴的工会经费、实际发生的职工福利费支出、职工教育经费支出分别在工资、薪金总额的2%、14%、2.5%的标准内据实扣除。工资、薪金总额是指允许在当期税前扣除的工资、薪金支出数额。职工教育经费的实际发生数额超出规定比例当期不能扣除的数额,准予在以后纳税年度结转扣除。个体工商户业主本人向当地工会组织缴纳的工会经费、实际发生的职工福利费支出、职工教育经费支出,以当地(地级市)上年度社会平均工资的3倍为计算基数,在上述规定的比例内据实扣除。

个体工商户发生的与生产经营活动有关的业务招待费,按照实际发生额的60%扣除,但最高不得超过当年销售(营业)收入的5‰。业主自申请营业执照之日起至开始生产经营之日止所发生的业务招待费,按照实际发生额的60%计入个体工商户的开办费。

个体工商户每一纳税年度发生的与其生产经营活动直接相关的广告费和业务宣传费不超过当年销售(营业)收入15%的部分,可以据实扣除;超过部分,准予在以后纳税年度结转扣除。

个体工商户代其从业人员或者他人负担的税款,不得税前扣除。

个体工商户按照规定缴纳的摊位费、行政性收费、协会会费等,按实际发生数额扣除。

个体工商户根据生产经营活动的需要租入固定资产支付的租赁费,按照以下方法扣除:以经营租赁方式租入固定资产发生的租赁费支出,按照租赁期限均匀扣除;以融资租赁方式租入固定资产发生的租赁费支出,按照规定构成融资租入固定资产价值的部分应当提取折旧费用,分期扣除。

个体工商户参加财产保险,按照规定缴纳的保险费,准予扣除。

个体工商户发生的合理的劳动保护支出,准予扣除。

个体工商户自申请营业执照之日起至开始生产经营之日止所发生的符合规定的费用,除为取得固定资产、无形资产的支出,以及应计入资产价值的汇兑损益、利息支出外,作为开办费,个体工商户可以选择在开始生产经营的当年一次性扣除,也可自生产经营月份起在不短于3年的期限内摊销扣除,但一经选定,不得改变。

开始生产经营之日为个体工商户取得第一笔销售(营业)收入的日期。

个体工商户通过公益性社会团体或者县级以上人民政府及其部门,用于《公益事业捐赠法》规定的公益事业的捐赠,捐赠额不超过其应纳税所得额30%的部分可以据实扣除。

财政部、国家税务总局规定可以全额在税前扣除的捐赠支出项目,按有关规定执行。

个体工商户直接对受益人的捐赠不得扣除。

公益性社会团体的认定,按照财政部、国家税务总局、民政部的有关规定执行。

赞助支出,是指个体工商户发生的与生产经营活动无关的各种非广告性质的支出。

个体工商户研究开发新产品、新技术、新工艺所发生的开发费用,以及研究开发新产品、新技术而购置单台价值在10万元以下的测试仪器和试验性装置的购置费准予直接扣除;单台价值在10万元以上(含10万元)的测试仪器和试验性装置,按固定资产管理,不得在当期直接扣除。

◇ 同步案例5-10

> 某个体工商户账证健全,2022年共取得经营收入为450 000元,准许扣除的成本、费用及相关税金共计200 000元。当年累计已预缴个人所得税18 200元。除经营所得外,业主本人没有其他收入,且享受每个月1 000元的子女教育专项附加扣除。不考虑专项扣除和符合税法规定的其他扣除,请计算该个体工商户2022年度汇算清缴时应申请的个人所得税退税额。
>
> 【解析】
> 纳税人取得经营所得,按年计算个人所得税,由纳税人在月度或季度终了后15日内,向经营管理所在地主管税务机关办理预缴纳税申报;在取得所得的次年3月31日前,向经营管理所在地主管税务机关办理汇算清缴。因此,按照税法规定,先计算全年应纳税所得额,再计算全年应纳税额,并根据全年应纳税额和当年已预缴税额计算出当年应补(退)税额。
>
> (1)全年应纳税所得额=450 000-200 000-60 000-1 000×12=178 000(元)
>
> (2)全年应缴纳个人所得税=178 000×20%-10 500=25 100(元)
>
> (3)该个体工商户2022年度应申请的个人所得税退税额=25 100-18 200
> =6 900(元)

(二)个人独资企业和合伙企业应纳税额的计算

对个人独资企业和合伙企业生产经营所得,其个人所得税应纳税额的计算有以下两种方法:查账征收和核定征收。

1. 查账征收

自2019年1月1日起,个人独资企业和合伙企业投资者的生产经营所得依法计征个人所得税时,个人独资企业和合伙企业投资者本人的费用扣除标准统一确定为60 000元/年,即5 000元/月。投资者的工资不得在税前扣除。

投资者及其家庭发生的生活费用不允许在税前扣除。投资者及其家庭发生的生活费用与企业生产经营费用混合在一起,并且难以划分的,全部视为投资者个人及其家庭发生的生活费用,不允许在税前扣除。

企业生产经营和投资者及其家庭生活共用的固定资产,难以划分的,由主管税务机关根据企业的生产经营类型、规模等具体情况,核定准予在税前扣除的折旧费用的数额或比例。

企业向其从业人员实际支付的合理的工资、薪金支出,允许在税前据实扣除。

企业拨缴的工会经费、发生的职工福利费、职工教育经费支出分别在工资、薪金总额2%、14%、2.5%的标准内据实扣除。

每一纳税年度发生的广告费和业务宣传费用不超过当年销售(营业)收入15%的部分,可据实扣除;超过部分,准予在以后纳税年度结转扣除。

每一纳税年度发生的与其生产经营业务直接相关的业务招待费支出,按照发生额的60%扣除,但最高不得超过当年销售(营业)收入的5‰。

企业计提的各种准备金不得扣除。

投资者兴办两个或两个以上企业的,根据前述规定准予扣除的个人费用,由投资者选择在其中一个企业的生产经营所得中扣除。

企业的年度亏损,允许用本企业下一年度的生产经营所得弥补,下一年度所得不足弥补的,允许逐年延续弥补,但最长不得超过5年。

投资者兴办两个或两个以上企业的,企业的年度经营亏损不能跨企业弥补。

投资者来源于中国境外的生产经营所得,已在境外缴纳所得税的,可以按照《个人所得税法》的有关规定计算扣除已在境外缴纳的所得税。

自2022年1月1日起,持有股权、股票、合伙企业财产份额等权益性投资的个人独资企业、合伙企业,一律适用查账征收方式计征个人所得税。

2. 核定征收

核定征收方式,包括定额征收、核定应税所得率征收以及其他合理的征收方式。

有下列情形之一的,主管税务机关应采取核定征收方式征收个人所得税:

(1)企业依照国家有关规定应当设置但未设置账簿的;

(2)企业虽设置账簿,但账目混乱或者成本资料、收入凭证、费用凭证残缺不全,难以查账的;

(3)纳税人发生纳税义务,未按照规定的期限办理纳税申报,经税务机关责令限期申报,逾期仍不申报的。

实行核定应税所得率征收方式的,应纳所得税额的计算公式为:

$$应纳所得税额 = 应纳税所得额 \times 适用税率$$
$$应纳税所得额 = 收入总额 \times 应税所得率$$

或:

$$应纳税所得额 = 成本费用支出额 \div (1 - 应税所得率) \times 应税所得率$$

应税所得率应按规定的标准执行,见表5-9。

表 5-9　个人所得税核定征收应税所得率表

行业	应税所得率(%)
工业、交通运输业、商业	5～20
建筑业、房地产开发业	7～20
饮食服务业	7～25
娱乐业	20～40
其他行业	10～30

企业经营多业的,无论其经营项目是否单独核算,均应根据其主营项目确定其适用的应税所得率。

实行核定征收的投资者,不能享受个人所得税的优惠政策。

实行查账征收方式的个人独资企业和合伙企业改为核定征收方式后,在查账征收方式下认定的年度经营亏损未弥补完的部分,不得再继续弥补。

取得经营所得的个人,没有综合所得的,计算其每一纳税年度的应纳税所得额时,应当减除费用 60 000 元、专项扣除、专项附加扣除以及依法确定的其他扣除,专项附加扣除在办理汇算清缴时减除。

需要注意的是,自 2022 年 1 月 1 日起,持有股权、股票、合伙企业财产份额等权益性投资的个人独资企业、合伙企业(以下简称独资合伙企业),一律适用查账征收方式计征个人所得税。独资合伙企业应自持有上述权益性投资之日起 30 日内,主动向税务机关报送持有权益性投资的情况。

3. 查账征收和核定征收的共同规定

此外,对于无论是查账征收,还是核定征收的个人独资企业和合伙企业,税法规定如下。

(1)个人独资企业和合伙企业对外投资分回的利息或者股息、红利,不并入企业的收入,而应单独作为投资者个人取得的利息、股息、红利所得,按"利息、股息、红利所得"项目计算缴纳个人所得税。以合伙企业名义对外投资分回利息或者股息、红利的,应按个人独资企业的投资者以全部生产经营所得为应纳税所得额;合伙企业的投资者按照合伙企业的全部生产经营所得和合伙协议约定的分配比例确定应纳税所得额,合伙协议没有约定分配比例的,以全部生产经营所得和合伙人数量平均计算每个投资者的应纳税所得额,确定各个投资者的利息、股息、红利所得,分别按"利息、股息、红利所得"项目计算缴纳个人所得税。

(2)残疾人员投资兴办或参与投资兴办个人独资企业和合伙企业的,残疾人员取得的经营所得,符合各省、自治区、直辖市人民政府规定的减征个人所得税条件的,经本人申请、主管税务机关审核批准,可按各省、自治区、直辖市人民政府规定减征的范围和幅度,减征个人所得税。

(3)企业进行清算时,投资者应当在注销工商登记之前,向主管税务机关结清有关税务事宜。企业的清算所得应当视为年度生产经营所得,由投资者依法缴纳个人所得税。所称清算所得,是指企业清算时的全部资产或者财产的公允价值扣除各项清算费用、损失、负债、以前年度留存的利润后,超过实缴资本的部分。

(4)企业在纳税年度的中间开业,或者由于合并、关闭等原因,使该纳税年度的实际经营期不足12个月的,应当以其实际经营期为1个纳税年度。

五、财产租赁所得应纳税额的计算

(一)应纳税所得额的确定

财产租赁所得一般以个人每次取得的收入,定额或定率减除规定费用后的余额为应纳税所得额。每次收入不超过4 000元的,定额减除费用800元;每次收入在4 000元以上的,定率减除20%的费用。财产租赁所得以1个月内取得的收入为一次。

在确定财产租赁的应纳税所得额时,纳税人在出租财产过程中缴纳的税金和教育费附加,可持完税(缴款)凭证,从其财产租赁收入中扣除。准予扣除的项目除了规定费用和有关税、费外,还包括能够提供有效、准确凭证,证明由纳税人负担的该出租财产实际开支的修缮费用。允许扣除的修缮费用,以每次800元为限。一次扣除不完的,准予在下一次继续扣除,直到扣完为止。

个人出租财产取得的财产租赁收入,在计算缴纳个人所得税时,应依次扣除以下费用:

(1)财产租赁过程中缴纳的税金和国家能源交通重点建设基金、国家预算调节基金、教育费附加;

(2)由纳税人负担的该出租财产实际开支的修缮费用;

(3)税法规定的费用扣除标准。

应纳税所得额的计算公式为:

(1)每次(月)收入不超过4 000元的:

应纳税所得额=每次(月)收入额-准予扣除项目-修缮费用(800元为限)-800元

(2)每次(月)收入超过4 000元的:

应纳税所得额=[每次(月)收入额-准予扣除项目-修缮费用(800元为限)]×(1-20%)

(二)个人房屋转租应纳税额的计算

个人将承租房屋转租取得的租金收入,属于个人所得税应税所得,应按"财产租赁所得"项目计算缴纳个人所得税。具体规定如下。

(1)取得转租收入的个人向房屋出租方支付的租金,凭房屋租赁合同和合法支付凭据允许在计算个人所得税时,从该项转租收入中扣除。

(2)有关财产租赁所得个人所得税税前扣除税费的扣除次序调整为:① 财产租赁过程中缴纳的税费;② 向出租方支付的租金;③ 由纳税人负担的租赁财产实际开支的修缮费用;④ 税法规定的费用扣除标准。

(三)应纳税额的计算方法

财产租赁所得适用20%的比例税率。但对个人按市场价格出租的居民住房取得的

所得,自 2001 年 1 月 1 日起暂减按 10%的税率征收个人所得税。其应纳税额的计算公式为:

$$应纳税额＝应纳税所得额×适用税率$$

◇ **同步案例5-11**

> 刘某于 2023 年 1 月将其自有的面积为 150 平方米的公寓按市场价出租给张某居住。刘某每月取得租金收入 4 000 元,全年租金收入 48 000 元。计算刘某全年租金收入应缴纳的个人所得税(不考虑其他税费)。
>
> 【解析】
> 财产租赁收入以每月内取得的收入为一次,按市场价出租给个人居住适用 10%的税率,因此,刘某每月及全年应纳税额为:
> 每月应纳税额＝4 000×(1－20%)×10%＝320(元)
> 全年应纳税额＝320×12＝3 840(元)

本例在计算个人所得税时未考虑其他税、费。如果对租金收入计征增值税、城市维护建设税、房产税和教育费附加等,还应将其从税前的收入中先扣除后再计算应缴纳的个人所得税。

假定【同步案例5-11】中,当年 2 月,公寓的下水道堵塞,刘某找人修理,发生修理费用 1 000 元,有维修部门的正式收据,则 2 月和 3 月刘某的应纳税额为:

2 月应纳税额＝(4 000－800)×(1－20%)×10%＝256(元)
3 月应纳税额＝(4 000－200)×(1－20%)×10%＝304(元)

在实际征税过程中,有时会出现财产租赁所得的纳税人不明确的情况。对此,在确定财产租赁所得纳税人时,应以产权凭证为依据。无产权凭证的,由主管税务机关根据实际情况确定纳税人。如果产权所有人死亡,在未办理产权继承手续期间,该财产出租且有租金收入的,以领取租金收入的个人为纳税人。

六、财产转让所得应纳税额的计算

(一)一般情况下财产转让所得应纳税额的计算

财产转让所得应纳税额的计算公式为:

应纳税额＝应纳税所得额×适用税率＝(收入总额－财产原值－合理费用)×20%

◇ 同步案例5-12

> 某个人建房一幢，造价400 000元，支付其他费用50 000元。该个人完成建房后将房屋出售，售价700 000元，在售房过程中按规定支付交易费等相关税费30 000元，试计算其应纳个人所得税税额。
>
> 【解析】
> 应纳税所得额＝财产转让收入－财产原值－合理费用
> ＝700 000－(400 000＋50 000)－30 000＝220 000(元)
> 应纳税额＝220 000×20％＝44 000(元)

（二）个人住房转让所得应纳税额的计算

自2006年8月1日起，个人转让住房所得应纳个人所得税的计算具体规定如下。

(1)以实际成交价格为转让收入。纳税人申报的住房成交价格明显低于市场价格且无正当理由的，征收机关有权根据有关信息核定其转让收入，但必须保证各税种的计税价格一致。

(2)纳税人的原购房合同、发票等有效凭证，经税务机关审核后，其房屋原值、转让住房过程中缴纳的税金及有关合理费用允许从转让收入中减除。

（三）房屋赠与个人所得税的计算

以下情形的房屋产权无偿赠与，对当事双方不征收个人所得税：

(1)房屋产权所有人将房屋产权无偿赠与配偶、父母、子女、祖父母、外祖父母、孙子女、外孙子女、兄弟姐妹；

(2)房屋产权所有人将房屋产权无偿赠与对其承担直接抚养或者赡养义务的抚养人或者赡养人；

(3)房屋产权所有人死亡，依法取得房屋产权的法定继承人、遗嘱继承人或者受遗赠人。

除上述情形以外，房屋产权所有人将房屋产权无偿赠与他人的，受赠人因无偿受赠房屋取得的受赠所得，按照"偶然所得"项目缴纳个人所得税，税率为20％。

对受赠人无偿受赠房屋计征个人所得税时，其应纳税所得额为房地产赠与合同上标明的赠与房屋价值减除赠与过程中受赠人支付的相关税费后的余额。赠与合同标明的房屋价值明显低于市场价格或房地产赠与合同未标明赠与房屋价值的，税务机关可依据受赠房屋的市场评估价格或采取其他合理方式确定受赠人的应纳税所得额。

受赠人转让受赠房屋的，以其转让受赠房屋的收入减除原捐赠人取得该房屋的实际购置成本以及赠与和转让过程中受赠人支付的相关税费后的余额为受赠人的应纳税所得额，依法计征个人所得税。受赠人转让受赠房屋价格明显偏低且无正当理由的，税务机关可以依据该房屋的市场评估价格或以其他合理方式确定的价格核定其转让收入。

七、利息、股息、红利所得和偶然所得应纳税额的计算

利息、股息、红利所得和偶然所得应纳税额的计算公式为：

$$应纳税额 = 应纳税所得额 \times 适用税率$$
$$= 每次收入额 \times 20\%$$

八、境外所得的税额扣除

在对纳税人的境外所得征税时，会存在其境外所得已在来源国家或者地区缴税的实际情况。基于国家之间对同一所得应避免双重征税的原则，我国在对纳税人的境外所得行使税收管辖权时，对该所得在境外已纳税额采取了分不同情况从应征税额中予以扣除的做法。

（一）税法规定的抵免原则

居民个人从中国境外取得的所得，可以从其应纳税额中抵免已在境外缴纳的个人所得税税额，但抵免额不得超过该纳税人境外所得依照税法规定计算的应纳税额。

对这条规定需要解释的有如下几条。

(1)已在境外缴纳的个人所得税税额，是指居民个人来源于中国境外的所得，依照该所得来源国家(地区)的法律应当缴纳并且实际已经缴纳的所得税税额。

(2)纳税人境外所得依照税法规定计算的应纳税额，是居民个人抵免已在境外缴纳的综合所得、经营所得以及其他所得的所得税税额的限额(以下简称抵免限额)。除国务院财政、税务主管部门另有规定外，来源于中国境外一个国家(地区)的综合所得抵免限额、经营所得抵免限额以及其他所得抵免限额之和，为来源于该国家(地区)所得的抵免限额。

居民个人在中国境外一个国家(地区)实际已经缴纳的个人所得税税额，低于依照前款规定计算出的来源于该国家(地区)所得的抵免限额的，应当在中国缴纳差额部分的税款；超过来源于该国家(地区)所得的抵免限额的，其超过部分不得在本纳税年度的应纳税额中抵免，但是可以在以后纳税年度来源于该国家(地区)所得的抵免限额的余额中补扣，补扣期限最长不得超过5年。

(3)居民个人申请抵免已在境外缴纳的个人所得税税额，应当提供境外税务机关出具的税款所属年度的有关纳税凭证。

（二）境外来源所得

下列所得，为来源于中国境外的所得。

(1)因任职、受雇、履约等在中国境外提供劳务取得的所得。

(2)中国境外企业以及其他组织支付且负担的稿酬所得。

(3)许可各种特许权在中国境外使用而取得的所得。

(4)在中国境外从事生产、经营活动而取得的与生产、经营活动相关的所得。

(5)从中国境外企业、其他组织以及非居民个人取得的利息、股息、红利所得。

(6)将财产出租给承租人在中国境外使用而取得的所得。

(7)转让中国境外的不动产、转让对中国境外企业以及其他组织投资形成的股票、股权以及其他权益性资产(以下称权益性资产)或者在中国境外转让其他财产取得的所得。但转让对中国境外企业以及其他组织投资形成的权益性资产,该权益性资产被转让前3年(连续36个公历月份)内的任一时间,被投资企业或其他组织的资产公允价值50%以上直接或间接来自位于中国境内的不动产的,取得的所得为来源于中国境内的所得。

(8)中国境外企业、其他组织以及非居民个人支付且负担的偶然所得。

(9)财政部、国家税务总局另有规定的,按照相关规定执行。

(三)居民个人应分项计算当期境外所得应纳税额

居民个人来源于中国境外的综合所得,应当与境内综合所得合并计算应纳税额。

居民个人来源于中国境外的经营所得,应当与境内经营所得合并计算应纳税额。居民个人来源于境外的经营所得,按照《个人所得税法》及其《实施条例》的有关规定计算的亏损,不得抵减其境内或他国(地区)的应纳税所得额,但可以用来源于同一国家(地区)以后年度的经营所得按中国税法规定弥补。

居民个人来源于中国境外的利息、股息、红利所得,财产租赁所得,财产转让所得和偶然所得,不与境内所得合并,应当分别单独计算应纳税额。

(四)居民个人应区分来源国计算境外所得抵免限额

居民个人在1个纳税年度内来源于中国境外的所得,应区分来源国即依照所得来源国家(地区)税收法律规定在中国境外已缴纳的所得税税额允许在抵免限额内从其该纳税年度应纳税额中抵免。

第五节 征收管理

全国通用实行的个人所得税的纳税办法有自行申报纳税和全员全额扣缴申报纳税两种。考虑到本章第四节已经对全员全额扣缴申报纳税方法进行了详细介绍,本节只介绍自行申报纳税方法,随后简略介绍专项附加扣除的操作办法。

此外,《税收征收管理法》还对无法查账征收的纳税人规定了核定征收的方式,但由于核定征收由各地税务局依据自身情况制定当地的细则,因此对此部分内容不做讨论。

一、自行申报纳税

自行申报纳税,是由纳税人自行在税法规定的纳税期限内,向税务机关申报取得的应税所得项目和数额,如实填写个人所得税纳税申报表,并按照税法规定计算应纳税额,据此缴纳个人所得税的一种方法。

(一)应当办理纳税申报的情形

有下列情形之一的,纳税人应当依法办理纳税申报:
(1)取得综合所得需要办理汇算清缴;
(2)取得应税所得,没有扣缴义务人;
(3)取得应税所得,扣缴义务人未扣缴税款;
(4)取得境外所得;
(5)因移居境外注销中国户籍;
(6)非居民个人在中国境内从两处以上取得工资、薪金所得;
(7)国务院规定的其他情形。

(二)取得综合所得需要办理汇算清缴的纳税申报

取得综合所得且符合下列情形之一的纳税人,应当依法办理汇算清缴:
(1)从两处以上取得综合所得,且综合所得年收入额减除专项扣除后的余额超过 60 000 元;
(2)取得劳务报酬所得、稿酬所得、特许权使用费所得中一项或者多项所得,且综合所得年收入额减除专项扣除的余额超过 60 000 元;
(3)纳税年度内预缴税额低于应纳税额;
(4)纳税人申请退税。

专栏 5-2
个人所得税
年度自行纳税
申报表(A 表)

(三)取得经营所得的纳税申报

个体工商户业主、个人独资企业投资者、合伙企业个人合伙人、承包承租经营者个人以及其他从事生产、经营活动的个人取得经营所得,按年计算个人所得税,由纳税人在月度或季度终了后 15 日内,向经营管理所在地主管税务机关办理预缴纳税申报,并报送《个人所得税经营所得纳税申报表(A 表)》。在取得所得的次年 3 月 31 日前,向经营管理所在地主管税务机关办理汇算清缴,并报送《个人所得税经营所得纳税申报表(B 表)》;从两处以上取得经营所得的,选择向其中一处经营管理所在地主管税务机关办理年度汇总申报,并报送《个人所得税经营所得纳税申报表(C 表)》。

(四)取得应税所得,扣缴义务人未扣缴税款的纳税申报

纳税人取得应税所得,扣缴义务人未扣缴税款的,应当区别以下情形办理纳税申报。

（1）居民个人取得综合所得且符合规定情形的，应当依法办理汇算清缴。

（2）非居民个人取得工资、薪金所得，劳务报酬所得，稿酬所得，特许权使用费所得的，应当在取得所得的次年 6 月 30 日前，向扣缴义务人所在地主管税务机关办理纳税申报，并报送《个人所得税自行纳税申报表（A 表）》。有两个以上扣缴义务人均未扣缴税款的，选择向其中一处扣缴义务人所在地主管税务机关办理纳税申报。

非居民个人在次年 6 月 30 日前离境（临时离境除外）的，应当在离境前办理纳税申报。

（3）纳税人取得利息、股息、红利所得，财产租赁所得，财产转让所得和偶然所得的，应当在取得所得的次年 6 月 30 日前，按相关规定向主管税务机关办理纳税申报，并报送《个人所得税自行纳税申报表（A 表）》。

税务机关通知限期缴纳的，纳税人应当按照期限缴纳税款。

纳税人取得应税所得没有扣缴义务人的，应当在取得所得的次月 15 日内向税务机关报送纳税申报表，并缴纳税款。

（五）取得境外所得的纳税申报

居民个人从中国境外取得所得的，应当在取得所得的次年 3 月 1 日至 6 月 30 日内，向中国境内任职、受雇单位所在地主管税务机关办理纳税申报；在中国境内没有任职、受雇单位的，向户籍所在地或中国境内经常居住地主管税务机关办理纳税申报；户籍所在地与中国境内经常居住地不一致的，选择其中一地主管税务机关办理纳税申报；在中国境内没有户籍的，向中国境内经常居住地主管税务机关办理纳税申报。

专栏 5-3
个人所得税
年度自行纳税
申报表（B 表）

（六）因移居境外注销中国户籍的纳税申报

纳税人因移居境外注销中国户籍的，应当在申请注销中国户籍前，向户籍所在地主管税务机关办理纳税申报，进行税款清算。

（七）非居民个人在中国境内从两处以上取得工资、薪金所得的纳税申报

非居民个人在中国境内从两处以上取得工资、薪金所得的，应当在取得所得的次月 15 日内，向其中一处任职、受雇单位所在地主管税务机关办理纳税申报，并报送《个人所得税自行纳税申报表（A 表）》。

（八）纳税申报方式

纳税人可以采用远程办税端、邮寄等方式申报，也可以直接到主管税务机关申报。

（九）其他有关问题

纳税人办理自行纳税申报时，应当一并报送税务机关要求报送的其他有关资料。首次申报或者个人基础信息发生变化的，还应报送《个人所得税基础信息表（B 表）》。

纳税人在办理纳税申报时需要享受税收协定待遇的,按照享受税收协定待遇的有关办法办理。

二、专项附加扣除的操作办法

为了规范个人所得税专项附加扣除行为,切实维护纳税人合法权益,根据最新修改的《个人所得税法》及其《实施条例》、《税收征收管理法》及其《实施细则》、《国务院关于印发个人所得税专项附加扣除暂行办法的通知》(国发〔2018〕41号)、《国务院关于设立3岁以下婴幼儿照护个人所得税专项附加扣除的通知》(国发〔2022〕8号)的规定,国家税务总局制定了《个人所得税专项附加扣除操作办法(试行)》。纳税人享受子女教育、继续教育、大病医疗、住房贷款利息或者住房租金、赡养老人、3岁以下婴幼儿照护专项附加扣除的,依照该办法规定办理。纳税人应根据规定,通过远程办税端、电子或者纸质报表等方式,向扣缴义务人或者主管税务机关报送个人专项附加扣除信息,并留存备查资料。下面仅简要介绍纳税人享受符合规定的专项附加扣除的计算时间和注意事项。

(一)计算时间

纳税人享受符合规定的专项附加扣除的计算时间如下所示。

(1)子女教育。学前教育阶段,为子女年满3周岁当月至小学入学前一月。学历教育,为子女接受全日制学历教育入学的当月至全日制学历教育结束的当月。

(2)继续教育。学历(学位)继续教育,为在中国境内接受学历(学位)继续教育入学的当月至学历(学位)继续教育结束的当月,同一学历(学位)继续教育的扣除期限最长不得超过48个月。技能人员职业资格继续教育、专业技术人员职业资格继续教育,为取得相关证书的当年。

(3)大病医疗。为医疗保障信息系统记录的医药费用实际支出的当年。

(4)住房贷款利息。为贷款合同约定开始还款的当月至贷款全部归还或贷款合同终止的当月,扣除期限最长不得超过240个月。

(5)住房租金。为租赁合同(协议)约定的房屋租赁期开始的当月至租赁期结束的当月。提前终止合同(协议)的,以实际租赁期限为准。

(6)赡养老人。为被赡养人年满60周岁的当月至赡养义务终止的年末。

(7)3岁以下婴幼儿照护。为婴幼儿出生的当月至年满3周岁的前1个月。

上述规定的学历教育和学历(学位)继续教育的期间,包含因病或其他非主观原因休学但学籍继续保留的休学期间,以及施教机构按规定组织实施的寒暑假等假期。

(二)注意事项

享受子女教育、继续教育、住房贷款利息或者住房租金、赡养老人、3岁以下婴幼儿照护专项附加扣除的纳税人,自符合条件开始,可以向支付工资、薪金所得的扣缴义务人提供上述专项附加扣除有关信息,由扣缴义务人在预扣预缴税款时,按其在本单位本年可享受的累计扣除额办理扣除;也可以在次年3月1日至6月30日内,向汇缴地主管税务机关办理汇算清缴申报时扣除。

纳税人同时从两处以上取得工资、薪金所得，并由扣缴义务人办理上述专项附加扣除的，对同一专项附加扣除项目，1个纳税年度内，纳税人只能选择从其中一处扣除。

享受大病医疗专项附加扣除的纳税人，由其在次年3月1日至6月30日内，自行向汇缴地主管税务机关办理汇算清缴申报时扣除。

扣缴义务人办理工资、薪金所得预扣预缴税款时，应当根据纳税人报送的《个人所得税专项附加扣除信息表》（以下简称《扣除信息表》）为纳税人办理专项附加扣除。

纳税人年度中间更换工作单位的，在原单位任职、受雇期间已享受的专项附加扣除金额，不得在新任职、受雇单位扣除。原扣缴义务人应当自纳税人离职不再发放工资、薪金所得的当月起，停止为其办理专项附加扣除。

纳税人未取得工资、薪金所得，仅取得劳务报酬所得、稿酬所得、特许权使用费所得需要享受专项附加扣除的，应当在次年3月1日至6月30日内，自行向汇缴地主管税务机关报送《扣除信息表》，并在办理汇算清缴申报时扣除。

1个纳税年度内，纳税人在扣缴义务人预扣预缴税款环节未享受或未足额享受专项附加扣除的，可以在当年内向支付工资、薪金的扣缴义务人申请在剩余月份发放工资、薪金时补充扣除，也可以在次年3月1日至6月30日内，向汇缴地主管税务机关办理汇算清缴时申报扣除。

◇ 本章小结

个人所得税主要是以自然人取得的各类应税所得为征税对象而征收的一种所得税，也是政府利用税收对个人收入进行调节的一种手段。我国个人所得税的纳税人分为居民个人与非居民个人。在对居民个人征收个人所得税时，实行分类预扣预缴法与综合所得汇算清缴法。非居民个人应纳税额则按照对应的征税范围计算。学习本章时，应重点掌握居民个人综合所得累计预扣预缴、年度汇算清缴等难点。

◇ 本章思考题

1. 个人所得税有哪些特点？
2. 简述居民个人和非居民个人的区别。
3. 个人所得税的应税所得项目主要有哪些？
4. 哪些应税项目需要预扣预缴？
5. 什么是综合所得？
6. 如何进行个人所得税年度汇算清缴？

第六章　关税和船舶吨税

◇ **学习目标**

■ **1. 知识目标**

(1) 了解关税的概念和特点；
(2) 了解关税的征收范围；
(3) 了解关税税率的设置以及种类；
(4) 了解船舶吨税的税制要素。

■ **2. 能力目标**

(1) 能界定关税纳税人，在确定完税价格和适用税率的基础上正确计算关税税额；
(2) 明确关税减免政策，了解关税的征收管理。

■ **3. 情感目标**

(1) 了解、掌握并学会运用关税法的重要规定；
(2) 了解关税减免税政策，做到合理纳税筹划，培养合法合规纳税的意识。

◇ **学习重难点**

1. 关税完税价格的确定和应纳税额的计算。
2. 进口货物时，同时征收关税、增值税、消费税的计算。

◇ **本章关键词**

关税纳税人　关税征税范围　关税税率　关税计算

◇ 导入案例

部分商品进出口关税调整——持续发挥进出口对经济支撑作用

一系列涉及先进制造业创新发展、保障人民生命健康的商品进口关税将下降。2023年底，国务院关税税则委员会发布最新公告，从2024年1月1日起，我国将对1 010项商品实施低于最惠国税率的进口暂定税率。

暂定税率是对部分进出口货物在一定期限内实施的关税税率，通常情况下低于最惠国税率且优先适用，是常见的自主调整关税的方式。据悉，这次调整经第八届国务院关税税则委员会第一次全体会议审议通过，并报请国务院批准，旨在继续发挥进出口对经济的支撑作用，更好履行关税在统筹国内国际两个市场、两种资源中的重要职能，维护我国产业链、供应链稳定顺畅。

"总体而言，此次关税调整方案，充分体现了稳中求进的特点，呈现出惠民生、强韧性、促升级等一系列亮点。"中国社会科学院世界经济与政治研究所研究员高凌云表示。

一是加快推进先进制造业创新发展，降低氯化锂、低砷萤石、燃料电池用气体扩散层等国内短缺的资源、关键设备和零部件的进口关税。

二是保障人民生命健康，以高质量供给满足居民消费需求，对部分抗癌药、罕见病药的药品和原料等实施零关税，降低特殊医学用途配方食品等的进口关税。北京协和医院临床营养科主任医师陈伟介绍，特殊医学用途配方食品是指为满足进食受限、消化吸收障碍、代谢紊乱或特定疾病状态人群对营养素或膳食的特殊需要，专门加工配制而成的配方食品。"降低特殊医学用途配方食品的进口关税，有利于减少'天价营养品'现象，很多患者会受益。"陈伟说。

三是降低甜玉米、芫荽、牛蒡种子的进口关税。此外，为促进新材料产业发展，降低高纯铝的出口关税。"降低重点原材料、农业种子等商品的进口关税，有助于加强资源供应能力，提升产业链、供应链韧性，加快产业转型升级和高质量发展。"高凌云说。

此外，从2024年1月1日起，根据国内产业发展和供需情况变化，在我国加入世界贸易组织承诺范围内，提高乙烯、丙烯、6代以下液晶玻璃基板等部分商品的进口关税。

为扩大面向全球的高标准自由贸易区网络，持续推进高水平对外开放，推动建设开放型世界经济，根据我国与有关国家或者地区签署的自由贸易协定和优惠贸易安排，2024年将对20个协定项下、原产于30个国家或者地区的部分商品实施协定税率。中国—尼加拉瓜自由贸易协定自2024年1月1日起生效并实施降税。

为支持和帮助最不发达国家加快发展，2024年继续对与我国建交并完成换文手续的最不发达国家实施特惠税率，并根据联合国最不发达国家名单和我国过渡期安排，调整特惠税率适用国别。

> 为促进我国优势产品更好参与国际市场竞争,2024年将适当调整本国子目,增列装饰原纸、高端钢铁产品等税目。调整后,税则税目总数为8 957个。
>
> "这次调整部分商品的进出口关税,体现了我国自主扩大开放的决心,与世界分享蓬勃发展的中国市场,推进高水平对外开放。同时,有利于支持现代化产业体系建设,推动内生动力持续增强,更好统筹发展和安全。"对外经济贸易大学中国世界贸易组织研究院院长屠新泉说。
>
> 资料来源:曾金华. 2024年1月1日起,我国调整部分商品进出口关税——持续发挥进出口对经济支撑作用[EB/OL].(2023-12-24)[2024-01-15].https://www.gov.cn/yaowen/liebiao/202312/content_6922117.htm.

第一节 税 制 要 素

关税法,是指国家制定的调整关税征收与缴纳权利义务关系的法律规范。现行关税法律规范以2017年11月全国人民代表大会修正颁布的《中华人民共和国海关法》(以下简称《海关法》)为法律依据,以2003年11月国务院发布的《中华人民共和国进出口关税条例》(以下简称《进出口关税条例》),以及由国务院关税税则委员会审定并报国务院批准,作为条例组成部分的《中华人民共和国海关进出口税则》(以下简称《海关进出口税则》)和《中华人民共和国海关入境旅客行李物品和个人邮递物品征收进口税办法》为基本法规,由负责关税政策制定和征收管理的主管部门依据基本法规拟订的管理办法和实施细则为主要内容。

一、征税对象

关税是依法对进出境货物、物品征收的一种税。一国关境与国境通常是一致的,包括国家全部的领土、领海、领空。但在计算进出口关税时,国境内设立的自由港、自由贸易区不属于关税征收区域。香港和澳门为我国的单独关境区,保持自由港地位。

关税的征税对象是准许进出境的货物和物品。货物是指贸易性商品;物品指入境旅客随身携带的行李物品、个人邮递物品、各种运输工具上的服务人员携带进口的自用物品、馈赠物品以及其他方式进境的个人物品。

二、纳税义务人

进口货物的收货人、出口货物的发货人、进出境物品的所有人,是关税的纳税义务人。进出口货物的收、发货人是依法取得对外贸易经营权并进口或者出口货物的法人或者其他社会团体。进出境物品的所有人包括该物品的所有人和推定为所有人的人。一般情况下,对于携带进境的物品,推定其携带人为所有人;对分离运输的行李,推定相应的进出境旅客为所有人;对以邮递方式进境的物品,推定其收件人为所有人;以邮递或其他运输方式出境的物品,推定其寄件人或托运人为所有人。

三、进出口税则

进出口税则是一国政府根据国家关税政策和经济政策,通过一定的立法程序制定公布实施的进出口货物和物品应税的关税税率表。进出口税则以税率表为主体,通常还包括实施税则的法令、使用税则的有关说明和附录等。《海关进出口税则》是我国海关凭以征收关税的法律依据,也是我国关税政策的具体体现。我国现行税则包括《进出口关税条例》《税率适用说明》《海关进口税则》《海关出口税则》,以及《进口商品从量税、复合税、滑准税税目税率表》《进口商品关税配额税目税率表》《进口商品税则暂定税率表》《出口商品税则暂定税率表》《非全税目信息技术产品税率表》等附录。

四、关税税率

(一)进口关税税率

1. 税率形式

在我国加入世界贸易组织之前,我国进口税则设有两栏税率,即普通税率和优惠税率。对原产于与我国未订有关税互惠协议的国家或者地区的进口货物,按照普通税率征税;对原产于与我国订有关税互惠协议的国家或者地区的进口货物,按照优惠税率征税。在我国加入世界贸易组织之后,为履行我国在加入世界贸易组织关税减让谈判中承诺的有关义务,享有世界贸易组织成员应有的权利,自2002年1月1日起,我国进口税则设有最惠国税率、协定税率、特惠税率、普通税率、配额税率等税率形式,对进口货物在一定期限内可以实行暂定税率。

适用最惠国税率、协定税率、特惠税率的国家或者地区名单,由国务院关税税则委员会决定,报国务院批准后执行。

1)最惠国税率

最惠国税率适用原产于与我国共同适用最惠国待遇条款的世界贸易组织成员的进口货

物,或原产于与我国签订有相互给予最惠国待遇条款的双边贸易协定的国家或地区进口的货物,以及原产于我国境内的进口货物。

2)协定税率

协定税率适用原产于与我国签订含有关税优惠条款的区域性贸易协定的国家或地区的进口货物。

3)特惠税率

特惠税率适用原产于与我国签订含有特殊关税优惠条款的贸易协定的国家或地区的进口货物。

4)普通税率

普通税率适用于原产于上述国家或地区以外的其他国家或地区的进口货物,以及原产地不明的进口货物。按照普通税率征税的进口货物,经国务院关税税则委员会特别批准,可以适用最惠国税率。

5)暂定税率

暂定税率是在海关进出口税则规定的进口优惠税率基础上,对进口的某些重要的工农业生产原材料和机电产品关键部件(但只限于从与中国订有关税互惠协议的国家和地区进口的货物)和出口的特定货物实施的更为优惠的关税税率。这种税率一般按照年度制定,并且可以随时根据需要恢复按照法定税率征税。

6)配额税率

配额税率是指对实行关税配额管理的进口货物,关税配额内的,适用关税配额税率;关税配额外的,按不同情况分别适用于最惠国税率、协定税率、特惠税率或普通税率。

2. 进口货物税率适用规则

根据经济发展需要,国家对部分进口原材料、零部件、农药原药和中间体、乐器及生产设备实行暂定税率。暂定税率优先适用于优惠税率或最惠国税率,所以适用最惠国税率的进口货物有暂定税率的,适用暂定税率;当最惠国税率低于或等于协定税率时,协定有规定的,按相关协定的规定执行;协定无规定的,两者从低适用。适用协定税率、特惠税率的进口货物有暂定税率的,应当从低适用税率。

按照国家规定实行关税配额管理的进口货物,关税配额内的,适用关税配额税率;关税配额外的,按其适用税率的规定执行。

按照普通税率征税的进口货物,不适用暂定税率;经国务院关税税则委员会特别批准,可以适用最惠国税率。

对进口货物采取反倾销、反补贴、保障措施的,其税率的适用按照有关法律、行政法规的规定执行。

3. 进境物品税率

自 2019 年 4 月 9 日起,除另有规定外,我国对准予应税进口的旅客行李物品、个人邮寄物品以及其他个人自用物品,均由海关按照《中华人民共和国进境物品进口税税率表》的规定征收进口关税、代征进口环节增值税和消费税等进口税。

(二)出口关税税率

我国出口税则为一栏税率,即出口税率。国家仅对少数资源性产品及易于竞相杀价、盲目进口、需要规范出口秩序的半制成品征收出口关税。根据《关于执行 2020 年进口暂定税率等调整方案的公告》(海关总署公告 2019 年第 227 号)的规定,自 2020 年 1 月 1 日起,我国继续对铬铁等 107 项出口商品征收出口关税,适用出口税率或出口暂定税率,征收商品范围和税率维持不变。

(三)税率的适用

进出口货物,应当按照税则规定的归类原则归入合适的税号,并按照适用的税率征税。有关税率适用的规定包括如下几点。

(1)进出口货物,应当适用海关接受该货物申报进口或者出口之日实施的税率。

(2)进口货物到达前,经海关核准先行申报的,应当适用装载该货物的运输工具申报进境之日实施的税率。

(3)进口转关运输货物,应当适用指运地海关接受该货物申报进口之日实施的税率;货物运抵指运地前,经海关核准先行申报的,应当适用装载该货物的运输工具抵达指运地之日实施的税率。

(4)出口转关运输货物,应当适用启运地海关接受该货物申报出口之日实施的税率。

(5)经海关批准,实行集中申报的进出口货物,应当适用每次货物进出口时海关接受该货物申报之日实施的税率。

(6)因超过规定期限未申报而由海关依法变卖的进口货物,其税款计征应当适用装载该货物的运输工具申报进境之日实施的税率。

(7)因纳税义务人违反规定需要追征税款的进出口货物,应当适用违反规定的行为发生之日实施的税率;行为发生之日不能确定的,适用海关发现该行为之日实施的税率。

(8)已申报进境并放行的保税货物、减免税货物、租赁货物或者已申报进出境并放行的暂时进出境货物,有下列情形之一需缴纳税款的,应当适用海关接受纳税义务人再次填写报关单申报办理纳税及有关手续之日实施的税率:① 保税货物经批准不复运出境的;② 保税仓储货物转入国内市场销售的;③ 减免税货物经批准转让或者移作他用的;④ 可暂不缴纳税款的暂时进出境货物,不复运出境或者进境的;⑤ 租赁进口货物,分期缴纳税款的。

(9)补征和退还进出口货物关税,应当按照前述规定确定适用的税率。

第二节 应纳税额的计算

进出口货物的完税价格,由海关以该货物的成交价格为基础审查确定。成交价格不能确定时,完税价格由海关依法估定。

一、一般进口货物的完税价格

进口货物的完税价格包括货物的货价、货物运抵我国境内输入地点起卸前的运输及其相关费用、保险费。进口货物完税价格的确定方法大致可以划分为以下两类:一类是以进口货物的成交价格为基础进行调整,从而确定进口货物完税价格的估价方法(以下称成交价格估价方法);另一类则是在进口货物的成交价格不符合规定条件或者成交价格不能确定的情况下,海关用以审查确定进口货物完税价格的估价方法(以下称进口货物海关估价方法)。

(一)成交价格估价方法

进口货物的成交价格,是指卖方向我国境内销售该货物时买方为进口该货物向卖方实付、应付的,并且按照《中华人民共和国海关审定内销保税货物完税价格办法》(以下简称《完税价格办法》)有关规定调整后的价款总额,包括直接支付的价款和间接支付的价款。采用成交价格估价方法,以成交价格为基础审查确定进口货物的完税价格时,有若干调整项目,具体如下。

1. 应计入完税价格的调整项目

未包括在该货物实付、应付价格中的下列费用或者价值,应当计入完税价格。

(1)由买方负担的除购货佣金以外的佣金和经纪费。"购货佣金"指买方为购买进口货物向自己的采购代理人支付的劳务费用。"经纪费"指买方为购买进口货物向代表买卖双方利益的经纪人支付的劳务费用。

(2)由买方负担的与该货物视为一体的容器费用。

(3)由买方负担的包装材料费用和包装劳务费用。

(4)与进口货物的生产和向中华人民共和国境内销售有关的,由买方以免费或者以低于成本的方式提供并可以按适当比例分摊的下列货物或者服务的价值:① 进口货物包含的材料、部件、零件和类似货物;② 在生产进口货物过程中使用的工具、模具和类似货物;③ 在生产进口货物过程中消耗的材料;④ 在境外进行的为生产进口货物所需的工程设计、技术研发、工艺及制图等相关服务。

(5)与该货物有关并作为卖方向我国销售该货物的一项条件,应当由买方向卖方或者有关方直接或间接支付的特许权使用费。"特许权使用费"是指进口货物的买方为取得知识产权权利人及权利人有效授权人关于专利权、商标权、专有技术、著作权、分销权或者销售权的许可或者转让而支付的费用。

(6)卖方直接或间接从买方对该货物进口后转售、处置或使用所得中获得的收益。

纳税义务人应当向海关提供上列所述费用或者价值的客观量化数据资料。如果纳税义务人不能提供，海关与纳税义务人进行价格磋商后，按照《完税价格办法》列明的海关估价方法审查确定完税价格。

2. 不计入完税价格的调整项目

此外，进口货物的价款中单独列明的下列税收、费用，不计入该货物的完税价格。

(1)厂房、机械或者设备等货物进口后发生的建设、安装、装配、维修或者技术援助费用，但是保修费用除外。

(2)进口货物运抵中华人民共和国境内输入地点起卸后发生的运输及其相关费用、保险费。

(3)进口关税、进口环节海关代征税及其他国内税。

(4)为在境内复制进口货物而支付的费用。

(5)境内外技术培训及境外考察费用。

(6)同时符合下列条件的利息费用：① 利息费用是买方为购买进口货物而融资所产生的；② 有书面的融资协议的；③ 利息费用单独列明的；④ 纳税义务人可以证明有关利率不高于在融资当时当地此类交易通常应当具有的利率水平，且没有融资安排的相同或者类似进口货物的价格与进口货物的实付、应付价格非常接近的。

3. 进口货物完税价格中的运输及相关费用、保险费的确定

1)运输及相关费用的确定

进口货物的运输及其相关费用，应当按照由买方实际支付或者应当支付的费用计算。如果进口货物的运输及其相关费用无法确定的，海关应当按照该货物进口同期的正常运输成本审查确定。

运输工具作为进口货物，利用自身动力进境的，海关在审查确定完税价格时，不再另行计入运输及其相关费用。

2)保险费的确定

进口货物的保险费，应当按照实际支付的费用计算。如果进口货物的保险费无法确定或者未实际发生，海关应当按照"货价加运费"两者总额的3‰计算保险费，其计算公式为：

$$保险费＝(货价＋运费)×3‰$$

邮运进口的货物，应当以邮费作为运输及其相关费用、保险费。

（二）进口货物海关估价方法

进口货物的成交价格不符合规定条件或者成交价格不能确定的，海关经了解有关情况，

并且与纳税义务人进行价格磋商后,依次以相同货物成交价格估价方法、类似货物成交价格估价方法、倒扣价格估价方法、计算价格估价方法及其他合理方法审查确定该货物的完税价格。纳税义务人向海关提供有关资料后,可以提出申请,颠倒倒扣价格估价方法和计算价格估价方法的适用次序。

1. 相同货物成交价格估价方法

相同货物成交价格估价方法,是指海关以与进口货物同时或者大约同时向中华人民共和国境内销售的相同货物的成交价格为基础,审查确定进口货物的完税价格的估价方法。

上述"相同货物",是指与进口货物在同一国家或地区生产的,在物理性质、质量和信誉等所有方面都相同的货物,但允许表面微小差异存在。"大约同时",是指海关接受货物申报之日的大约同时,最长不应当超过前后45日。

2. 类似货物成交价格估价方法

类似货物成交价格估价方法,是指海关以与进口货物同时或者大约同时向中华人民共和国境内销售的类似货物的成交价格为基础,审查确定进口货物的完税价格的估价方法。

上述"类似货物",是指与进口货物在同一国家或地区生产的,虽然不是在所有方面都相同,但是却具有相似的特征、相似的组成材料、同样的功能,并且在商业中可以互换的货物。选择类似货物时,应主要考虑货物的品质、信誉和现有商标。

3. 倒扣价格估价方法

倒扣价格估价方法,是指海关以进口货物、相同或者类似进口货物在境内的销售价格为基础,扣除境内发生的有关费用后,审查确定进口货物完税价格的估价方法。按照倒扣价格估价法审查确定进口货物的完税价格时,如果进口货物、相同或者类似货物没有在海关接受进口货物申报之日前后45日内在境内销售,可以将在境内销售的时间延长至接受货物申报之日前后90日内。

4. 计算价格估价方法

计算价格估价方法,是指海关以下列各项的总和为基础,审查确定进口货物完税价格的估价方法。

(1)生产该货物所使用的料件成本和加工费用。

(2)向境内销售同等级或者同种类货物通常的利润和一般费用(包括直接费用和间接费用)。

(3)该货物运抵境内输入地点起卸前的运输及相关费用、保险费。

按照上述规定审查确定进口货物的完税价格时,海关在征得境外生产商同意并且提前通知有关国家或者地区政府后,可以在境外核实该企业提供的有关资料。

5. 合理估价方法

合理估价方法,是指当海关使用上述任何一种估价方法都无法确定海关估价时,遵循客观、公平、统一的原则,以客观量化的数据资料为基础审查确定进口货物完税价格的估价方法,习惯上也叫作"最后一招"。海关在采用合理估价方法确定进口货物的完税价格时,不得使用以下价格:

(1)境内生产的货物在境内的销售价格;
(2)可供选择的价格中较高的价格;
(3)货物在出口地市场的销售价格;
(4)以计算价格估价方法规定之外的价值或者费用计算的相同或者类似货物的价格;
(5)出口到第三国或者地区的货物的销售价格;
(6)最低限价或者武断、虚构的价格。

二、特殊进口货物的完税价格

(一)运往境外修理的货物

运往境外修理的机械器具、运输工具或其他货物,出境时已向海关报明,并在海关规定期限内复运进境的,应当以境外修理费和物料费为基础审查确定完税价格。

(二)运往境外加工的货物

运往境外加工的货物,出境时已向海关报明,并在海关规定期限内复运进境的,应当以境外加工费、料件费、复运进境的运输及相关费用、保险费为基础审查确定完税价格。

(三)暂时进境的货物

经海关批准暂时进境的货物,应当按照一般进口货物完税价格确定的有关规定,审查确定完税价格。

(四)租赁方式进口的货物

租赁方式进口的货物中,以租金方式对外支付的租赁货物,在租赁期间以海关审定的租金作为完税价格,利息应当予以计入;留购的租赁货物,以海关审定的留购价格作为完税价格;承租人申请一次性缴纳税款的,可以选择按照"进口货物海关估价方法"的相关内容确定完税价格,或者按照海关审查确定的租金总额作为完税价格。

(五)留购的进口货样

对于境内留购的进口货样、展览品和广告陈列品,以海关审定的留购价格作为完税价格。

（六）予以补税的减免税货物

特定地区、特定企业或者具有特定用途的特定减免税进口货物,应当接受海关监管。其监管年限依次为:船舶、飞机,8年;机动车辆,6年;其他货物,3年。监管年限自货物进口放行之日起计算。

由海关监管使用的减免税进口货物,在监管年限内转让或移作他用需要补税的,应当以海关审定的该货物原进口时的价格,扣除折旧部分价值作为完税价格。其计算公式为:

完税价格＝海关审定的该货物原进口时的价格×[1－申请补税时实际已使用的时间（月）÷（监管年限×12）]

（七）不存在成交价格的进口货物

易货贸易、寄售、捐赠、赠送等不存在成交价格的进口货物,由海关与纳税人进行价格磋商后,按照"进口货物海关估价方法"的规定,估定完税价格。

（八）进口软件介质

进口载有专供数据处理设备用软件的介质,具有下列情形之一的,应当以介质本身的价值或者成本为基础审查确定完税价格:

(1)介质本身的价值或者成本与所载软件的价值分列;

(2)介质本身的价值或者成本与所载软件的价值虽未分列,但是纳税义务人能够提供介质本身的价值或者成本的证明文件,或者能提供所载软件价值的证明文件。

含有美术、摄影、声音、图像、影视、游戏、电子出版物的介质不适用上述规定。

三、出口货物的完税价格

（一）以成交价格为基础的完税价格

出口货物的完税价格,由海关以该货物的成交价格为基础审查确定,并且应当包括货物运至我国境内输出地点装载前的运输及其相关费用、保险费。

出口货物的成交价格,是指该货物出口销售时,卖方为出口该货物应当向买方直接收取和间接收取的价款总额。下列税收、费用不计入出口货物的完税价格:

(1)出口关税;

(2)在货物价款中单独列明的货物运至我国境内输出地点装载后的运输及其相关费用、保险费。

（二）出口货物海关估价方法

出口货物的成交价格不能确定时,海关经了解有关情况,并且与纳税义务人进行价格磋商后,依次以下列价格审查确定该货物的完税价格:

(1)同时或者大约同时向同一国家或者地区出口的相同货物的成交价格;
(2)同时或者大约同时向同一国家或者地区出口的类似货物的成交价格;
(3)根据境内生产相同或者类似货物的成本、利润和一般费用(包括直接费用和间接费用),境内发生的运输及其相关费用、保险费计算所得的价格;
(4)按照合理方法估定的价格。

三、应纳税额的计算

(一)从价税应纳税额的计算

从价税是一种最常用的关税计税标准。它是以货物的价格或者价值为征税标准,以应征税额占货物价格或者价值的百分比为税率,价格越高,税额越高。货物进口时,以此税率和海关审定的实际进口货物完税价格相乘计算应征税额。目前,我国海关计征关税的标准主要是从价税。计算公式为:

关税税额=应税进(出)口货物数量×单位完税价格×税率

(二)从量税应纳税额的计算

从量税是以货物的数量、重量、体积、容量等计量单位为计税标准,以每计量单位货物的应征税额为税率。我国目前对原油、啤酒和胶卷等进口商品征收从量税。计算公式为:

关税税额=应税进(出)口货物数量×单位货物税额

(三)复合税应纳税额的计算

复合税又称混合税,即订立从价、从量两种税率,随着完税价格和进口数量的变化而变化,征收时两种税率合并计征。它是对某种进口货物混合使用从价税和从量税的一种关税计征标准。我国目前仅对录像机、放像机、摄像机、数字照相机和摄录一体机等进口商品征收复合税。计算公式为:

关税税额=应税进(出)口货物数量×单位货物税额+应税进(出)口货物数量×单位完税价格×税率

(四)滑准税应纳税额的计算

滑准税是根据货物的不同价格适用不同税率的一类特殊的从价关税。它是一种关税税率随进口货物价格由高至低而由低至高设置计征关税的方法。简单地讲,就是进口货物的价格越高,其进口关税税率越低,进口商品的价格越低,其进口关税税率越高。滑准税的特点是可保持实行滑准税商品的国内市场价格的相对稳定,而不受国际市场价格波动的影响。计算公式为:

关税税额=应税进(出)口货物数量×单位完税价格×滑准税税率

现行税则《进(出)口商品从量税、复合税、滑准税税目税率表》后注明了滑准税税率的计算公式,该公式是一个与应税进(出)口货物完税价格相关的取整函数。

◇ **同步案例6-1**

> 某进出口公司从日本进口货物一批,货物以离岸价格成交,成交价折合人民币2 410万元(包括单独计价并经海关审查属实的向境外采购代理人支付的买方佣金10万元,但不包括因使用该货物而向境外支付的软件费70万元、向卖方支付的佣金25万元),另支付货物运抵我国上海港的运费、保险费等45万元。假设该货物适用的关税税率为20%,增值税税率为13%,消费税税率为15%。要求:计算该公司进口环节应缴纳的关税、增值税、消费税。
>
> 【解析】
> (1)关税完税价格=2 410-10+70+25+45=2 540(万元)
> (2)应纳进口关税=2 540×20%=508(万元)
> (3)应纳进口环节消费税=(2 540+508)÷(1-15%)×15%=537.88(万元)
> (4)应纳进口环节增值税=(2 540+508+537.88)×13%=466.16(万元)

四、跨境电子商务零售进口税收政策

自2016年4月8日起,跨境电子商务零售进口商品按照货物征收关税和进口环节增值税、消费税,购买跨境电子商务零售进口商品的个人作为纳税义务人,实际交易价格(包括货物零售价格、运费和保险费)作为完税价格,电子商务企业、电子商务交易平台企业或物流企业可作为代收代缴义务人。

(一)适用范围

跨境电子商务零售进口税收政策适用于从其他国家或地区进口的、《跨境电子商务零售进口商品清单》范围内的以下商品:

(1)所有通过与海关联网的电子商务交易平台交易,能够实现交易、支付、物流电子信息"三单"比对的跨境电子商务零售进口商品;

(2)未通过与海关联网的电子商务交易平台交易,但快递、邮政企业能够统一提供交易、支付、物流等电子信息,并承诺承担相应法律责任进境的跨境电子商务零售进口商品。

不属于跨境电子商务零售进口的个人物品以及无法提供交易、支付、物流等电子信息的跨境电子商务零售进口商品,按现行规定执行。

（二）计征限额

跨境电子商务零售进口商品的单次交易限值为人民币 5 000 元，个人年度交易限值为人民币 26 000 元。在限值以内进口的跨境电子商务零售进口商品，关税税率暂设为 0%；进口环节增值税、消费税取消免征税额，暂按法定应纳税额的 70% 征收。完税价格超过 5 000 元单次交易限值但低于 26 000 元年度交易限值，且订单下仅一件商品时，可以自跨境电商零售渠道进口，按照货物税率全额征收关税和进口环节增值税、消费税，交易额计入年度交易总额，但年度交易总额超过年度交易限值的，应按一般贸易管理。

（三）计征规定

跨境电子商务零售进口商品自海关放行之日起 30 日内退货的，可申请退税，并相应调整个人年度交易总额。

跨境电子商务零售进口商品购买人（订购人）的身份信息应进行认证；未进行认证的，购买人（订购人）身份信息应与付款人一致。

《跨境电子商务零售进口商品清单》由财政部商有关部门另行公布。

（四）海南离岛旅客免税购物政策

我国自 2020 年 7 月 1 日起在海南执行离岛免税政策。该政策是指对乘飞机、火车、轮船离岛（不包括离境）旅客实行限值、限量、限品种免进口税购物，在实施离岛免税政策的免税商店内或经批准的网上销售窗口付款，在机场、火车站、港口码头指定区域提货离岛的税收优惠政策。离岛免税政策免税税种为关税、进口环节增值税和消费税。

专栏 6-1
《关于海南离岛旅客免税购物政策的公告》

第三节 减免规定

关税减免是对某些纳税人和征税对象给予鼓励和照顾的一种特殊调节手段。正是有了这一手段，使关税政策工作兼顾了普遍性和特殊性、原则性和灵活性。因此，关税减免是贯彻国家关税政策的一项重要措施。关税减免分为法定减免税、特定减免税、暂时免税和临时减免税。根据《海关法》规定，除法定减免税外的其他减免税均由国务院决定。减征关税在我国加入世界贸易组织之前以税则规定税率为基准，在我国加入世界贸易组织之后以最惠国税率或者普通税率为基准。

一、法定减免税

法定减免税是税法中明确列出的减税或免税。符合税法规定可予减免税的进出口货物,纳税义务人无须提出申请,海关可按规定直接予以减免税。海关对法定减免税货物一般不进行后续管理。

下列货物、物品予以减免关税:

(1)关税税额在人民币 50 元以下的一票货物,可免征关税;

(2)无商业价值的广告品和货样,可免征关税;

(3)外国政府、国际组织无偿赠送的物资,可免征关税;

(4)进出境运输工具装载的途中必需的燃料、物料和饮食用品,可予免税;

(5)在海关放行前损失的货物,可免征关税;

(6)在海关放行前遭受损坏的货物,可以根据海关认定的受损程度减征关税;

(7)我国缔结或者参加的国际条约规定减征、免征关税的货物、物品,按照规定予以减免关税;

(8)法律规定减征、免征关税的其他货物、物品。

二、特定减免税

特定减免税也称政策性减免税。在法定减免税之外,国家按照国际通行规则和我国实际情况,制定发布的有关进出口货物减免关税的政策,称为特定或政策性减免税。特定减免税货物一般有地区、企业和用途的限制,海关需要进行后续管理,也需要进行减免税统计。

特定减免税货物包括科教用品、残疾人专用品、慈善捐赠物资和重大技术装备。其他还有加工贸易产品、边境贸易进口物资等的减免关税规定。

三、暂时免税

暂时进境或者暂时出境的下列货物,在进境或者出境时纳税义务人向海关缴纳相当于应纳税款的保证金或者提供其他担保的,可以暂不缴纳关税,并应当自进境或者出境之日起 6 个月内复运出境或者复运进境;需要延长复运出境或者复运进境期限的,纳税义务人应当根据海关总署的规定向海关办理延期手续。货物清单如下:

(1)在展览会、交易会、会议及类似活动中展示或者使用的货物;

(2)文化、体育交流活动中使用的表演、比赛用品;

(3)进行新闻报道或者摄制电影、电视节目使用的仪器、设备及用品;

(4)开展科研、教学、医疗活动使用的仪器、设备及用品;

(5)在上述第(1)项至第(4)项所列活动中使用的交通工具及特种车辆;

(6)货样;

(7)供安装、调试、检测设备时使用的仪器、工具;

(8)盛装货物的容器;

(9)其他用于非商业目的的货物。

四、临时减免税

临时减免税是指以上法定和特定减免税以外的其他减免税,即由国务院根据《海关法》对某个单位、某类商品、某个项目或某批进出口货物的特殊情况,给予特别照顾,一案一批,专文下达的减免税。一般有单位、品种、期限、金额或数量等限制,不能比照执行。

第四节 征收管理

一、关税缴纳

进口货物的纳税义务人应当自运输工具申报进境之日起 14 日内,出口货物的纳税义务人除海关特准的以外,应当在货物运抵海关监管区后、装货的 24 小时以前,向货物的进出境地海关申报,海关根据税则归类和完税价格计算应缴纳的关税和进口环节代征税,并填发税款缴款书。纳税义务人应当自海关填发税款缴款书之日起 15 日内,向指定银行缴纳税款。如关税缴款期限届满日遇星期六、星期日等休息日或者法定节假日,则关税缴纳期限顺延至休息日或者法定节假日之后的第一个工作日。为方便纳税义务人,经申请且海关同意,进(出)口货物的纳税义务人可以在设有海关的指运地(启运地)办理海关申报、纳税手续。

关税纳税义务人因不可抗力或者在国家税收政策调整的情形下,不能按期缴纳税款的,经依法提供税款担保后,可以延期缴纳税款,但最长不得超过 6 个月。

二、关税的强制执行

纳税义务人未在关税缴纳期限内缴纳税款,即构成关税滞纳。为保证海关征收关税决定的有效执行和国家财政收入的及时入库,《海关法》赋予海关对滞纳关税的纳税义务人强制执行的权利。强制措施主要有以下两类。

(一)征收关税滞纳金

滞纳金自关税缴纳期限届满滞纳之日起,至纳税义务人缴纳关税之日止,按滞纳税款万

分之五的比例按日征收,休息日或法定节假日不予扣除。具体计算公式为:

$$关税滞纳金金额＝滞纳关税税额×滞纳金征收比率×滞纳天数$$

（二）强制征收

如纳税义务人自缴纳税款期限届满之日起3个月仍未缴纳税款,经直属海关关长或者其授权的隶属海关关长批准,海关可以采取强制扣缴、变价抵缴等强制措施。强制扣缴即海关书面通知纳税义务人开户银行或者其他金融机构从其存款中扣缴税款。变价抵缴即海关将纳税义务人的应税货物依法变卖,或者扣留并依法变卖其价值相当于应纳税款的货物或者其他财产,以变卖所得抵缴税款。

三、关税退还

关税退还是关税纳税义务人按海关核定的税额缴纳关税后,因某种原因的出现,海关将实际征收多于应当征收的税额（称为溢征关税）退还给原纳税义务人的一种行政行为。根据《海关法》和《进出口关税条例》的规定,海关多征的税款,海关发现后应当立即退还;纳税义务人发现多缴税款的,自缴纳税款之日起1年内,可以以书面形式要求海关退还多缴的税款并加算银行同期活期存款利息;海关应当自受理退税申请之日起30日内查实并通知纳税义务人办理退还手续。此外,有下列情形之一的,纳税义务人自缴纳税款之日起1年内,可以申请退还关税,并应当以书面形式向海关说明理由,提供原缴款凭证及相关资料。

（1）已征进口关税的货物,因品质或者规格原因,原状退货复运出境的;

（2）已征出口关税的货物,因品质或者规格原因,原状退货复运进境,并已重新缴纳因出口而退还的国内环节有关税收的;

（3）已征出口关税的货物,因故未装运出口,申报退关的。

海关应当自受理退税申请之日起30日内查实并通知纳税义务人办理退还手续;纳税义务人应当自收到通知之日起3个月内办理有关退税手续。前述第（1）项和第（2）项规定强调的是,"因货物品质或者规格原因,原状复运进境或者出境的"。如果属于其他原因且不能以原状复运进境或者出境,不能退税。

四、关税补征和追征

补征和追征是海关在关税纳税义务人按海关核定的税额缴纳关税后,发现实际征收税额少于应当征收的税额（称为短征关税）时,责令纳税义务人补缴所差税款的一种行政行为。《海关法》根据短征关税的原因,将海关征收原短征关税的行为分为补征和追征两种。由于纳税人违反海关规定造成短征关税的,称为追征;非因纳税人违反海关规定造成短征关税的,称为补征。区分关税追征和补征的目的是区别不同情况适用不同的征收时效,超过时效规定的期限,海关就丧失了追补关税的权力。

《海关法》和《进出口关税条例》关于征收时效的规定如下:

(1)进出境货物和物品放行后,海关发现少征或者漏征税款,应当自缴纳税款或者货物、物品放行之日起1年内,向纳税义务人补征税款;

(2)因纳税义务人违反规定而造成的少征或者漏征的税款,海关可以自纳税义务人缴纳税款或者货物、物品放行之日起3年以内追征,并从缴纳税款或者货物、物品放行之日起按日加收少征或者漏征税款万分之五的滞纳金;

(3)海关发现其监管货物因纳税义务人违反规定造成少征或者漏征税款的,应当自纳税义务人应缴纳税款之日起3年内追征税款,并从应缴纳税款之日起按日加收少征或者漏征税款万分之五的滞纳金。

五、关税纳税争议的处理

为保护纳税人合法权益,我国《海关法》和《进出口关税条例》都规定了纳税义务人对海关确定的进出口货物的征税、减税、补税或者退税等有异议时,有提出申诉的权利。在纳税义务人同海关发生纳税争议时,可以向海关申请复议,但同时应当在规定期限内按海关核定的税额缴纳关税,逾期则构成滞纳,海关有权按规定采取强制执行措施。

纳税争议的内容一般为进出境货物和物品的纳税义务人对海关在原产地认定,税则归类,税率或汇率适用,完税价格确定,关税减征、免征、追征、补征和退还等征税行为是否合法或适当,是否侵害了纳税义务人的合法权益,而对海关征收关税的行为表示异议。

纳税争议的申诉程序和期限是,纳税义务人自海关填发税款缴款书之日起60日内,向原征税海关的上一级海关提出复议申请;逾期申请复议的,海关不予受理。海关行政复议机关应当自受理复议申请之日起60日内做出复议决定,并以复议决定书的形式正式答复纳税义务人;纳税义务人对海关复议决定仍然不服的,可以自收到复议决定书之日起15日内,向人民法院提起诉讼。

第五节　船　舶　吨　税

船舶吨税是根据船舶运载量课征的一个税种,源于明朝以后税关的"船料"。中英鸦片战争后,海关对出入中国口岸的商船按船舶吨位计征税款,故称船舶吨税。除海关外,内地常关也对过往船只征船料,直到1931年常关撤销时,船料废止。现行船舶吨税的基本规范是2017年12月27日第十二届全国人民代表大会常务委员会第三十一次会议通过的《中华人民共和国船舶吨税法》(简称《船舶吨税法》),于2018年7月1日起施行,经2018年10月26日第十三届全国人民代表大会常务委员会第六次会议修改,于同日以中华人民共和国主席令第十六号公布。

一、征税范围和税率

（一）征税范围

自中华人民共和国境外港口进入境内港口的船舶(以下简称应税船舶)，应当缴纳船舶吨税(以下简称吨税)。

（二）税率

吨税设置优惠税率和普通税率。中华人民共和国国籍的应税船舶，船籍国(地区)与中华人民共和国签订含有相互给予船舶税费最惠国待遇条款的条约或者协定的应税船舶，适用优惠税率。其他应税船舶，适用普通税率。吨税的税目、税率依照《吨税税目、税率表》(见表 6-1)执行。

表 6-1 吨税税目、税率表

税目 (按船舶净吨位划分)	税率(元/净吨)						备注
	普通税率 (按执照期限划分)			优惠税率 (按执照期限划分)			
	1年	90日	30日	1年	90日	30日	
不超过 2 000 净吨	12.6	4.2	2.1	9.0	3.0	1.5	1.拖船按照发动机功率每千瓦折合净吨位 0.67 吨 2.无法提供净吨位证明文件的游艇，按照发动机功率每千瓦折合净吨位 0.05 吨 3.拖船和非机动驳船分别按相同净吨位船舶税率的 50% 计征税款
超过 2 000 净吨,但不超过 10 000 净吨	24.0	8.0	4.0	17.4	5.8	2.9	
超过 10 000 净吨,但不超过 50 000 净吨	27.6	9.2	4.6	19.8	6.6	3.3	
超过 50 000 净吨	31.8	10.6	5.3	22.8	7.6	3.8	

注：拖船，是指专门用于拖(推)动运输船舶的专业作业船舶。

二、应纳税额的计算

吨税按照船舶净吨位和吨税执照期限征收。净吨位，是指由船籍国(地区)政府签发或者授权签发的船舶吨位证明书上标明的净吨位；吨税执照期限，是指按照公历年、日计算的期间。应税船舶负责人在每次申报纳税时，可以按照《吨税税目、税率表》选择申领一种期限的吨税执照。吨税的应纳税额按照船舶净吨位乘以适用税率计算，计算公式为：

$$应纳税额 = 船舶净吨位 \times 定额税率$$

吨税由海关负责征收。海关征收吨税应当制发缴款凭证。应税船舶负责人缴纳吨税或者提供担保后,海关按照其申领的执照期限填发吨税执照。

应税船舶在进入港口办理入境手续时,应当向海关申报纳税,领取吨税执照或者交验吨税执照(或者申请核验吨税执照电子信息)。应税船舶在离开港口办理出境手续时,应当交验吨税执照(或者申请核验吨税执照电子信息)。

应税船舶负责人申领吨税执照时,应当向海关提供下列文件:

(1)船舶国籍证书或者海事部门签发的船舶国籍证书收存证明;

(2)船舶吨位证明。

应税船舶因不可抗力在未设立海关地点停泊的,船舶负责人应当立即向附近海关报告,并在不可抗力原因消除后,依照规定向海关申报纳税。

◇ **同步案例6-2**

A国某运输公司一艘货轮驶入我国某港口,该货轮净吨位为50 000吨,货轮负责人已向我国海关领取了吨税执照,在港口停留期限为30天,A国已与我国签订有相互给予船舶税费最惠国待遇条款。请计算该货轮负责人应向我国海关缴纳的吨税。

【解析】

(1)根据吨税的相关规定,该货轮应享受优惠税率,每净吨位为3.3元。

(2)应缴纳的吨税=50 000×3.3=165 000(元)

三、税收优惠

(一)直接优惠

下列船舶免征吨税。

(1)应纳税额在人民币50元以下的船舶。

(2)自境外以购买、受赠、继承等方式取得船舶所有权的初次进口到港的空载船舶。

(3)吨税执照期满后24小时内不上下客货的船舶。

(4)非机动船舶(不包括非机动驳船)。非机动船舶,是指自身没有动力装置,依靠外力驱动的船舶。非机动驳船,是指在船舶登记机关登记为驳船的非机动船舶。

(5)捕捞、养殖渔船。捕捞、养殖渔船,是指在中华人民共和国渔业船舶管理部门登记为捕捞船或者养殖船的船舶。

(6)避难、防疫隔离、修理、改造、终止运营或者拆解,并不上下客货的船舶。

(7)军队、武装警察部队专用或者征用的船舶。

(8)警用船舶。

(9)依照法律规定应当予以免税的外国驻华使领馆、国际组织驻华代表机构及其有关人员的船舶。

(10)国务院规定的其他船舶。本条免税规定,由国务院报全国人民代表大会常务委员会备案。

(二)延期优惠

在吨税执照期限内,应税船舶发生下列情形之一的,海关按照实际发生的天数批注延长吨税执照期限:

(1)避难、防疫隔离、修理、改造,并不上下客货;

(2)军队、武装警察部队征用。

符合直接优惠第(5)项至第(9)项以及延期优惠政策的船舶,应当提供海事部门、渔业船舶管理部门或者出入境检验检疫部门等部门、机构出具的具有法律效力的证明文件或者使用关系证明文件,申明免税或者延长吨税执照期限的依据和理由。

四、征收管理

吨税纳税义务发生时间为应税船舶进入港口的当日。应税船舶在吨税执照期满后尚未离开港口的,应当申领新的吨税执照,自上一次执照期满的次日起续缴吨税。

应税船舶负责人应当自海关填发吨税缴款凭证之日起 15 日内缴清税款。未按期缴清税款的,自滞纳税款之日起至缴清税款之日止,按日加收滞纳税款万分之五的税款滞纳金。

应税船舶到达港口前,经海关核准先行申报并办结出入境手续的,应税船舶负责人应当向海关提供与其依法履行吨税缴纳义务相适应的担保;应税船舶到达港口后,依照规定向海关申报纳税。下列财产、权利可以用于担保:

(1)人民币、可自由兑换货币;

(2)汇票、本票、支票、债券、存单;

(3)银行、非银行金融机构的保函;

(4)海关依法认可的其他财产、权利。

应税船舶在吨税执照期限内,因修理、改造导致净吨位变化的,吨税执照继续有效。应税船舶办理出入境手续时,应当提供船舶经过修理、改造的证明文件。

应税船舶在吨税执照期限内,因税目税率调整或者船籍改变而导致适用税率变化的,吨税执照继续有效。因船籍改变而导致适用税率变化的,应税船舶在办理出入境手续时,应当提供船籍改变的证明文件。

吨税执照在期满前毁损或者遗失的,应当向原发照海关书面申请核发吨税执照副本,不再补税。

海关发现少征或者漏征税款的,应当自应税船舶应当缴纳税款之日起 1 年内,补征税款。但因应税船舶违反规定造成少征或者漏征税款的,海关可以自应当缴纳税款之日起 3 年内追征税款,并自应当缴纳税款之日起按日加征少征或者漏征税款万分之五的税款滞纳金。海关发现多征税款的,应当在 24 小时内通知应税船舶办理退还手续,并加算银行同期活期存款利息;应税船舶发现多缴税款的,可以自缴纳税款之日起 3 年内以书面形式要求海关退还多缴的税款并加算银行同期活期存款利息,海关应当自受理退税申请之日起 30 日内查实并通知应税船舶办理退还手续。应税船舶应当自收到退税通知之日起 3 个月内办理有关退还手续。

应税船舶有下列行为之一的,由海关责令限期改正,处 2 000 元以上 30 000 元以下的罚款;不缴或者少缴应纳税款的,处不缴或者少缴税款 50% 以上 5 倍以下的罚款,但罚款不得低于 2 000 元。

(1)未按照规定申报纳税、领取吨税执照;

(2)未按照规定交验吨税执照(或者申请核验吨税执照电子信息)以及提供其他证明文件。

吨税税款、税款滞纳金、罚款以人民币计算。

吨税的征收,《船舶吨税法》未作规定的,依照有关税收征收管理的法律、行政法规的规定执行。

◇ 本章小结

关税是依法对进出境货物、物品征收的一种税。进口货物的收货人、出口货物的发货人、进境物品的所有人,是关税的纳税义务人。自中华人民共和国境外港口进入境内港口的船舶,应当缴纳船舶吨税。本章的知识点包括关税和船舶吨税的概念、特点、征收范围、税率设置、减免政策等税制要素。同学们学习本章后,应当能够界定关税纳税人和计算关税应纳税额,掌握在特殊情况下的关税税额计算,了解船舶吨税征收的基本规定。本章与前文介绍的增值税、消费税的综合计算,是全书的难点之一。

◇ 本章思考题

1. 关税有哪些主要分类方式?
2. 我国进口关税有哪几种税率?
3. 进出口货物的完税价格应该如何确定?
4. 简述关税应纳税额的计算公式。

第七章 资源类税

◇ 学习目标

■ 1.知识目标

(1)了解资源类税收的概念、特点；
(2)了解资源类税收的征收范围；
(3)了解资源类税收税率的设置以及种类；
(4)掌握资源类税收征收管理的有关规定。

■ 2.能力目标

(1)认识五种资源类税收的税制要素；
(2)掌握五种资源类税收应纳税额的计算。

■ 3.情感目标

(1)了解、掌握并学会运用资源类税收法律的相关规定；
(2)了解资源类税收的减免税政策,完整、准确、全面贯彻新发展理念,推进资源全面节约和循环利用,推动形成绿色发展方式和生活方式。

◇ 学习重难点

1.开征资源类税收的意义。
2.烟叶税中烟叶收购金额的计算。
3.环境保护税按照污染当量的计算。

◇ 本章关键词

资源税　环境保护税　城镇土地使用税　耕地占用税　烟叶税

◇ 导入案例

"多税种共治"的绿色税制发力

2024年1月18日,国家税务总局纳税服务司司长沈新国在国务院新闻办公室举行的税收服务高质量发展新闻发布会上介绍,2023年,税务部门积极推进绿色税制体系建设和政策落实,"多税种共治"的绿色税制体系有效发挥作用。税务部门坚持依法治税原则,不折不扣落实环境保护税法、资源税法等绿色税收法规,助力生态环境保护和资源集约节约利用。

沈新国举例说,环境保护税通过"多排多征、少排少征、不排不征"的导向机制,倒逼企业减少污染排放、加强环境治理、发展循环经济,2023年全年入库税收205亿元;资源税通过确立从价计征为主的征收方式,建立起与资源产品市场价格直接挂钩的税收调节机制,鼓励企业合理开发利用资源,2023年全年入库税收3 070亿元。

与此同时,"多政策组合"的优惠政策体系助力绿色发展,"多部门协同"的征管协作机制汇聚监管合力。沈新国介绍,税务部门高效落实企业所得税、增值税、车辆购置税相关绿色税收优惠政策,激励企业走绿色高质量发展道路。2023年,对资源综合利用产品取得的收入减免企业所得税167亿元,对相关产品及劳务即征即退增值税564亿元,鼓励节约资源、"变废为宝";对新能源汽车免征车辆购置税、车船税1 218亿元,促进汽车行业降碳减排。

税务部门还与生态环境、自然资源等相关部门加大联合控管、联合激励、联合惩戒等协作治税力度,为绿色发展提供有力支持。沈新国表示,下一步,税务部门将继续完整、准确、全面贯彻新发展理念,积极推进税收服务绿色低碳发展。

资料来源:赵建华.国家税务总局:"多税种共治"的绿色税制发力[EB/OL].(2024-01-18)[2024-01-30]. https://baijiahao.baidu.com/s? id=1788417580938226569&wfr=spider&for=pc.

第一节 资　源　税

资源税是对在我国领域和管辖的其他海域开发应税资源的单位和个人课征的一种税,属于对自然资源开发课税的范畴。资源税法,是指国家制定的用以调整资源税征收与缴纳相关权利及义务关系的法律规范。2019年8月26日,第十三届全国人民代表大会常务委员会第十二次会议通过了《中华人民共和国资源税法》(以下简称《资源税法》),并自2020年9月1日起施行。为贯彻落实《资源税法》,财政部、国家税务总局明确了有关问题的执行口径和征管具体规定等,以规范资源税的征收管理。

征收资源税的主要作用包括如下几点。

(1)促进对自然资源的合理开发利用。通过对开发、利用应税资源的行为课征资源税,体现了国有自然资源有偿占用的原则,从而可以促使纳税人节约、合理地开发和利用自然资源,有利于我国经济可持续发展。

(2)为国家筹集财政资金。随着其课征范围的逐渐扩展,资源税的收入规模及其在税收收入总额中所占的比重都相应增加,其财政意义也日渐明显,在为国家筹集财政资金方面发挥着不可忽视的作用。

一、纳税义务人

资源税的纳税义务人是指在中华人民共和国领域及管辖的其他海域开发应税资源的单位和个人。应税资源的具体范围,由《资源税法》所附《资源税税目税率表》确定。

资源税规定仅对在中国境内开发应税资源的单位和个人征收,因此,进口的矿产品和盐不征收资源税。由于对进口应税产品不征收资源税,相应地,对出口应税产品也不免征或退还已纳资源税。

纳税人自用应税产品,如果属于应当缴纳资源税的情形,应按规定缴纳资源税。纳税人自用应税产品应当缴纳资源税的情形包括:纳税人以应税产品用于非货币性资产交换、捐赠、偿债、赞助、集资、投资、广告、样品、职工福利、利润分配或者连续生产非应税产品等。纳税人开采或者生产应税产品自用于连续生产应税产品的,不缴纳资源税。如铁原矿用于继续生产铁精粉的,在移送铁原矿时不缴纳资源税;但对于生产非应税产品的,如将铁精粉继续用于冶炼的,应当在移送环节缴纳资源税。

开采海洋或陆上油气资源的中外合作油气田,在2011年11月1日前已签订的合同继续缴纳矿区使用费,不缴纳资源税;合同期满后,依法缴纳资源税。

二、税目与税率

(一)税目

资源税税目包括能源矿产、金属矿产、非金属矿产、水气矿产、盐五大类,在5个税目下面,又设有164个子目,涵盖了所有已经发现的矿种和盐。现行资源税的税目及子目主要是根据资源税应税产品和纳税人开采资源的行业特点设置的。

上述各税目征税时有的对原矿征税,有的对选矿征税,具体适用的征税对象按照《资源税税目税率表》的规定执行(如表7-1所示),主要包括以下三类:① 按原矿征税;② 按选矿征税;③ 按原矿或者选矿征税。

表 7-1 资源税税目税率幅度表

序号	税目			征税对象	税率
1	能源矿产		原油	原矿	6%
2			天然气、页岩气、天然气水合物	原矿	6%
3			煤	原矿或者选矿	2%～10%
4			煤成(层)气	原矿	1%～2%
5			铀、钍	原矿	4%
6			油页岩、油砂、天然沥青、石煤	原矿或者选矿	1%～4%
7			地热	原矿	1%～20%或者每立方米1～30元
8	金属矿产	黑色金属	铁、锰、铬、钒、钛	原矿或者选矿	1%～9%
9		有色金属	铜、铅、锌、锡、镍、锑、镁、钴、铋、汞	原矿或者选矿	2%～10%
10			铝土矿	原矿或者选矿	2%～9%
11			钨	选矿	6.5%
12			钼	选矿	8%
13			金、银	原矿或者选矿	2%～6%
14			铂、钯、钌、锇、铱、铑	原矿或者选矿	5%～10%
15			轻稀土	选矿	7%～12%
16			中重稀土	选矿	20%
17			铍、锂、锆、锶、铷、铯、铌、钽、锗、镓、铟、铊、铪、铼、镉、硒、碲	原矿或者选矿	2%～10%
18	非金属矿产	矿物类	高岭土	原矿或者选矿	1%～6%
19			石灰岩	原矿或者选矿	1%～6%或者每吨(或者每立方米)1～10元
20			磷	原矿或者选矿	3%～8%
21			石墨	原矿或者选矿	3%～12%
22			萤石、硫铁矿、自然硫	原矿或者选矿	1%～8%
23			天然石英砂、脉石英、粉石英、水晶、工业用金刚石、冰洲石、蓝晶石、硅线石(矽线石)、长石、滑石、刚玉、菱镁矿、颜料矿物、天然碱、芒硝、钠硝石、明矾石、砷、硼、碘、溴、膨润土、硅藻土、陶瓷土、耐火粘土、铁钒土、凹凸棒石粘土、海泡石粘土、伊利石粘土、累托石粘土	原矿或者选矿	1%～12%

续表

序号	税目		征税对象	税率
24	矿物类	叶腊石、硅灰石、透辉石、珍珠岩、云母、沸石、重晶石、毒重石、方解石、蛭石、透闪石、工业用电气石、白垩、石棉、蓝石棉、红柱石、石榴子石、石膏	原矿或者选矿	2%～12%
25		其他粘土（铸型用粘土、砖瓦用粘土、陶粒用粘土、水泥配料用粘土、水泥配料用红土、水泥配料用黄土、水泥配料用泥岩、保温材料用粘土）	原矿或者选矿	1%～5%或者每吨（或者每立方米）0.1～5元
26	非金属矿产 岩石类	大理岩、花岗岩、白云岩、石英岩、砂岩、辉绿岩、安山岩、闪长岩、板岩、玄武岩、片麻岩、角闪岩、页岩、浮石、凝灰岩、黑曜岩、霞石正长岩、蛇纹岩、麦饭石、泥灰岩、含钾岩石、含钾砂页岩、天然油石、橄榄岩、松脂岩、粗面岩、辉长岩、辉石岩、正长岩、火山灰、火山渣、泥炭	原矿或者选矿	1%～10%
27		砂石	原矿或者选矿	1%～5%或者每吨（或者每立方米）0.1～5元
28	宝玉石类	宝石、玉石、宝石级金刚石、玛瑙、黄玉、碧玺	原矿或者选矿	4%～20%
29	水气矿产	二氧化碳气、硫化氢气、氦气、氡气	原矿	2%～5%
30		矿泉水	原矿	1%～20%或者每立方米1～30元
31	盐	钠盐、钾盐、镁盐、锂盐	选矿	3%～15%
32		天然卤水	原矿	3%～15%或者每吨（或者每立方米）1～10元
33		海盐		2%～5%

纳税人以自采原矿（经过采矿过程采出后未进行选矿或者加工的矿石）直接销售，或者自用于应当缴纳资源税情形的，按照原矿计征资源税。

纳税人以自采原矿洗选加工为选矿产品（通过破碎、切割、洗选、筛分、磨矿、分级、提纯、脱水、干燥等过程形成的产品,包括富集的精矿和研磨成粉、粒级成型、切割成型的原矿加工品)销售,或者将选矿产品自用于应当缴纳资源税情形的,按照选矿产品计征资源税,在原矿移送环节不缴纳资源税。对于无法区分原生岩石矿种的粒级成型砂石颗粒,按照砂石税目征收资源税。

(二)税率

资源税法按原矿、选矿分别设定税率。对原油、天然气、中重稀土、钨、钼等战略资源实行固定税率,由税法直接确定。其他应税资源实行幅度税率,其具体适用税率由省、自治区、直辖市人民政府统筹考虑该应税资源的品位、开采条件以及对生态环境的影响等情况,在规定的税率幅度内提出,报同级人民代表大会常务委员会决定,并报全国人民代表大会常务委员会和国务院备案。

纳税人开采或者生产不同税目应税产品的,应当分别核算不同税目应税产品的销售额或者销售数量;未分别核算或者不能准确提供不同税目应税产品的销售额或者销售数量的,从高适用税率。

纳税人开采或者生产同一税目下适用不同税率应税产品的,应当分别核算不同税率应税产品的销售额或者销售数量;未分别核算或者不能准确提供不同税率应税产品的销售额或者销售数量的,从高适用税率。

三、计税依据

资源税的计税依据为应税产品的销售额或销售量,各税目的征税对象包括原矿、选矿等。资源税适用从价计征为主、从量计征为辅的征税方式。根据《资源税税目税率表》的规定,地热、石灰岩、其他粘土、砂石、矿泉水和天然卤水可采用从价计征或从量计征的方式,其他应税产品统一适用从价税率征收的方式。

(一)从价定率征收的计税依据

1. 销售额的基本规定

资源税应税产品(以下简称应税产品)的销售额,按照纳税人销售应税产品向购买方收取的全部价款确定,不包括增值税税款。

计入销售额中的相关运杂费用,凡取得增值税发票或者其他合法有效凭据的,准予从销售额中扣除。相关运杂费用是指应税产品从坑口或者洗选(加工)地到车站、码头或者购买方指定地点的运输费用、建设基金以及随运销产生的装卸、仓储、港杂费用。

2. 特殊情形下销售额的确定

1)核定应税产品销售额

纳税人申报的应税产品销售额明显偏低且无正当理由的,或者有自用应税产品行为而无销售额的,主管税务机关可以按下列方法和顺序确定其应税产品销售额。

(1)按纳税人最近时期同类产品的平均销售价格确定。

(2)按其他纳税人最近时期同类产品的平均销售价格确定。

(3)按后续加工非应税产品销售价格,减去后续加工环节的成本、利润后确定。

(4)按应税产品组成计税价格确定。其计算公式为:

$$组成计税价格 = 成本 \times (1 + 成本利润率) \div (1 - 资源税税率)$$

上述公式中的成本利润率由省、自治区、直辖市税务机关确定。

(5)按其他合理方法确定。

2)外购应税产品购进金额、购进数量的扣减

纳税人外购应税产品与自采应税产品混合销售或者混合加工为应税产品销售的,在计算应税产品销售额或者销售数量时,准予扣减外购应税产品的购进金额或者购进数量;当期不足扣减的,可结转下期扣减。纳税人应当准确核算外购应税产品的购进金额或者购进数量,未准确核算的,一并计算缴纳资源税。

纳税人核算并扣减当期外购应税产品购进金额、购进数量,应当依据外购应税产品的增值税发票、海关进口增值税专用缴款书或者其他合法有效凭据。

纳税人以外购原矿与自采原矿混合为原矿销售,或者以外购选矿产品与自产选矿产品混合为选矿产品销售的,在计算应税产品销售额或者销售数量时,直接扣减外购原矿或者外购选矿产品的购进金额或者购进数量。

纳税人以外购原矿与自采原矿混合洗选加工为选矿产品销售的,在计算应税产品销售额或者销售数量时,按照下列方法进行扣减:

$$\text{准予扣减的外购应税产品购进金额(数量)} = \text{外购原矿购进金额(数量)} \times \left(\frac{\text{本地区原矿适用税率}}{\text{本地区选矿产品适用税率}} \right)$$

不能按照上述方法计算扣减的,按照主管税务机关确定的其他合理方法进行扣减。

例如,某煤炭企业将外购100万元原煤与自采200万元原煤混合洗选加工为选煤销售,选煤销售额为450万元。当地原煤税率为3%,选煤税率为2%,在计算应税产品销售额时,准予扣减的外购应税产品购进金额=外购原煤购进金额×(本地区原煤适用税率÷本地区选煤适用税率)=100×(3%÷2%)=150(万元)。

(二)从量定额征收的计税依据

实行从量定额征收的,以应税产品的销售数量为计税依据。应税产品的销售数量,包括纳税人开采或者生产应税产品的实际销售数量和自用于应当缴纳资源税情形的应税产品数量。

四、应纳税额的计算

资源税的应纳税额,按照从价定率或者从量定额的办法,分别以应税产品的销售额乘以纳税人具体适用的比例税率或者应税产品的销售数量乘以纳税人具体适用的定额税率计算。

（一）从价定率方式应纳税额的计算

实行从价定率方式征收资源税的,根据应税产品的销售额和规定的适用税率计算应纳税额,具体计算公式为:

应纳税额＝销售额×适用税率

◇ **同步案例7-1**

某油田2023年3月销售原油20 000吨,开具增值税专用发票取得销售额10 000万元、增值税税额1 300万元,按《资源税法》所附《资源税税目税率表》的规定,其适用税率为6%。请计算该油田当月应缴纳的资源税。

【解析】

销售原油应纳税额＝10 000×6%＝600(万元)

◇ **同步案例7-2**

某石化企业为增值税一般纳税人,2023年5月发生以下业务:

(1)从国外某石油公司进口原油50 000吨,支付不含税价款折合人民币9 000万元,其中包含的包装费及保险费折合人民币10万元;

(2)开采原油10 000吨,并将开采的原油对外销售6 000吨,取得不含税销售额2 340万元,另外支付运输费用7.02万元;

(3)用开采的原油2 000吨加工生产汽油1 300吨。

要求:计算该石化公司当月应纳资源税。

【解析】

(1)由于资源税仅对在中国境内开采或生产应税产品的单位和个人征收,因此业务(1)中该石化公司进口原油无须缴纳资源税。

(2)业务(2)应缴纳的资源税＝2 340×6%＝140.4(万元)

(3)每吨原油的不含税销售价格＝2 340÷6 000＝0.39(万元)

业务(3)应缴纳的资源税＝0.39×2 000×6%＝46.8(万元)

(4)该石化公司当月应纳资源税＝140.4＋46.8＝187.2(万元)

（二）从量定额方式应纳税额的计算

实行从量定额征收资源税的,根据应税产品的课税数量和规定的单位税额计算应纳税额,具体计算公式为:

应纳税额＝课税数量×单位税额

◇ **同步案例7-3**

> 某砂石开采企业2023年3月销售砂石4 000立方米,资源税税率为2元/立方米。请计算该企业当月应纳资源税税额。
>
> 【解析】
> 销售砂石应纳税额＝4 000×2＝8 000(元)

五、减税、免税项目

（一）免征资源税

有下列情形之一的,免征资源税:
(1)开采原油以及油田范围内运输原油过程中用于加热的原油、天然气;
(2)煤炭开采企业因安全生产需要抽采的煤成(层)气。

（二）减征资源税

有下列情形之一的,减征资源税。

1.减征20%

从低丰度油气田开采的原油、天然气减征20%资源税。

陆上低丰度油田是指每平方公里原油可采储量丰度低于25万立方米的油田;陆上低丰度气田是指每平方公里天然气可采储量丰度低于2.5亿立方米的气田。

海上低丰度油田是指每平方公里原油可开采储量丰度低于60万立方米的油田;海上低丰度气田是指每平方公里天然气可开采储量丰度低于6亿立方米的气田。

2.减征30%

高含硫天然气、三次采油和从深水油气田开采的原油、天然气,减征30%资源税。

高含硫天然气是指硫化氢含量在每立方米30克以上的天然气。

三次采油是指二次采油后继续以聚合物驱、复合驱、泡沫驱、二氧化碳驱、气水交替驱、微生物驱等方式进行采油。

深水油气田是指水深超过300米的油气田。

3. 减征40%

稠油、高凝油减征40%资源税。

稠油是指地层原油黏度大于或等于50毫帕/秒,或原油密度大于或等于0.92克/立方厘米的原油。

高凝油是指凝固点高于40℃的原油。

4. 减征30%

从衰竭期矿山开采的矿产品,减征30%资源税。

衰竭期矿山是指设计开采年限超过15年,且剩余可采储量下降到原设计可采储量的20%以下或者剩余开采年限不超过5年的矿山,衰竭期矿山以开采企业下属的单个矿山为单位确定。

根据国民经济和社会发展的需要,国务院对有利于促进资源节约集约利用、保护环境等情形可以规定免征或者减征资源税,报全国人民代表大会常务委员会备案。

(三)可由省、自治区、直辖市人民政府决定的减税或者免税

有下列情形之一的,省、自治区、直辖市人民政府可以决定减税或者免税:

(1)纳税人开采或者生产应税产品过程中,因意外事故或者自然灾害等原因遭受重大损失的;

(2)纳税人开采共伴生矿、低品位矿、尾矿。

上述两项的免征或者减征的具体办法,由省、自治区、直辖市人民政府提出,报同级人民代表大会常务委员会决定,并报全国人民代表大会常务委员会和国务院备案。

自2022年1月1日至2024年12月31日,由省、自治区、直辖市人民政府根据本地区实际情况,以及宏观调控需要确定,对增值税小规模纳税人、小型微利企业和个体工商户可以在50%的税额幅度内减征资源税。

(四)其他减税、免税

其他减税、免税事项主要有:

(1)对青藏铁路公司及其所属单位运营期间自采自用的砂、石等材料免征资源税;

(2)自2018年4月1日至2023年12月31日,对页岩气资源税按6%的规定税率减征30%;

(3)自2014年12月1日至2023年8月31日,对充填开采置换出来的煤炭,资源税减征50%。

纳税人开采或者生产同一应税产品,其中既有享受减免税政策的,又有不享受减免税政策的,按照免税、减税项目的产量占比等方法分别核算确定免税、减税项目的销售额或者销售数量。

纳税人开采或者生产同一应税产品同时符合两项或者两项以上减征资源税优惠政策的,除另有规定外,只能选择其中一项执行。

纳税人享受资源税优惠政策,实行"自行判别、申报享受、有关资料留存备查"的办理方式,另有规定的除外。纳税人对资源税优惠事项留存材料的真实性和合法性承担法律责任。

六、征收管理

(一)纳税义务发生时间

纳税人销售应税产品,纳税义务发生时间为收讫销售款或者取得索取销售款凭据的当日;自用应税产品的,纳税义务发生时间为移送应税产品的当日。

(二)纳税期限

资源税按月或者按季申报缴纳;不能按固定期限计算缴纳的,可以按次申报缴纳。

纳税人按月或者按季申报缴纳的,应当自月度或者季度终了之日起15日内,向税务机关办理纳税申报并缴纳税款。

(三)纳税地点

纳税人应当在矿产品的开采地或者海盐的生产地缴纳资源税。

(四)征收机关

资源税由税务机关按照《资源税法》和《税收征收管理法》的规定征收管理。海上开采的原油和天然气资源税由海洋石油税务管理机构征收管理。税务机关与自然资源等相关部门应当建立工作配合机制,加强资源税征收管理。

根据《国家税务总局关于简并税费申报有关事项的公告》(国家税务总局公告2021年第9号),自2021年6月1日起,纳税人申报缴纳城镇土地使用税、房产税、车船税、印花税、耕地占用税、资源税、土地增值税、契税、环境保护税、烟叶税中一个或多个税种时,使用《财产和行为税纳税申报表》。纳税人新增税源或税源变化时,按规定填报《财产和行为税税源明细表》。

专栏7-2
财产和行为
税合并纳税
申报操作手册

七、水资源税改革试点实施办法

为全面贯彻落实党的十九大精神,推进资源全面节约和循环利用,推动形成绿色发展方式和生活方式,根据财政部、国家税务总局、水利部发布的《扩大水资源税改革试点实施办法》(以下简称《试点实施办法》),自 2017 年 12 月 1 日起,北京、天津、山西、内蒙古、河南、山东、四川、陕西、宁夏 9 个省、自治区、直辖市纳入水资源税改革试点,由征收水资源费改为征收水资源税。

(一)纳税义务人

除规定情形外,水资源税的纳税人为直接取用地表水、地下水的单位和个人,包括直接从江、河、湖泊(含水库)和地下取用水资源的单位和个人。

下列情形,不缴纳水资源税:

(1)农村集体经济组织及其成员从本集体经济组织的水塘、水库中取用水的;
(2)家庭生活和零星散养、圈养畜禽饮用等少量取用水的;
(3)水利工程管理单位为配置或者调度水资源取水的;
(4)为保障矿井等地下工程施工安全和生产安全必须进行临时应急取用(排)水的;
(5)为消除对公共安全或者公共利益的危害临时应急取水的;
(6)为农业抗旱和维护生态与环境必须临时应急取水的。

(二)税率

除中央直属和跨省(区、市)水力发电取用水外,由试点省(区、市)人民政府统筹考虑本地区水资源状况、经济社会发展水平和水资源节约保护要求,在《试点实施办法》所附《试点省份水资源税最低平均税额表》(见表 7-2)规定的最低平均税额基础上,分类确定具体适用税额。

表 7-2　试点省份水资源税最低平均税额表　　　　单位:元/立方米

省(区、市)	地表水最低平均税额	地下水最低平均税额
北京	1.6	4
天津	0.8	4
山西	0.5	2
内蒙古	0.5	2
山东	0.4	1.5
河南	0.4	1.5
四川	0.1	0.2
陕西	0.3	0.7
宁夏	0.3	0.7

为发挥水资源税调控作用,按不同取用水性质实行差别税额,地下水税额要高于地表水,超采区地下水税额要高于非超采区,严重超采地区的地下水税额要大幅高于非超采地区。对超计划或超定额用水加征 1~3 倍,对特种行业从高征税,对超过规定限额的农业生产取用水、农村生活集中式饮水工程取用水从低征税。具体适用税额,授权省级人民政府统筹考虑本地区水资源状况、经济社会发展水平和水资源节约保护的要求确定。

（三）应纳税额的计算

水资源税实行从量计征。对一般取用水按照实际取用水量征税,对采矿和工程建设疏干排水按照排水量征税;对水力发电和火力发电贯流式(不含循环式)冷却取用水按照实际发电量征税。计算公式为:

一般取用水应纳税额＝实际取用水量×适用税额

疏干排水应纳税额＝实际取用水量×适用税额

疏干排水的实际取用水量按照排水量确定。疏干排水,是指在采矿和工程建设过程中破坏地下水层、发生地下涌水的活动。

水力发电和火力发电贯流式(不含循环式)冷却取用水应纳税额＝实际发电量×适用税额

火力发电贯流式冷却取用水,是指火力发电企业从江河、湖泊(含水库)等水源取水,并对机组冷却后将水直接排入水源的取用水方式。火力发电循环式冷却取用水,是指火力发电企业从江河、湖泊(含水库)、地下等水源取水并引入自建冷却水塔,对机组冷却后返回冷却水塔循环利用的取用水方式。

（四）税收减免

下列情形,予以免征或者减征水资源税:

(1)规定限额内的农业生产取用水,免征水资源税;

(2)取用污水处理再生水,免征水资源税;

(3)除接入城镇公共供水管网以外,军队、武警部队通过其他方式取用水的,免征水资源税;

(4)抽水蓄能发电取用水,免征水资源税;

(5)采油排水经分离净化后在封闭管道回注的,免征水资源税;

(6)财政部、国家税务总局规定的其他免征或者减征水资源税情形。

（五）征收管理

为加强税收征管、提高征管效率,《试点实施办法》确定了"税务征管、水利核量、自主申报、信息共享"的征管模式,即税务机关依法征收管理;水行政主管部门负责核定取用水量;纳税人依法办理纳税申报;税务机关与水行政主管部门建立涉税信息共享平台和工作配合机制,定期交换征税和取用水信息资料。

水资源税的纳税义务发生时间为纳税人取用水资源的当日。除农业生产取用水外,水资源税按季或者按月征收,由主管税务机关根据实际情况确定。对超过规定限额的农业生产取用水水资源税可按年征收。不能按固定期限计算纳税的,可以按次申报纳税。

纳税人应当自纳税期满或者纳税义务发生之日起15日内申报纳税。

水资源税由生产经营所在地的主管税务机关征收管理,跨省(区、市)调度的水资源,由调入区域所在地的税务机关征收水资源税。在试点省份内取用水,其纳税地点需要调整的,由省级财政、税务部门决定。

《资源税法》第十四条授权国务院试点征收水资源税,规定如下:国务院根据国民经济和社会发展的需要,依照《资源税法》的原则,对取用地表水或者地下水的单位和个人试点征收水资源税。征收水资源税的,停止征收水资源费;水资源税试点实施办法由国务院规定,报全国人民代表大会常务委员会备案;国务院自《资源税法》施行之日起5年内,就征收水资源税试点情况向全国人民代表大会常务委员会报告,并及时提出修改法律的建议。

第二节 环境保护税

环境保护税法,是指国家制定的调整环境保护税征收与缴纳相关权利及义务关系的法律规范。现行环境保护税法的基本规范包括2016年12月25日第十二届全国人民代表大会常务委员会第二十五次会议通过的《中华人民共和国环境保护税法》(以下简称《环境保护税法》)、2017年12月30日国务院发布的《中华人民共和国环境保护税法实施条例》等。《环境保护税法》自2018年1月1日起正式实施。

环境保护税是对在我国领域以及管辖的其他海域直接向环境排放应税污染物的企业事业单位和其他生产经营者征收的一种税,其立法目的是保护和改善环境,减少污染物排放,推进生态文明建设。环境保护税是我国首个明确以环境保护为目标的独立型环境税税种,有利于解决排污费制度存在的执法刚性不足等问题,有利于增强纳税人环保意识和强化企业治污减排责任。

直接向环境排放应税污染物的企业事业单位和其他生产经营者,除依照《环境保护税法》规定缴纳环境保护税外,还应当对所造成的损害依法承担责任。

一、纳税义务人

环境保护税的纳税义务人是在中华人民共和国领域和中华人民共和国管辖的其他海域直接向环境排放应税污染物的企业事业单位和其他生产经营者。

应税污染物,是指《环境保护税法》所附《环境保护税税目税额表》《应税污染物和当量值表》所规定的大气污染物、水污染物、固体废物和噪声。

有下列情形之一的,不属于直接向环境排放污染物,不缴纳相应污染物的环境保护税:

(1)企业事业单位和其他生产经营者向依法设立的污水集中处理、生活垃圾集中处理场所排放应税污染物的;

(2)企业事业单位和其他生产经营者在符合国家和地方环境保护标准的设施、场所贮存或者处置固体废物的;

(3) 达到省级人民政府确定的规模标准并且有污染物排放口的畜禽养殖场，应当依法缴纳环境保护税，但依法对畜禽养殖废弃物进行综合利用和无害化处理的，不属于直接向环境排放污染物，不缴纳环境保护税。

二、税目与税率

（一）税目

环境保护税税目包括大气污染物、水污染物、固体废物和噪声四大类。

1. 大气污染物

大气污染物包括二氧化硫、氮氧化物、一氧化碳、氯气、氯化氢、氟化物、氰化氢、硫酸雾、铬酸雾、汞及其化合物、一般性粉尘、石棉尘、玻璃棉尘、碳黑尘、铅及其化合物、镉及其化合物、铍及其化合物、镍及其化合物、锡及其化合物、烟尘、苯、甲苯、二甲苯、苯并(a)芘、甲醛、乙醛、丙烯醛、甲醇、酚类、沥青烟、苯胺类、氯苯类、硝基苯、丙烯腈、氯乙烯、光气、硫化氢、氨、三甲胺、甲硫醇、甲硫醚、二甲二硫、苯乙烯、二硫化碳，共计44项。环境保护税的征税范围不包括温室气体二氧化碳。

2. 水污染物

水污染物分为两类：第一类水污染物包括总汞、总镉、总铬、六价铬、总砷、总铅、总镍、苯并(a)芘、总铍、总银；第二类水污染物包括悬浮物(SS)、生化需氧量(BOD_5)、化学需氧量(COD_{cr})、总有机碳(TOC)、石油类、动植物油、挥发酚、总氰化物、硫化物、氨氮、氟化物、甲醛、苯胺类、硝基苯类、阴离子表面活性剂(LAS)、总铜、总锌、总锰、彩色显影剂(CD-2)、总磷、单质磷(以P计)、有机磷农药(以P计)、乐果、甲基对硫磷、马拉硫磷、对硫磷、五氯酚及五氯酚钠(以五氯酚计)、三氯甲烷、可吸附有机卤化物(AOX)(以Cl计)、四氯化碳、三氯乙烯、四氯乙烯、苯、甲苯、乙苯、邻-二甲苯、对-二甲苯、间-二甲苯、氯苯、邻二氯苯、对二氯苯、对硝基氯苯、2,4-二硝基氯苯、苯酚、间-甲酚、2,4-二氯酚、2,4,6-三氯酚、邻苯二甲酸二丁酯、邻苯二甲酸二辛酯、丙烯腈、总硒。应税水污染物共计61项。

3. 固体废物

固体废物包括煤矸石、尾矿、危险废物、冶炼渣、粉煤灰、炉渣、其他固体废物(含半固态、液态废物)。

4. 噪声

应税噪声污染目前只包括工业噪声。

(二)税率

环境保护税采用定额税率,其中,对应税大气污染物和水污染物规定了幅度定额税率,具体适用税额的确定和调整由省、自治区、直辖市人民政府统筹考虑本地区环境承载能力、污染物排放现状和经济社会生态发展目标要求,在规定的税额幅度内提出,报同级人民代表大会常务委员会决定,并报全国人民代表大会常务委员会和国务院备案。《环境保护税税目税额表》见表 7-3。

表 7-3 环境保护税税目税额表

税目		计税单位	税额	备注
大气污染物		每污染当量	1.2~12 元	—
水污染物		每污染当量	1.4~14 元	—
固体废物	煤矸石	每吨	5 元	—
	尾矿	每吨	15 元	—
	危险废物	每吨	1 000 元	—
	冶炼渣、粉煤灰、炉渣、其他固体废物(含半固态、液态废物)	每吨	25 元	—
噪声	工业噪声	超标 1~3 分贝	每月 350 元	1. 一个单位边界上有多处噪声超标,根据最高一处超标声级计算应纳税额;当沿边界长度超过 100 米有两处以上噪声超标,按照两个单位计算应纳税额 2. 一个单位有不同地点作业场所的,应当分别计算应纳税额,合并计征 3. 昼、夜均超标的环境噪声,昼、夜分别计算应纳税额,累计计征 4. 声源 1 个月内超标不足 15 天的,减半计算应纳税额 5. 夜间频繁突发和夜间偶然突发厂界超标噪声,按等效声级和峰值噪声两种指标中超标分贝值高的一项计算应纳税额
		超标 4~6 分贝	每月 700 元	
		超标 7~9 分贝	每月 1 400 元	
		超标 10~12 分贝	每月 2 800 元	
		超标 13~15 分贝	每月 5 600 元	
		超标 16 分贝以上	每月 11 200 元	

三、计税依据

（一）计税依据确定的基本方法

应税污染物的计税依据，按照下列方法确定：
(1)应税大气污染物按照污染物排放量折合的污染当量数确定；
(2)应税水污染物按照污染物排放量折合的污染当量数确定；
(3)应税固体废物按照固体废物的排放量确定；
(4)应税噪声按照超过国家规定标准的分贝数确定。

1. 应税大气污染物、水污染物计税依据的确定

应税大气污染物、水污染物按照污染物排放量折合的污染当量数确定计税依据。污染当量数以该污染物的排放量除以该污染物的污染当量值计算。计算公式为：

应税大气污染物、水污染物的污染当量数＝该污染物的排放量÷该污染物的污染当量值

污染当量，是指根据污染物或者污染排放活动对环境的有害程度以及处理的技术经济性，衡量不同污染物对环境污染的综合性指标或者计量单位。同一介质相同污染当量的不同污染物，其污染程度基本相当。每种应税大气污染物、水污染物的具体污染当量值，依照《环境保护税法》所附《应税污染物和当量值表》执行。

每一排放口或者没有排放口的应税大气污染物，按照污染当量数从大到小排序，对前三项污染物征收环境保护税。每一排放口的应税水污染物，按照《环境保护税法》所附《应税污染物和当量值表》，区分第一类水污染物和其他类水污染物，按照污染当量数从大到小排序，对第一类水污染物按照前五项征收环境保护税，对其他类水污染物按照前三项征收环境保护税。

省、自治区、直辖市人民政府根据本地区污染物减排的特殊需要，可以增加同一排放口征收环境保护税的应税污染物项目数，报同级人民代表大会常务委员会决定，并报全国人民代表大会常务委员会和国务院备案。

纳税人有下列情形之一的，以其当期应税大气污染物、水污染物的产生量作为污染物的排放量：

(1)未依法安装使用污染物自动监测设备或者未将污染物自动监测设备与生态环境主管部门的监控设备联网；
(2)损毁或者擅自移动、改变污染物自动监测设备；
(3)篡改、伪造污染物监测数据；
(4)通过暗管、渗井、渗坑、灌注或者稀释排放以及不正常运行防治污染设施等方式违法排放应税污染物；
(5)进行虚假纳税申报。

2.应税固体废物计税依据的确定

应税固体废物按照固体废物的排放量确定计税依据。固体废物的排放量为当期应税固体废物的产生量减去当期应税固体废物的贮存量、处置量、综合利用量的余额。其中,固体废物的贮存量、处置量,是指在符合国家和地方环境保护标准的设施、场所贮存或者处置的固体废物数量;固体废物的综合利用量,是指按照国务院发展改革、工业和信息化主管部门关于资源综合利用要求以及国家和地方环境保护标准进行综合利用的固体废物数量。计算公式为:

固体废物的排放量=当期固体废物的产生量－当期固体废物的综合利用量－当期固体废物的贮存量－当期固体废物的处置量

纳税人有下列情形之一的,以其当期应税固体废物的产生量作为固体废物的排放量:
(1)非法倾倒应税固体废物;
(2)进行虚假纳税申报。

3.应税噪声计税依据的确定

应税噪声按照超过国家规定标准的分贝数确定计税依据。工业噪声按超过国家规定标准的分贝数确定每月税额,超过国家规定标准的分贝数是指实际产生的工业噪声与国家规定的工业噪声排放标准限值之间的差值。

(二)应税大气污染物、水污染物、固体废物的排放量和噪声分贝数的确定方法

应税大气污染物、水污染物、固体废物的排放量和噪声的分贝数,按照下列方法和顺序计算。

(1)纳税人安装使用符合国家规定和监测规范的污染物自动监测设备的,按照污染物自动监测数据计算。

(2)纳税人未安装使用污染物自动监测设备的,按照监测机构出具的符合国家有关规定和监测规范的监测数据计算。

(3)因排放污染物种类多等原因不具备监测条件的,按照国务院生态环境主管部门规定的排污系数、物料衡算方法计算。

属于排污许可管理的排污单位,适用生态环境部发布的排污许可证申请与核发技术规范中规定的排(产)污系数、物料衡算方法计算应税污染物排放量;排污许可证申请与核发技术规范未规定相关排(产)污系数的,适用生态环境部发布的排放源统计调查制度规定的排(产)污系数方法计算应税污染物排放量。

不属于排污许可管理的排污单位,适用生态环境部发布的排放源统计调查制度规定的排(产)污系数方法计算应税污染物排放量。

(4)不能按照上述方法计算的,按照省、自治区、直辖市人民政府生态环境主管部门规定的抽样测算的方法核定计算。

四、应纳税额的计算

（一）大气污染物应纳税额的计算

应税大气污染物应纳税额为污染当量数乘以具体适用税额。计算公式为：

大气污染物的应纳税额＝污染当量数×适用税额

◇ 同步案例7-4

> 某企业2023年3月向大气直接排放二氧化硫、氟化物各100千克，一氧化碳200千克、氯化氢80千克，假设当地大气污染物每污染当量的税额为1.2元，该企业只有一个排放口。计算其环境保护税应纳税额。
>
> 【解析】
> (1)计算各污染物的污染当量数。
> 污染当量数＝该污染物的排放量÷该污染物的污染当量值
> 据此计算各污染物的污染当量数为：
> 二氧化硫污染当量数＝100÷0.95＝105.26
> 氟化物污染当量数＝100÷0.87＝114.94
> 一氧化碳污染当量数＝200÷16.7＝11.98
> 氯化氢污染当量数＝80÷10.75＝7.44
> (2)按污染当量数排序。
> 氟化物污染当量数(114.94)＞二氧化硫污染当量数(105.26)＞一氧化碳污染当量数(11.98)＞氯化氢污染当量数(7.44)
> 该企业只有一个排放口，排序选取计税前三项污染物为氟化物、二氧化硫、一氧化碳。
> (3)计算应纳税额。
> 应纳税额＝(114.94＋105.26＋11.98)×1.2＝278.62(元)

（二）水污染物应纳税额的计算

应税水污染物的应纳税额为污染当量数乘以具体适用税额。

1.适用监测数据法的水污染物应纳税额的计算

适用监测数据法的水污染物(包括第一类水污染物和第二类水污染物)的应纳税额为污

染当量数乘以具体适用税额。计算公式为：

$$水污染物的应纳税额 = 污染当量数 \times 适用税额$$

2.适用抽样测算法的水污染物应纳税额的计算

适用抽样测算法的情形,纳税人按照《环境保护税法》所附《畜禽养殖业、小型企业和第三产业水污染物污染当量值》所规定的当量值计算污染当量数。

1）规模化畜禽养殖业排放的水污染物应纳税额

畜禽养殖业的水污染物应纳税额为污染当量数乘以具体适用税额。其污染当量数以畜禽养殖数量除以污染当量值计算。

2）小型企业和第三产业排放的水污染物应纳税额

小型企业和第三产业的水污染物应纳税额为污染当量数乘以具体适用税额。其污染当量数以污水排放量（吨）除以污染当量值（吨）计算。计算公式为：

$$应纳税额 = 污水排放量（吨）\div 污染当量值（吨）\times 适用税额$$

3）医院排放的水污染物应纳税额

医院排放的水污染物应纳税额为污染当量数乘以具体适用税额。其污染当量数以病床数或者污水排放量除以相应的污染当量值计算。计算公式为：

$$应纳税额 = 医院床位数 \div 污染当量值 \times 适用税额$$

或：

$$应纳税额 = 污水排放量 \div 污染当量值 \times 适用税额$$

（三）固体废物应纳税额的计算

固体废物的应纳税额为固体废物排放量乘以具体适用税额,其排放量为当期应税固体废物的产生量减去当期应税固体废物的贮存量、处置量、综合利用量的余额。计算公式为：

$$固体废物的应纳税额 = (当期固体废物的产生量 - 当期固体废物的综合利用量 - 当期固体废物的贮存量 - 当期固体废物的处置量) \times 适用税额$$

（四）噪声应纳税额的计算

应税噪声的应纳税额为超过国家规定标准的分贝数对应的具体适用税额。

五、税收减免

（一）暂免征税项目

下列情形,暂予免征环境保护税：

(1)农业生产（不包括规模化养殖）排放应税污染物的；

(2)机动车、铁路机车、非道路移动机械、船舶和航空器等流动污染源排放应税污染物的;

(3)依法设立的城乡污水集中处理、生活垃圾集中处理场所排放相应应税污染物,不超过国家和地方规定的排放标准的;

(4)纳税人综合利用的固体废物,符合国家和地方环境保护标准的;

(5)国务院批准免税的其他情形。

(二)减征税额项目

下列情形,予以减征环境保护税:

(1)纳税人排放应税大气污染物或者水污染物的浓度值低于国家和地方规定的污染物排放标准30%的,减按75%征收环境保护税;

(2)纳税人排放应税大气污染物或者水污染物的浓度值低于国家和地方规定的污染物排放标准50%的,减按50%征收环境保护税。

六、征收管理

(一)征管方式

环境保护税采用"企业申报、税务征收、环保协同、信息共享"的征管方式。纳税人应当依法如实办理纳税申报,对申报的真实性和完整性承担责任;税务机关依照《税收征收管理法》和《环境保护税法》的有关规定征收管理;生态环境主管部门依照《环境保护税法》和有关环境保护法律法规的规定对污染物监测管理;县级以上地方人民政府应当建立税务机关、生态环境主管部门和其他相关单位分工协作工作机制;生态环境主管部门和税务机关应当建立涉税信息共享平台和工作配合机制,定期交换有关纳税信息资料。

(二)数据传递和比对

生态环境主管部门应当将排污单位的排污许可、污染物排放数据、环境违法和受行政处罚情况等环境保护相关信息,定期交送税务机关。

税务机关应当将纳税人的纳税申报、税款入库、减免税额、欠缴税款以及风险疑点等环境保护税涉税信息,定期交送生态环境主管部门。

税务机关应当将纳税人的纳税申报数据资料与生态环境主管部门交送的相关数据资料进行比对。纳税人申报的污染物排放数据与生态环境主管部门交送的相关数据不一致的,按照生态环境主管部门交送的数据确定应税污染物的计税依据。

(三)复核

税务机关发现纳税人的纳税申报数据资料异常或者纳税人未按照规定期限办理纳税申报的,可以提请生态环境主管部门进行复核,生态环境主管部门应当自收到税务机关的数据资料之日起 15 日内向税务机关出具复核意见。税务机关应当按照生态环境主管部门复核的数据资料调整纳税人的应纳税额。

纳税人的纳税申报数据资料异常,包括但不限于下列情形:

(1)纳税人当期申报的应税污染物排放量与上一年同期相比明显偏低,且无正当理由;

(2)纳税人单位产品污染物排放量与同类型纳税人相比明显偏低,且无正当理由。

(四)纳税时间

环境保护税纳税义务发生时间为纳税人排放应税污染物的当日。环境保护税按月计算,按季申报缴纳。不能按固定期限计算缴纳的,可以按次申报缴纳。

纳税人按季申报缴纳的,应当自季度终了之日起 15 日内,向税务机关办理纳税申报并缴纳税款。纳税人按次申报缴纳的,应当自纳税义务发生之日起 15 日内,向税务机关办理纳税申报并缴纳税款。纳税人申报缴纳时,应当向税务机关报送所排放应税污染物的种类、数量,大气污染物、水污染物的浓度值,以及税务机关根据实际需要要求纳税人报送的其他纳税资料。

(五)纳税地点

纳税人应当向应税污染物排放地的税务机关申报缴纳环境保护税。应税污染物排放地是指应税大气污染物、水污染物排放口所在地;应税固体废物产生地;应税噪声产生地。

纳税人跨区域排放应税污染物,税务机关对税收征收管辖有争议的,由争议各方按照有利于征收管理的原则协商解决。

纳税人从事海洋工程向中华人民共和国管辖海域排放应税大气污染物、水污染物或者固体废物,申报缴纳环境保护税的具体办法,由国务院税务主管部门会同国务院海洋主管部门规定。

第三节　城镇土地使用税

城镇土地使用税法,是指国家制定的调整城镇土地使用税征收与缴纳权利及义务关系的法律规范。现行城镇土地使用税法的基本规范,是 2006 年 12 月 31 日国务院修改并颁布的《中华人民共和国城镇土地使用税暂行条例》(以下简称《城镇土地使用税暂行条例》),2013 年 12 月 4 日,国务院第三十二次常务会议对其进行了部分修改,新条例自 2013 年 12 月 7 日起实施。

城镇土地使用税是以国有土地为征税对象,对拥有土地使用权的单位和个人征收的一种税。征收城镇土地使用税有利于促进土地的合理使用,调节土地级差收入,也有利于筹集地方财政资金。

一、纳税义务人与征税范围

（一）纳税义务人

在城市、县城、建制镇、工矿区范围内使用土地的单位和个人,为城镇土地使用税的纳税人。

上述所称单位,包括国有企业、集体企业、私营企业、股份制企业、外商投资企业、外国企业以及其他企业和事业单位、社会团体、国家机关、军队以及其他单位;所称个人,包括个体工商户以及其他个人。

城镇土地使用税的纳税人通常包括以下几类:

(1)拥有土地使用权的单位和个人;

(2)拥有土地使用权的单位和个人不在土地所在地的,其土地的实际使用人和代管人为纳税人;

(3)土地使用权未确定或权属纠纷未解决的,其实际使用人为纳税人;

(4)土地使用权共有的,共有各方都是纳税人,由共有各方分别纳税;

(5)在城镇土地使用税征税范围内,承租集体所有建设用地的,由直接从集体经济组织承租土地的单位和个人,缴纳城镇土地使用税;

(6)几个人或几个单位共同拥有一块土地的使用权,这块土地的城镇土地使用税的纳税人应是对这块土地拥有使用权的每一个人或每一个单位。他们应以其实际使用的土地面积占总面积的比例,分别计算缴纳土地使用税。

（二）征税范围

城镇土地使用税的征税范围,包括在城市、县城、建制镇和工矿区内的国家所有和集体所有的土地。

上述城市、县城、建制镇和工矿区分别按以下标准确认:

(1)城市是指经国务院批准设立的市;

(2)县城是指县人民政府所在地;

(3)建制镇是指经省、自治区、直辖市人民政府批准设立的建制镇;

(4)工矿区是指工商业比较发达,人口比较集中,符合国务院规定的建制镇标准,但尚未设立镇建制的大中型工矿企业所在地,工矿区须经省、自治区、直辖市人民政府批准。

上述城镇土地使用税的征税范围中,城市的土地包括市区和郊区的土地,县城的土地是指县人民政府所在地的城镇的土地,建制镇的土地是指镇人民政府所在地的土地。

建立在城市、县城、建制镇和工矿区以外的企业不需要缴纳城镇土地使用税。

二、税率、计税依据和应纳税额的计算

(一)税率

城镇土地使用税采用定额税率,即采用有幅度的差别税额,按大、中、小城市和县城、建制镇、工矿区分别规定每平方米城镇土地使用税年应纳税额。具体标准如下:

(1)大城市:1.5~30元;
(2)中等城市:1.2~24元;
(3)小城市:0.9~18元;
(4)县城、建制镇、工矿区:0.6~12元。

大、中、小城市以公安部门登记在册的非农业正式户口人数为依据,按照国务院颁布的《城市规划条例》中规定的标准划分。人口在50万人以上者为大城市;人口在20万~50万人者为中等城市;人口在20万人以下者为小城市。城镇土地使用税税率见表7-4。

表7-4 城镇土地使用税税率

级别	人口(人)	每平方米税额(元)
大城市	50万以上	1.5~30
中等城市	20万~50万	1.2~24
小城市	20万以下	0.9~18
县城、建制镇、工矿区	—	0.6~12

各省、自治区、直辖市人民政府可根据市政建设情况和经济繁荣程度在规定税额幅度内,确定所辖地区的适用税额幅度。经济落后地区,城镇土地使用税的适用税额标准可适当降低,但降低额不得超过上述规定最低税额的30%。经济发达地区的适用税额标准可以适当提高,但须报财政部批准。

(二)计税依据

城镇土地使用税以纳税人实际占用的土地面积为计税依据,土地面积计量标准为每平方米,即税务机关根据纳税人实际占用的土地面积,按照规定的税额计算应纳税额,向纳税人征收城镇土地使用税。

(三)应纳税额的计算方法

城镇土地使用税的应纳税额可以通过纳税人实际占用的土地面积乘以该土地所在地段的适用税额求得。其计算公式为:

$$全年应纳税额 = 实际占用应税土地面积(平方米) \times 适用税额$$

◇ **同步案例7-5**

设在某城市的一家企业使用土地面积为5 000平方米,经税务机关核定,该土地为应税土地,每平方米年税额为3元。请计算其全年应纳的城镇土地使用税税额。

【解析】
全年应纳税额＝5 000×3＝15 000(元)

三、税收优惠

(一)法定免缴城镇土地使用税的优惠

法定免缴城镇土地使用税的优惠规定主要有如下项目。

(1)国家机关、人民团体、军队自用的土地。

上述土地是指这些单位本身的办公用地和公务用地。如国家机关、人民团体的办公楼用地,军队的训练场用地等。

(2)由国家财政部门拨付事业经费的单位自用的土地。

上述土地是指这些单位本身的业务用地。如学校的教学楼、操场、食堂等占用的土地。

(3)宗教寺庙、公园、名胜古迹自用的土地。

宗教寺庙自用的土地,是指举行宗教仪式等的用地和寺庙内的宗教人员生活用地。

公园、名胜古迹自用的土地,是指供公共参观游览的用地及其管理单位的办公用地。

以上单位的生产、经营用地和其他用地,不属于免税范围,应按规定缴纳城镇土地使用税,如公园、名胜古迹中附设的营业单位如影剧院、饮食部、茶社、照相馆等使用的土地。

(4)市政街道、广场、绿化地带等公共用地。

(5)直接用于农、林、牧、渔业的生产用地。

上述土地是指直接从事于种植养殖、饲养的专业用地,不包括农副产品加工场地和生活办公用地。

(6)经批准开山填海整治的土地和改造的废弃土地,从使用的月份起免征城镇土地使用税5～10年。

具体免税期限由各省、自治区、直辖市税务局在《城镇土地使用税暂行条例》规定的期限内自行确定。

(7)对非营利性医疗机构、疾病控制机构和妇幼保健机构等卫生机构和非营利性科研机构自用的土地,免征城镇土地使用税。

(8)对国家拨付事业经费和企业办的各类学校、托儿所、幼儿园自用的土地,免征城镇土地使用税。

(9)免税单位无偿使用纳税单位的土地(如公安、海关等单位使用铁路、民航等单位的土地),免征城镇土地使用税。纳税单位无偿使用免税单位的土地,纳税单位应照章缴纳城镇土地使用税。纳税单位与免税单位共同使用、共有使用权土地上的多层建筑,对纳税单位可按其占用的建筑面积占建筑总面积的比例计征城镇土地使用税。

(10)对改造安置住房建设用地免征城镇土地使用税。

在商品住房等开发项目中配套建造安置住房的,依据政府部门出具的相关材料、房屋征收(拆迁)补偿协议或棚户区改造合同(协议),按改造安置住房建筑面积占总建筑面积的比例免征城镇土地使用税。

(11)为了体现国家的产业政策,支持重点产业的发展,对石油、电力、煤炭等能源用地,民用港口、铁路等交通用地和水利设施用地,三线调整企业、盐业、采石场、邮电等一些特殊用地划分了征免税界限和给予政策性减免税照顾。

(12)自2020年1月1日起至2022年12月31日止,对物流企业自有(包括自用和出租)或承租的大宗商品仓储设施用地,减按所属土地等级适用税额标准的50%计征城镇土地使用税。

(二)省、自治区、直辖市税务局确定的城镇土地使用税减免优惠

省、自治区、直辖市税务局确定的城镇土地使用税减免优惠主要有:
(1)个人所有的居住房屋及院落用地;
(2)房产管理部门在房租调整改革前经租的居民住房用地;
(3)免税单位职工家属的宿舍用地;
(4)集体和个人办的各类学校、医院、托儿所、幼儿园用地。

四、征收管理

(一)纳税期限

城镇土地使用税实行按年计算、分期缴纳的征收方法,具体纳税期限由省、自治区、直辖市人民政府确定。

(二)纳税义务发生时间

关于纳税义务发生时间的主要规定如下。
(1)纳税人购置新建商品房,自房屋交付使用之次月起,缴纳城镇土地使用税。
(2)纳税人购置存量房,自办理房屋权属转移、变更登记手续,房地产权属登记机关签发房屋权属证书之次月起,缴纳城镇土地使用税。
(3)纳税人出租、出借房产,自交付出租、出借房产之次月起,缴纳城镇土地使用税。
(4)以出让或转让方式有偿取得土地使用权的,应由受让方从合同约定交付土地时间的

次月起缴纳城镇土地使用税;合同未约定交付时间的,由受让方从合同签订的次月起缴纳城镇土地使用税。

(5)纳税人新征用的耕地,自批准征用之日起满1年时开始缴纳城镇土地使用税。

(6)纳税人新征用的非耕地,自批准征用次月起缴纳城镇土地使用税。

(7)自2009年1月1日起,纳税人因土地的权利发生变化而依法终止城镇土地使用税纳税义务的,其应纳税款的计算应截止到土地权利发生变化的当月末。

(三)纳税地点和征收机构

城镇土地使用税在土地所在地缴纳。

纳税人使用的土地不属于同一省、自治区、直辖市管辖的,由纳税人分别向土地所在地的税务机关缴纳城镇土地使用税;在同一省、自治区、直辖市管辖范围内,纳税人跨地区使用的土地,其纳税地点由各省、自治区、直辖市税务局确定。

城镇土地使用税由土地所在地的税务机关征收,其收入纳入地方财政预算管理。城镇土地使用税征收工作涉及面广,政策性较强,在税务机关负责征收的同时,还必须注意加强同国土管理、测绘等有关部门的联系,及时取得土地的权属资料,沟通情况,共同协作把征收管理工作做好。

(四)纳税申报

城镇土地使用税的纳税人应按照规定及时办理纳税申报,并如实填写《财产和行为税纳税申报表》及相应的税源明细表。

第四节 耕地占用税

耕地占用税是对占用耕地建房或从事其他非农业建设的单位和个人,就其实际占用的耕地面积征收的一种税,它属于对特定土地资源占用课税。耕地占用税法,是指国家制定的调整耕地占用税征收与缴纳权利及义务关系的法律规范。现行耕地占用税法的基本规范,是2018年12月29日第十三届全国人民代表大会常务委员会第七次会议通过的《中华人民共和国耕地占用税法》(以下简称《耕地占用税法》)。

一、纳税人与征税范围

(一)纳税人

耕地占用税的纳税人是指在中华人民共和国境内占用耕地建设建筑物、构筑物或者从事非农业建设的单位和个人。

经批准占用耕地的,纳税人为农用地转用审批文件中标明的建设用地人;农用地转用审批文件中未标明建设用地人的,纳税人为用地申请人,其中用地申请人为各级人民政府的,由同级土地储备中心、自然资源主管部门或政府委托的其他部门、单位履行耕地占用税申报纳税义务。

未经批准占用耕地的,纳税人为实际用地人。

（二）征税范围

耕地占用税的征税范围包括纳税人占用耕地建设建筑物、构筑物或者从事非农业建设的国家所有和集体所有的耕地。

所称耕地,是指用于种植农作物的土地,包括菜地、园地。其中,园地包括花圃、苗圃、茶园、果园、桑园和其他种植经济林木的土地。

占用鱼塘及其他农用土地建房或从事其他非农业建设,也视同占用耕地,必须依法征收耕地占用税。占用已开发从事种植、养殖的滩涂、草场、水面和林地等从事非农业建设,由省、自治区、直辖市本着有利于保护土地资源和生态平衡的原则,结合具体情况确定是否征收耕地占用税。

二、税率、计税依据和应纳税额的计算

（一）税率

耕地占用税在税率设计上因地制宜,采用了地区差别定额税率。税率具体标准如下:

(1)人均耕地不超过1亩的地区(以县、自治县、不设区的市、市辖区为单位,下同),每平方米为10～50元;

(2)人均耕地超过1亩但不超过2亩的地区,每平方米为8～40元;

(3)人均耕地超过2亩但不超过3亩的地区,每平方米为6～30元;

(4)人均耕地超过3亩以上的地区,每平方米为5～25元。

各地区耕地占用税的适用税额,由省、自治区、直辖市人民政府根据人均耕地面积和经济发展等情况,在规定的税额幅度内提出,报同级人民代表大会常务委员会决定,并报全国人民代表大会常务委员会和国务院备案。各省、自治区、直辖市耕地占用税适用税额的平均水平,不得低于《各省、自治区、直辖耕地占用税平均税额表》规定的平均税额(见表7-5)。

表7-5 各省、自治区、直辖市耕地占用税平均税额　　　　　　　单位:元

地区	每平方米平均税额
上海	45
北京	40
天津	35
江苏、浙江、福建、广东	30

续表

地区	每平方米平均税额
辽宁、湖北、湖南	25
河北、安徽、江西、山东、河南、重庆、四川	22.5
广西、海南、贵州、云南、陕西	20
山西、吉林、黑龙江	17.5
内蒙古、西藏、甘肃、青海、宁夏、新疆	12.5

在人均耕地低于0.5亩的地区,省、自治区、直辖市可以根据当地经济发展情况,适当提高耕地占用税的适用税额,但提高的部分不得超过确定的适用税额的50%。具体适用税额按照规定程序确定。

占用基本农田的,应当按照适用税额,加按150%征收。

基本农田,是指依据《基本农田保护条例》划定的基本农田保护区范围的耕地。

(二)计税依据

耕地占用税以纳税人实际占用的属于耕地占用税征税范围的土地(以下简称应税土地)面积为计税依据,按应税土地当地适用税额计税,实行一次性征收。

实际占用的耕地面积,包括经批准占用的耕地面积和未经批准占用的耕地面积。

临时占用耕地,应当依照规定缴纳耕地占用税。纳税人在批准临时占用耕地的期限内恢复所占用耕地原状的,全额退还已经缴纳的耕地占用税。

纳税人临时占用耕地,是指经自然资源主管部门批准,在一般不超过2年内临时使用耕地并且没有修建永久性建筑物的行为。依法复垦应由自然资源主管部门会同有关行业管理部门认定并出具验收合格确认书。

(三)税额计算

耕地占用税以纳税人实际占用的应税土地面积为计税依据,以每平方米土地为计税单位,按适用的定额税率计税。应纳税额为纳税人实际占用的应税土地面积(平方米)乘以适用税额。其计算公式为:

$$应纳税额 = 应税土地面积 \times 适用税额$$

◇ **同步案例7-6**

假设某市一家企业新占用10 000平方米耕地用于工业建设,所占耕地适用的定额税率为25元/平方米。计算该企业应纳的耕地占用税。

【解析】

应纳税额=10 000×25=250 000(元)

三、税收优惠和征收管理

耕地占用税对占用耕地实行一次性征收,对生产经营单位和个人不设立减免税,仅对公益性单位和需照顾群体设立减免税。

纳税人改变原占地用途,不再属于免征或减征情形的,应自改变用途之日起30日内申报补缴税款,补缴税款按改变用途的实际占用耕地面积和改变用途时当地适用税额计算。

(一)免征耕地占用税

下列项目免征耕地占用税:
(1)军事设施占用耕地;
(2)学校、幼儿园、社会福利机构、医疗机构占用耕地;
(3)农村烈士遗属、因公牺牲军人遗属、残疾军人以及符合农村最低生活保障条件的农村居民,在规定用地标准以内新建自用住宅,免征耕地占用税。

(二)减征耕地占用税

铁路线路、公路线路、飞机场跑道、停机坪、港口、航道、水利工程占用耕地,减按每平方米2元的税额征收耕地占用税。

农村居民在规定用地标准以内占用耕地新建自用住宅,按照当地适用税额减半征收耕地占用税;其中农村居民经批准搬迁,新建自用住宅占用耕地不超过原宅基地面积的部分,免征耕地占用税。

免征或者减征耕地占用税后,纳税人改变原占地用途,不再属于免征或者减征耕地占用税情形的,应当按照当地适用税额补缴耕地占用税。

(三)征收管理

1.纳税义务发生时间

耕地占用税由税务机关负责征收。耕地占用税的纳税义务发生时间为纳税人收到自然资源主管部门办理占用耕地手续的书面通知的当日。纳税人应当自纳税义务发生之日起30日内申报缴纳耕地占用税。

纳税人改变原占地用途,需要补缴耕地占用税的,其纳税义务发生时间为改变用途当日,具体为:经批准改变用途的,为纳税人收到批准文件的当日;未经批准改变用途的,为自然资源主管部门认定纳税人改变原占地用途的当日。

未经批准占用耕地的,耕地占用税纳税义务发生时间为自然资源主管部门认定的纳税人实际占用耕地的当日。

因挖损、采矿塌陷、压占、污染等损毁耕地的纳税义务发生时间为自然资源、农业农村等相关部门认定损毁耕地的当日。

纳税人占地类型、占地面积和占地时间等纳税申报数据材料以自然资源等相关部门提供的相关材料为准；未提供相关材料或者材料信息不完整的，经主管税务机关提出申请，由自然资源等相关部门自收到申请之日起30日内出具认定意见。

因挖损、采矿塌陷、压占、污染等损毁耕地属于税法所称的非农业建设，应依照税法规定缴纳耕地占用税；自自然资源、农业农村等相关部门认定损毁耕地之日起3年内依法复垦或修复，恢复种植条件的，应按规定办理退税。

在农用地转用环节，用地申请人能证明建设用地人符合税法规定的免税情形的，免征用地申请人的耕地占用税；在供地环节，建设用地人使用耕地用途符合税法规定的免税情形的，由用地申请人和建设用地人共同申请，按退税管理的规定退还用地申请人已经缴纳的耕地占用税。

2. 纳税申报

纳税人占用耕地，应当在耕地所在地申报纳税。

纳税人的纳税申报数据资料异常或者纳税人未按照规定期限申报纳税的，包括下列情形：

(1) 纳税人改变原占地用途，不再属于免征或者减征耕地占用税情形，未按照规定进行申报的；

(2) 纳税人已申请用地但尚未获得批准先行占地开工，未按照规定进行申报的；

(3) 纳税人实际占用耕地面积大于批准占用耕地面积，未按照规定进行申报的；

(4) 纳税人未履行报批程序擅自占用耕地，未按照规定进行申报的；

(5) 其他应提请相关部门复核的情形。

纳税人因建设项目施工或者地质勘查临时占用耕地，应当依照规定缴纳耕地占用税。纳税人在批准临时占用耕地期满之日起1年内依法复垦，恢复种植条件的，全额退还已经缴纳的耕地占用税。

县级以上地方人民政府自然资源、农业农村、水利、生态环境等相关部门向税务机关提供的农用地转用、临时占地等信息，包括农用地转用信息、城市和村庄集镇按批次建设用地转而未供信息、经批准临时占地信息、改变原占地用途信息、未批先占农用地查处信息、土地损毁信息、土壤污染信息、土地复垦信息、草场使用和渔业养殖权证发放信息等。各省、自治区、直辖市人民政府应当建立健全本地区跨部门耕地占用税部门协作和信息交换工作机制。

耕地占用税的征收管理，依照《耕地占用税法》和《税收征收管理法》的规定执行。纳税人、税务机关及其工作人员违反规定的，依照《税收征收管理法》和有关法律法规的规定追究法律责任。

纳税人应按照规定及时办理纳税申报，并如实填写《财产和行为税纳税申报表》及相应的税源明细表。

第五节 烟叶税

烟叶税是以纳税人收购烟叶的收购金额为计税依据征收的一种税。2017年12月27日,第十二届全国人民代表大会常务委员会第三十一次会议通过了《中华人民共和国烟叶税法》(以下简称《烟叶税法》),自2018年7月1日起施行。

一、纳税义务人和征税范围

(一)纳税义务人

在中华人民共和国境内,依照《中华人民共和国烟草专卖法》的规定收购烟叶的单位为烟叶税的纳税人。

(二)征税范围

烟叶税的征税范围包括晾晒烟叶、烤烟叶。

(三)计税依据

烟叶税的计税依据为纳税人收购烟叶实际支付的价款总额。

二、税率和应纳税额的计算

(一)税率

烟叶税实行比例税率,税率为20%。烟叶税实行全国统一的税率。

(二)应纳税额的计算

烟叶税的应纳税额按照纳税人收购烟叶实际支付的价款总额乘以税率计算,计算公式为:

$$应纳税额 = 实际支付价款 \times 税率$$

纳税人收购烟叶实际支付的价款总额包括纳税人支付给烟叶生产销售单位和个人的烟叶收购价款和价外补贴。其中,价外补贴统一按烟叶收购价款的10%计算。

$$实际支付价款 = 收购价款 \times (1 + 10\%)$$

◇ **同步案例7-7**

某烟草公司系增值税一般纳税人,2023年10月收购烟叶2 000千克,烟叶收购价格10元/千克,货款已全部支付。请计算该烟草公司10月收购烟叶应缴纳的烟叶税。

【解析】
应缴纳烟叶税=2 000×10×(1+10%)×20%=4 400(元)

三、征收管理

烟叶税的征收管理,依照《税收征收管理法》和《烟叶税法》的有关规定执行。

(一)纳税义务发生时间

烟叶税的纳税义务发生时间为纳税人收购烟叶的当日。收购烟叶的当日是指纳税人向烟叶销售者付讫收购烟叶款项或者开具收购烟叶凭据的当日。

(二)纳税地点

纳税人收购烟叶,应当向烟叶收购地的主管税务机关申报缴纳烟叶税。

(三)纳税期限

烟叶税按月计征,纳税人应当于纳税义务发生月终了之日起15日内申报并缴纳税款。

(四)纳税期限

烟叶税纳税人应按照规定及时办理纳税申报,填报《财产和行为税纳税申报表》及相应的税源明细表。

◇ **本章小结**

本章分为五节内容,介绍了五种资源类税收,分别是资源税、环境保护税、城镇土地使用税、耕地占用税和烟叶税。资源税是对在中华人民共和国领域及管辖海域开采应税资源的矿产品或者生产盐的单位和个人征收的一种税。环境保护税是对在中华人民共和国领域和中华人民共和国管辖的其他海域直接向环境排放应税污染物的企业事业单位和其他生产经营者征收的一种税。城镇土地使用税是以国有土地或集体土地为征税对象,对拥有土地使用权的单位和个人征收的一种税。耕地占用税是对在中华人民共和国境内占用耕地建设建筑物、构筑物或者从事非农业建设的单位和个人征收的一种税。烟叶税是以纳税人收购烟叶的收购金额为计税依据征收的一种税。每个税种的税制要素和应纳税额的计算是本章需要学习的重点。

◇ **本章思考题**

1. 资源税为什么要从从量计征改为从价计征?
2. 《环境保护税法》的立法目的是什么?
3. 城镇土地使用税与耕地占用税有哪些区别?
4. 结合第二章所学知识,请写出增值税进项税额涉及的烟叶税计算公式。

第八章 行为类税

◇ **学习目标**

■ 1. 知识目标

(1) 了解行为类税收的概念、特点;
(2) 了解行为类税收的征收范围;
(3) 了解行为类税收税率的设置以及种类;
(4) 掌握行为类税收征收管理的有关规定。

■ 2. 能力目标

(1) 了解六种行为类税收的税制要素;
(2) 掌握六种行为类税收应纳税额的计算。

■ 3. 情感目标

(1) 了解、掌握并学会运用行为类税收法律的相关规定;
(2) 了解行为类税收对于保护合法产权、促进土地合理开发、促进城市建设和增加财政收入的意义。

◇ **学习重难点**

1. 熟悉印花税的征税范围。
2. 掌握土地增值税应纳税额的计算。
3. 了解开征行为类税收的意义。

◇ **本章关键词**

印花税　契税　土地增值税　车辆购置税　城市维护建设税　教育费附加和地方教育附加

◇ 导入案例

证券交易印花税减半征收

2023年8月27日,财政部、国家税务总局发布公告称,为活跃资本市场、提振投资者信心,自2023年8月28日起,证券交易印花税实施减半征收。本次调降证券交易印花税税率充分体现了中央对活跃资本市场的坚定态度和呵护股市的信心、决心,释放了重大、积极的政策信号。从税收政策效果看,调降证券交易印花税税率有利于降低市场交易成本,减轻广大投资者负担,体现减税、降费、让利、惠民的政策导向。数据显示,我国股市现有个人投资者超过2.2亿人,占全市场投资者的99.76%,其中持股市值10万元以下以及10万元至50万元的小微投资者占比分别为87.87%、8.12%。专家表示,此次减半征收证券交易印花税,有利于使减税让利政策惠及广大中小投资者,让税收普惠的导向在中小投资者占主导的资本市场得到更加充分的体现。另外,8月27日,中国证监会发布消息称,为充分考虑市场关切,认真研究评估股份减持制度,就进一步规范相关方减持行为,作出以下要求:上市公司存在破发、破净情形,或者最近三年未进行现金分红、累计现金分红金额低于最近三年年均净利润30%的,控股股东、实际控制人不得通过二级市场减持本公司股份;控股股东、实际控制人的一致行动人比照上述要求执行;上市公司披露为无控股股东、实际控制人的,第一大股东及其实际控制人比照上述要求执行。

资料来源:李斐.证券交易印花税减半征收[J].国企管理,2023(09):54-55+8.

第一节 印花税

印花税法,是指国家制定的用以调整印花税征收与缴纳权利及义务关系的法律规范。现行印花税法的基本规范是由第十三届全国人民代表大会常务委员会2021年6月10日通过,2022年7月1日起施行的《中华人民共和国印花税法》(以下简称《印花税法》)。

印花税是以经济活动和经济交往中,书立、领受应税凭证的行为为征税对象征收的一种税。印花税起源于17世纪时的荷兰,因政府在凭证上印制"印花"而得名。征收印花税有利于增加财政收入,有利于配合和加强对经济合同的监督管理,有利于培养纳税人的纳税意识,也有利于配合对其他应纳税种的监督管理。

一、纳税义务人

在中华人民共和国境内书立应税凭证、进行证券交易的单位和个人,为印花税的纳税人,应当依照《印花税法》规定缴纳印花税。在中华人民共和国境外书立在境内使用的应税凭证的单位和个人,应当依照《印花税法》规定缴纳印花税。

应税凭证,是指《印花税法》所附《印花税税目税率表》列明的合同、产权转移书据和营业账簿。证券交易,是指转让在依法设立的证券交易所、国务院批准的其他全国性证券交易场所交易的股票和以股票为基础的存托凭证。

(一)纳税人

书立应税凭证的纳税人,为对应税凭证有直接权利义务关系的单位和个人。

采用委托贷款方式书立的借款合同纳税人,为受托人和借款人,不包括委托人。

按买卖合同或者产权转移书据税目缴纳印花税的拍卖成交确认书纳税人,为拍卖标的的产权人和买受人,不包括拍卖人。

证券交易印花税对证券交易的出让方征收,不对受让方征收。

(二)在中华人民共和国境外书立在境内使用的应税凭证

在中华人民共和国境外书立在境内使用的应税凭证,应当按规定缴纳印花税。包括以下几种情形:

(1)应税凭证的标的为不动产的,该不动产在境内;

(2)应税凭证的标的为股权的,该股权为中国居民企业的股权;

(3)应税凭证的标的为动产或者商标专用权、著作权、专利权、专有技术使用权的,其销售方或者购买方在境内,但不包括境外单位或者个人向境内单位或者个人销售完全在境外使用的动产或者商标专用权、著作权、专利权、专有技术使用权;

(4)应税凭证的标的为服务的,其提供方或者接受方在境内,但不包括境外单位或者个人向境内单位或者个人提供完全在境外发生的服务。

(三)不属于印花税征收范围的情形

下列情形的凭证,不属于印花税征收范围:

(1)人民法院的生效法律文书,仲裁机构的仲裁文书,监察机关的监察文书;

(2)县级以上人民政府及其所属部门按照行政管理权限征收、收回或者补偿安置房地产书立的合同、协议或者行政类文书;

(3)总公司与分公司、分公司与分公司之间书立的作为执行计划使用的凭证。

二、税目与税率

（一）税目

《印花税法》主要适用于股票、债券、期货、保险等金融产品的交易，同时也适用于不动产的买卖、租赁及其他金融产品的发行、转让等行为。

企业之间书立的确定买卖关系、明确买卖双方权利义务的订单、要货单等单据，且未另外书立买卖合同的，应当按规定缴纳印花税。

发电厂与电网之间、电网与电网之间书立的购售电合同，应当按买卖合同税目缴纳印花税。

（二）税率

印花税的税率设计，遵循税负从轻、共同负担的原则。所以，税率比较低；凭证的当事人，即对凭证有直接权利与义务关系的单位和个人均应就其所持凭证依法纳税。印花税的税目、税率，依照《印花税法》所附《印花税税目税率表》执行，见表 8-1。

表 8-1　印花税税目税率表

税目		税率	备注
合同 （指书面合同）	借款合同	借款金额的 万分之零点五	指银行业金融机构、经国务院银行业监督管理机构批准设立的其他金融机构与借款人（不包括同业拆借）的借款合同
	融资租赁合同	租金的万分之零点五	—
	买卖合同	价款的万分之三	指动产买卖合同（不包括个人书立的动产买卖合同）
	承揽合同	报酬的万分之三	—
	建设工程合同	价款的万分之三	—
	运输合同	运输费用的万分之三	指货运合同和多式联运合同（不包括管道运输合同）
	技术合同	价款、报酬或者使用费的万分之三	不包括专利权、专有技术使用权转让书据
	租赁合同	租金的千分之一	—
	保管合同	保管费的千分之一	—
	仓储合同	仓储费的千分之一	—
	财产保险合同	保险费的千分之一	不包括再保险合同

续表

税目		税率	备注
产权转移书据	土地使用权出让合同	价款的万分之五	转让包括买卖（出售）、继承、赠与、互换、分割
	土地使用权、房屋等建筑物和构筑物所有权转让书据（不包括土地承包经营权和土地经营权转移）	价款的万分之五	
	股权转让书据（不包括应缴纳证券交易印花税的）	价款的万分之五	
	商标专用权、著作权、专利权、专有技术使用权转让书据	价款的万分之三	
营业账簿		实收资本（股本）、资本公积合计金额的万分之二点五	—
证券交易		成交金额的千分之一	—

三、应纳税额的计算

（一）计税依据的具体规定

印花税的计税依据为各种应税凭证上所记载的计税金额。具体规定为：
(1)应税合同的计税依据，为合同所列的金额，不包括列明的增值税税款；
(2)应税产权转移书据的计税依据，为产权转移书据所列的金额，不包括列明的增值税税款；
(3)应税营业账簿的计税依据，为账簿记载的实收资本（股本）、资本公积合计金额；
(4)证券交易的计税依据，为成交金额。

（二）计税依据的特殊规定

关于印花税计税依据的特殊规定主要有如下几点。

(1)应税合同、产权转移书据未列明金额的,印花税的计税依据按照实际结算的金额确定。计税依据按照前款规定仍不能确定的,按照书立合同、产权转移书据时的市场价格确定;依法应当执行政府定价或者政府指导价的,按照国家有关规定确定。

(2)证券交易无转让价格的,按照办理过户登记手续时该证券前一个交易日收盘价计算确定计税依据;无收盘价的,按照证券面值计算确定计税依据。

(3)同一应税合同、应税产权转移书据中涉及两方以上纳税人,且未列明纳税人各自涉及金额的,以纳税人平均分摊的应税凭证所列金额(不包括列明的增值税税款)确定计税依据。

(4)应税合同、应税产权转移书据所列的金额与实际结算金额不一致,不变更应税凭证所列金额的,以所列金额为计税依据;变更应税凭证所列金额的,以变更后的所列金额为计税依据。已缴纳印花税的应税凭证,变更后所列金额增加的,纳税人应当就增加部分的金额补缴印花税;变更后所列金额减少的,纳税可以就减少部分的金额向税务机关申请退还或者抵缴印花税。

(5)纳税人因应税凭证列明的增值税税款计算错误导致应税凭证的计税依据减少或者增加的,纳税人应当按规定调整应税凭证列明的增值税税款,重新确定应税凭证计税依据。已缴纳印花税的应税凭证,调整后计税依据增加的,纳税人应当就增加部分的金额补缴印花税;调整后计税依据减少的,纳税人可以就减少部分的金额向税务机关申请退还或者抵缴印花税。

(6)纳税人转让股权的印花税计税依据,按照产权转移书据所列的金额(不包括列明的认缴后尚未实际出资权益部分)确定。

(7)应税凭证金额为人民币以外的货币的,应当按照凭证书立当日的人民币汇率中间价折合人民币确定计税依据。

(8)境内的货物多式联运,采用在起运地统一结算全程运费的,以全程运费作为运输合同的计税依据,由起运地运费结算双方缴纳印花税;采用分程结算运费的,以分程的运费作为计税依据,分别由办理运费结算的各方缴纳印花税。

(9)未履行的应税合同、产权转移书据,已缴纳的印花税不予退还及抵缴税款。

(10)纳税人多贴的印花税票,不予退税及抵缴税款。

(三)应纳税额的计算方法

印花税的应纳税额按照计税依据乘以适用税率计算。

$$应纳税额 = 计税依据 \times 适用税率$$

同一应税凭证载有两个以上税目事项并分别列明金额的,按照各自适用的税目、税率分别计算应纳税额;未分别列明金额的,从高适用税率。

同一应税凭证由两方以上当事人书立的,按照各自涉及的金额分别计算应纳税额。

已缴纳印花税的营业账簿,以后年度记载的实收资本(股本)、资本公积合计金额比已缴纳印花税的实收资本(股本)、资本公积合计金额增加的,按照增加部分计算应纳税额。

◇ **同步案例8-1**

某企业于2023年2月开业,登记实收资本5 000万元,建立资金账簿一本,当月发生以下业务事项:订立产品购销合同1份,合同所载不含增值税金额为200万元;订立借款合同1份,所载不含增值税金额为400万元。试计算该企业上述内容应缴纳的印花税税额。

【解析】
(1)企业建立营业账簿应纳税额＝5 000×10 000×0.25‰＝12 500(元)
(2)企业订立购销合同应纳税额＝200×10 000×0.3‰＝600(元)
(3)企业订立借款合同应纳税额＝400×10 000×0.05‰＝200(元)
(4)企业应纳印花税税额总和＝12 500＋600＋200＝13 300(元)

四、税收优惠

下列凭证免征印花税:
(1)应税凭证的副本或者抄本;
(2)依照法律规定应当予以免税的外国驻华使馆、领事馆和国际组织驻华代表机构为获得馆舍书立的应税凭证;
(3)中国人民解放军、中国人民武装警察部队书立的应税凭证;
(4)农民、家庭农场、农民专业合作社、农村集体经济组织、村民委员会购买农业生产资料或者销售农产品书立的买卖合同和农业保险合同;
(5)无息或者贴息借款合同、国际金融组织向中国提供优惠贷款书立的借款合同;
(6)财产所有权人将财产赠与政府、学校、社会福利机构、慈善组织书立的产权转移书据;
(7)非营利性医疗卫生机构采购药品或者卫生材料书立的买卖合同;
(8)个人与电子商务经营者订立的电子订单。

根据国民经济和社会发展的需要,国务院对居民住房需求保障,企业改制重组、破产,支持小型微型企业发展等情形可以规定减征或者免征印花税,报全国人民代表大会常务委员会备案。

五、征收管理

（一）申报地点

纳税人为单位的，应当向其机构所在地的主管税务机关申报缴纳印花税；纳税人为个人的，应当向应税凭证书立地或者纳税人居住地的主管税务机关申报缴纳印花税。

不动产产权发生转移的，纳税人应当向不动产所在地的主管税务机关申报缴纳印花税。

纳税人为境外单位或者个人，在境内有代理人的，以其境内代理人为扣缴义务人，向境内代理人机构所在地（居住地）主管税务机关申报解缴税款。在境内没有代理人的，由纳税人自行申报缴纳印花税，境外单位或者个人可以向资产交付地、境内服务提供方或者接受方所在地（居住地）、书立应税凭证境内书立人所在地（居住地）主管税务机关申报缴纳；涉及不动产产权转移的，应当向不动产所在地主管税务机关申报缴纳。

证券登记结算机构为证券交易印花税的扣缴义务人，应当向其机构所在地的主管税务机关申报解缴税款以及银行结算的利息。

（二）纳税义务发生时间和纳税申报

印花税的纳税义务发生时间为纳税人书立应税凭证或者完成证券交易的当日。

证券交易印花税扣缴义务发生时间为证券交易完成的当日。

应税合同、产权转移书据未列明金额，在后续实际结算时确定金额的，纳税人应当于书立应税合同、产权转移书据的首个纳税申报期申报应税合同、产权转移书据书立情况，在实际结算后下一个纳税申报期，以实际结算金额计算申报缴纳印花税。

印花税按季、按年或者按次计征。实行按季、按年计征的，纳税人应当自季度、年度终了之日起15日内申报缴纳税款；实行按次计征的，纳税人应当自纳税义务发生之日起15日内申报缴纳税款。应税合同、产权转移书据印花税可以按季或者按次申报缴纳，应税营业账簿印花税可以按年或者按次申报缴纳，具体纳税期限由各省、自治区、直辖市、计划单列市税务局结合征管实际确定。

境外单位或者个人的应税凭证印花税可以按季、按年或者按次申报缴纳，具体纳税期限由各省、自治区、直辖市、计划单列市税务局结合征管实际确定。

证券交易印花税按周解缴。证券交易印花税扣缴义务人应当自每周终了之日起5日内申报解缴税款以及银行结算的利息。

（三）纳税申报

纳税人应当根据书立印花税应税合同、产权转移书据和营业账簿情况，如实填写《财产和行为税纳税申报表》及相应的税源明细表进行申报。

印花税可以采用粘贴印花税票或者由税务机关依法开具其他完税凭证的方式缴纳。

印花税票粘贴在应税凭证上的,由纳税人在每枚税票的骑缝处盖戳注销或者画销。

印花税票由国务院税务主管部门监制。

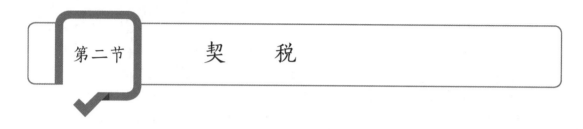

契税法,是指国家制定的用以调整契税征收与缴纳权利及义务关系的法律规范。现行契税法的基本规范,是2020年8月11日第十三届全国人民代表大会常务委员会第二十一次会议表决通过,并于2021年9月1日开始施行的《中华人民共和国契税法》(以下简称《契税法》)。

契税是以在中华人民共和国境内转移土地、房屋权属为征税对象,向承受权属的单位和个人征收的一种税。征收契税有利于增加地方财政收入,有利于保护合法产权,避免产权纠纷。

一、纳税义务人和征税范围

(一)纳税义务人

契税的纳税义务人是境内转移土地、房屋权属,承受的单位和个人。境内是指中华人民共和国实际税收行政管辖范围内。土地、房屋权属是指土地使用权和房屋所有权。单位是指企业单位、事业单位、国家机关、军事单位、社会团体以及其他组织。个人是指个体经营者及其他个人,包括中国公民和外籍人员。

(二)征税范围

征收契税的土地、房屋权属,具体为土地使用权、房屋所有权。

转移土地、房屋权属,是指下列行为:

(1)土地使用权出让;

(2)土地使用权转让,包括出售、赠与、互换,不包括土地承包经营权和土地经营权的转移;

(3)房屋买卖、赠与、互换。

具体征税范围包括以下内容。

1. 国有土地使用权出让

国有土地使用权出让是指土地使用者向国家交付土地使用权出让费用,国家将国有土地使用权在一定年限内让与土地使用者的行为。

2. 土地使用权的转让

土地使用权的转让是指土地使用者以出售、赠与、互换方式将土地使用权转移给其他单位和个人的行为。土地使用权的转让不包括土地承包经营权和土地经营权的转移。

3. 房屋买卖

房屋买卖，是指房屋所有者将其房屋出售，由承受者交付货币及实物、其他经济利益的行为。以下几种特殊情况，视同买卖房屋：

(1)以作价投资(入股)、偿还债务等应交付经济利益的方式转移土地、房屋权属的，参照土地使用权出让、出售或房屋买卖确定契税适用税率、计税依据等；

(2)以划转、奖励等没有价格的方式转移土地、房屋权属的，参照土地使用权或房屋赠与确定契税适用税率、计税依据等。

税务机关依法核定计税价格，应参照市场价格，采用房地产价格评估等方法合理确定。

以自有房产作股投入本人独资经营的企业，不征契税。因为以自有的房产投入本人独资经营的企业，产权所有人和使用权使用人未发生变化，不需办理房产变更手续，也不办理契税手续。

4. 房屋赠与

房屋赠与是指房屋产权所有人将房屋无偿转让给他人所有。其中，将自己的房屋转交给他人的法人和自然人，称作房屋赠与人；接受他人房屋的法人和自然人，称为受赠人。房屋赠与的前提必须是产权无纠纷，.赠与人和受赠人双方自愿。

由于房屋是不动产，价值较大，故法律要求赠与房屋应有书面合同(契约)，并到房地产管理机关或农村基层政权机关办理登记过户手续，才能生效。如果房屋赠与行为涉及涉外关系，还需公证处证明和外事部门认证，才能有效。

以获奖方式取得房屋产权，实质上是接受赠与房产的行为，也应缴纳契税。

5. 房屋互换

房屋互换是指房屋所有者之间互相交换房屋的行为。

6. 其他情形

下列情形发生土地、房屋权属转移的，承受方应当依法缴纳契税：
(1)因共有不动产份额变化的；
(2)因共有人增加或者减少的；
(3)因人民法院、仲裁委员会的生效法律文书或者监察机关出具的监察文书等因素，发生土地、房屋权属转移的。

二、税率、计税依据和应纳税额的计算

（一）税率

契税实行3%～5%的幅度税率。具体适用税率,由各省、自治区、直辖市人民政府在3%～5%的幅度内提出,报同级人民代表大会常务委员会决定,并报全国人民代表大会常务委员会和国务院备案。

省、自治区、直辖市可以依照上述规定的程序对不同主体、不同地区、不同类型的住房的权属转移确定差别税率。

（二）计税依据

契税计税依据不包括增值税,具体情形为:

(1)土地使用权出售、房屋买卖,承受方计征契税的成交价格不含增值税,实际取得增值税发票的,成交价格以发票上注明的不含税价格确定;

(2)土地使用权互换、房屋互换,契税计税依据为不含增值税价格的差额;

(3)税务机关核定的契税计税价格为不含增值税价格。

由于土地、房屋权属转移方式不同,定价方法不同,因而具体计税依据视不同情况而决定。

(1)土地使用权出让、出售,房屋买卖,其计税依据为土地、房屋权属转移合同确定的成交价格,包括应交付的货币、实物、其他经济利益对应的价款。

(2)土地使用权赠与、房屋赠与以及其他没有价格的转移土地、房屋权属行为,其计税依据为税务机关参照土地使用权出售、房屋买卖的市场价格依法核定的价格。

(3)以划拨方式取得的土地使用权,经批准改为出让方式重新取得该土地使用权的,应由该土地使用权人以补缴的土地出让价款为计税依据缴纳契税。

(4)先以划拨方式取得土地使用权,后经批准转让房地产,划拨土地性质改为出让的,承受方应分别以补缴的土地出让价款和房地产权属转移合同确定的成交价格为计税依据缴纳契税。

(5)先以划拨方式取得土地使用权,后经批准转让房地产,划拨土地性质未发生改变的,承受方应以房地产权属转移合同确定的成交价格为计税依据缴纳契税。

(6)土地使用权及所附建筑物、构筑物等(包括在建的房屋、其他建筑物、构筑物和其他附着物)转让的,计税依据为承受方应交付的总价款。

(7)土地使用权出让的,计税依据包括土地出让金、土地补偿费、安置补助费、地上附着物和青苗补偿费、征收补偿费、城市基础设施配套费、实物配建房屋等应交付的货币以及实物、其他经济利益对应的价款。

(8)房屋附属设施(包括停车位、机动车库、非机动车库、顶层阁楼、储藏室及其他房屋附属设施)与房屋为同一不动产单元的,计税依据为承受方应交付的总价款,并适用与房屋相同的税率;房屋附属设施与房屋为不同不动产单元的,计税依据为转移合同确定的成交价格,并按当地确定的适用税率计税。

(9)承受已装修房屋的,应将包括装修费用在内的费用计入承受方应交付的总价款。

(10)土地使用权互换、房屋互换,互换价格相等的,互换双方计税依据为零;互换价格不相等的,以其差额为计税依据,由支付差额的一方缴纳契税。

纳税人申报的成交价格、互换价格差额明显偏低且无正当理由的,由税务机关依照《税收征收管理法》的规定核定。

(三)应纳税额的计算

契税采用比例税率。当计税依据确定以后,应纳税额的计算比较简单。应纳税额的计算公式为:

$$应纳税额 = 计税依据 \times 税率$$

◇ **同步案例8-2**

> 居民甲有两套住房,将一套出售给居民乙,成交价格为600 000元;将另一套两室住房与居民丙交换成两套一室住房,并支付给丙换房差价款100 000元。适用契税税率为3%,试计算甲、乙、丙相关行为应缴纳的契税。
>
> 【解析】
> (1)甲交换房屋,应缴纳契税=100 000×3%=3 000(元)
> (2)乙购买房屋,应缴纳契税=600 000×3%=18 000(元)
> (3)丙无须缴纳契税。

三、税收优惠

(一)契税优惠的一般规定

有下列情形之一的,免征契税。
(1)国家机关、事业单位、社会团体、军事单位承受土地、房屋用于办公、教学、医疗、科研和军事设施。
(2)非营利性的学校、医疗机构、社会福利机构承受土地、房屋权属用于办公、教学、医疗、科研、养老、救助。
(3)承受荒山、荒地、荒滩土地使用权,并用于农、林、牧、渔业生产。
(4)婚姻关系存续期间夫妻之间变更土地、房屋权属。
(5)夫妻因离婚分割共同财产发生土地、房屋权属变更。
(6)法定继承人通过继承承受土地、房屋权属。

(7)依照法律规定应当予以免税的外国驻华使馆、领事馆和国际组织驻华代表机构承受土地、房屋权属。

(8)城镇职工按规定第一次购买公有住房。公有制单位为解决职工住房而采取集资建房方式建成的普通住房或由单位购买的普通商品住房,经县级以上地方人民政府房改部门批准,按照国家房改政策出售给本单位职工的,如属职工首次购买住房,比照公有住房免征契税。已购公有住房经补缴土地出让价款成为完全产权住房。

(9)外国银行分行按照《中华人民共和国外资银行管理条例》等相关规定改制为外商独资银行(或其分行),改制后的外商独资银行(或其分行)承受原外国银行分行的房屋权属。

(10)军队离退休干部住房由国家投资建设,军队和地方共同承担建房任务,其中军队承建部分完工后应逐步移交地方政府管理,免征军建离退休干部住房及附属用房移交地方政府管理所涉及的契税。

(11)信达、华融、长城和东方资产管理公司接受相关国有银行的不良债权,借款方以土地使用权、房屋所有权抵充贷款本息。

(12)财政部从中国建设银行、中国工商银行、中国农业银行、中国银行无偿划转了部分资产(包括现金、投资、固定资产及随投资实体划转的贷款)给中国信达资产管理公司、中国华融资产管理公司、中国长城资产管理公司和中国东方资产管理公司,作为其组建时的资本金。上述金融资产管理公司按财政部核定的资本金数额,接收上述国有商业银行的资产,在办理过户手续时,免征契税。

(13)经中国人民银行依法决定撤销的金融机构及其分设于各地的分支机构,包括被依法撤销的商业银行、信托投资公司、财务公司、金融租赁公司、城市信用社和农村信用社,在清算过程中催收债权时,接收债务方土地使用权、房屋所有权所发生的权属转移免征契税。除另有规定者外,被撤销的金融机构所属、附属企业,不享受本条规定的被撤销金融机构的税收优惠政策。

(14)经济适用住房经营管理单位回购经济适用住房继续作为经济适用住房房源。

(15)金融租赁公司开展售后回租业务,承受承租人房屋、土地权属的,照章征税。对售后回租合同期满,承租人回购原房屋、土地权属的,免征契税。

(16)棚户区改造中,经营管理单位回购已分配的改造安置住房继续作为改造安置房源。

(17)进行股份合作制改革后的农村集体经济组织承受原集体经济组织的土地、房屋权属。农村集体经济组织以及代行集体经济组织职能的村民委员会、村民小组进行清产核资收回集体资产而承受土地、房屋权属。

(18)易地扶贫搬迁贫困人口按规定取得的安置住房。易地扶贫搬迁项目实施主体取得用于建设安置住房的土地。易地扶贫搬迁项目实施主体购买商品住房或者回购保障性住房作为安置住房房源。

(19)2021年1月1日至2023年12月31日,公租房经营管理单位购买住房作为公租房。

(20)2021年1月1日至2023年12月31日,饮水工程运营管理单位为建设饮水工程而承受土地使用权。

(21)2019年6月1日至2025年12月31日,为社区提供养老、托育、家政等服务的机构,承受房屋、土地用于提供社区养老、托育、家政服务。

根据国民经济和社会发展的需要,国务院对居民住房需求保障、企业改制重组、灾后重建等情形可以规定免征或者减征契税,报全国人民代表大会常务委员会备案。

省、自治区、直辖市可以决定对下列情形免征或者减征契税:
(1)因土地、房屋被县级以上人民政府征收、征用,重新承受土地、房屋权属;
(2)因不可抗力灭失住房,重新承受住房权属。

免征或者减征契税的具体办法,由省、自治区、直辖市人民政府提出,报同级人民代表大会常务委员会决定,并报全国人民代表大会常务委员会和国务院备案。

(二)个人购买家庭住房契税优惠的规定

对个人购买家庭唯一住房(家庭成员范围包括购房人、配偶以及未成年子女/下同),面积为 90 平方米及以下的,减按 1%的税率征收契税;面积为 90 平方米以上的,减按 1.5%的税率征收契税。

对个人购买家庭第二套改善性住房,面积为 90 平方米及以下的,减按 1%的税率征收契税;面积为 90 平方米以上的,减按 2%的税率征收契税。

家庭第二套改善性住房是指已拥有一套住房的家庭,购买的家庭第二套住房。需要注意的是,北京市、上海市、广州市、深圳市不实施该项规定,采用当地规定的契税税率 3%。

对个人购买经济适用住房,在法定税率基础上减半征收契税。

个人首次购买 90 平方米以下改造安置住房,按 1%的税率计征契税;购买超过 90 平方米但符合普通住房标准的改造安置住房,按法定税率减半计征契税。个人因房屋被征收而取得货币补偿并用于购买改造安置住房,或因房屋被征收而进行房屋产权调换并取得改造安置住房,按有关规定减免契税。

(三)企业、事业单位改制重组的契税优惠政策

自 2021 年 1 月 1 日起至 2023 年 12 月 31 日,为支持企业、事业单位改制重组,优化市场环境,契税优惠政策规定如下。

1. 企业改制

企业按照《中华人民共和国公司法》(以下简称《公司法》)有关规定整体改制,包括非公司制企业改制为有限责任公司或股份有限公司,有限责任公司变更为股份有限公司,股份有限公司变更为有限责任公司,原企业投资主体存续并在改制(变更)后的公司中所持股权(股份)比例超过 75%,且改制(变更)后公司承继原企业权利、义务的,对改制(变更)后公司承受原企业土地、房屋权属,免征契税。

2. 事业单位改制

事业单位按照国家有关规定改制为企业,原投资主体存续并在改制后企业中出资(股权、股份)比例超过 50%的,对改制后企业承受原事业单位土地、房屋权属,免征契税。

3. 公司合并

两个或两个以上的公司,依照法律规定、合同约定,合并为一个公司,且原投资主体存续的,对合并后公司承受原合并各方土地、房屋权属,免征契税。

4. 公司分立

公司依照法律规定、合同约定分立为两个或两个以上与原公司投资主体相同的公司,对分立后公司承受原公司土地、房屋权属,免征契税。

5. 企业破产

企业依照有关法律法规规定实施破产,债权人(包破产企业职工)承受破产企业抵偿债务的土地、房屋权属,免征契税;对非债权人承受破产企业土地、房屋权属,凡按照《中华人民共和国劳动法》等国家有关法律法规政策妥善安置原企业全部职工规定,与原企业全部职工签订服务年限不少于3年的劳动用工合同的,对其承受所购企业土地、房屋权属,免征契税;与原企业超过30%的职工签订服务年限不少于3年的劳动用工合同的,减半征收契税。

6. 资产划转

对承受县级以上人民政府或国有资产管理部门按规定进行行政性调整、划转国有土地、房屋权属的单位,免征契税。

同一投资主体内部所属企业之间土地、房屋权属的划转,包括母公司与其全资子公司之间,同一公司所属全资子公司之间,同一自然人与其设立的个人独资企业、一人有限公司之间土地、房屋权属的划转,免征契税。

母公司以土地、房屋权属向其全资子公司增资,视同划转,免征契税。

7. 债权转股权

经国务院批准实施债权转股权的企业,对债权转股权后新设立的公司承受原企业的土地、房屋权属,免征契税。

8. 划拨用地出让或作价出资

以出让方式或国家作价出资(入股)方式承受原改制重组企业、事业单位划拨用地的,不属上述规定的免税范围,对承受方应按规定征收契税。

9. 公司股权(股份)转让

在股权(股份)转让中,单位、个人承受公司股权(股份),公司土地、房屋权属不发生转移,不征收契税。

上述所称企业、公司,是指依照我国有关法律法规设立并在中国境内注册的企业、公司。所称投资主体存续,是指原改制重组企业、事业单位的出资人必须存在于改制重组后的企业,出资人的出资比例可以发生变动。所称投资主体相同,是指公司分立前后出资人不发生变动,出资人的出资比例可以发生变动。

四、征收管理

(一)纳税义务发生时间

契税申报以不动产单元为基本单位,契税的纳税义务发生时间是纳税人签订土地、房屋权属转移合同的当日,或者纳税人取得其他具有土地、房屋权属转移合同性质凭证的当日。

特殊情形下,关于契税纳税义务发生时间的规定如下:

(1)因人民法院、仲裁委员会的生效法律文书或者监察机关出具的监察文书等发生土地、房屋权属转移的,纳税义务发生时间为法律文书等生效当日;

(2)因改变土地、房屋用途等情形应当缴纳已经减征、免征契税的,纳税义务发生时间为改变有关土地、房屋用途等情形的当日;

(3)因改变土地性质、容积率等土地使用条件需补缴土地出让价款,应当缴纳契税的,纳税义务发生时间为改变土地使用条件当日。

发生上述情形,按规定不再需要办理土地、房屋权属登记的,纳税人应自纳税义务发生之日起 90 日内申报缴纳契税。

(二)纳税期限

纳税人应当在依法办理土地、房屋权属登记手续前申报缴纳契税。

(三)纳税地点

契税在土地、房屋所在地的税务征收机关缴纳。

(四)纳税申报资料

契税纳税人依法纳税申报时,应如实填写《财产和行为税纳税申报表》及相应的税源明细表,并根据具体情形提交下列资料:

(1)纳税人身份证件;

(2)土地、房屋权属转移合同或其他具有土地、房屋权属转移合同性质的凭证;

(3)交付经济利益方式转移土地、房屋权属的,提交土地、房屋权属转移相关价款支付凭证,其中,土地使用权出让为财政票据,土地使用权出售、互换和房屋买卖、互换为增值税发票;

(4)因人民法院、仲裁委员会的生效法律文书或者监察机关出具的监察文书等因素发生土地、房屋权属转移的,提交生效法律文书或监察文书等。

符合减免税条件的,应按规定附送有关资料或将资料留存备查。

(五)关于纳税凭证、纳税信息和退税

具有土地、房屋权属转移合同性质的凭证包括契约、协议、合约、单据、确认书以及其他凭证。

不动产登记机构在办理土地、房屋权属登记时,应当依法查验土地、房屋的契税完税、减免税、不征税等涉税凭证或者有关信息。

税务机关应当与相关部门建立契税涉税信息共享和工作配合机制。具体转移土地、房屋权属有关的信息包括:自然资源部门的土地出让、转让、征收补偿、不动产权属登记等信息,住房城乡建设部门的房屋交易等信息,民政部门的婚姻登记、社会组织登记等信息,公安部门的户籍人口基本信息。

纳税人缴纳契税后发生下列情形,可依照有关法律法规申请退税:

(1)因人民法院判决或者仲裁委员会裁决导致土地、房屋权属转移行为无效、被撤销或者被解除,且土地、房屋权属变更至原权利人的;

(2)在出让土地使用权交付时,因容积率调整或实际交付面积小于合同约定面积需退还土地出让价款的;

(3)在新建商品房交付时,因实际交付面积小于合同约定面积需返还房价款的。

纳税人依照规定向税务机关申请退还已缴纳契税的,应提供纳税人身份证件、完税凭证复印件,并根据不同情形提交相关资料:

(1)在依法办理土地、房屋权属登记前,权属转移合同或合同性质凭证不生效、无效、被撤销或者被解除的,提交合同或合同性质凭证不生效、无效、被撤销或者被解除的证明材料;

(2)因人民法院判决或者仲裁委员会裁决导致土地、房屋权属转移行为无效、被撤销或者被解除,且土地、房屋权属变更至原权利人的,提交人民法院、仲裁委员会的生效法律文书;

(3)在出让土地使用权交付时,因容积率调整或实际交付面积小于合同约定面积需退还土地出让价款的,提交补充合同(协议)和退款凭证;

(4)在新建商品房交付时,因实际交付面积小于合同约定面积需返还房价款的,提交补充合同(协议)和退款凭证。

税务机关收取纳税人退税资料后,应向不动产登记机构核实有关土地、房屋权属登记情况。核实后符合条件的即时受理,不符合条件的一次性告知应补正资料或不予受理原因。

上文所称身份证件,单位纳税人为营业执照,或者统一社会信用代码证书或者其他有效登记证书;个人纳税人中,自然人为居民身份证,或者居民户口簿或者入境的身份证件,个体工商户为营业执照。

第三节 土地增值税

土地增值税法，是指国家制定的用以调整土地增值税征收与缴纳之间权利及义务关系的法律规范。现行土地增值税的基本规范，是1993年12月13日国务院颁布的《中华人民共和国土地增值税暂行条例》(以下简称《土地增值税暂行条例》)。

土地增值税是对有偿转让国有土地使用权及地上建筑物和其他附着物产权，取得增值收入的单位和个人征收的一种税。征收土地增值税增强了政府对房地产开发和交易市场的调控，有利于抑制炒买炒卖土地获取暴利的行为，也增加了国家财政收入。

一、纳税义务人和征税范围

(一)纳税义务人

土地增值税的纳税义务人为转让国有土地使用权、地上的建筑及其附着物(以下简称转让房地产)并取得收入的单位和个人。单位包括各类企业、事业单位、国家机关和社会团体及其他组织；个人包括个体经营者和其他个人。

概括起来，《土地增值税暂行条例》对纳税人的规定主要有以下四个特点。

(1)不论法人与自然人。即不论是企业、事业单位、国家机关、社会团体及其他组织，还是个人，只要有偿转让房地产，都是土地增值税的纳税人。

(2)不论经济性质。即不论是全民所有制企业、集体企业、私营企业、个体经营者，还是联营企业、合资企业、合作企业、外商独资企业等，只要有偿转让房地产，都是土地增值税的纳税人。

(3)不论内资与外资企业、中国公民与外籍个人。即不论是内资企业还是外商投资企业、外国驻华机构，也不论是中国公民、港澳台同胞、海外华侨，还是外国公民，只要有偿转让房地产，都是土地增值税的纳税人。

(4)不论行业与部门。即不论是工业、农业、商业、学校、医院、机关等，只要有偿转让房地产，都是土地增值税的纳税人。

(二)征税范围

1. 基本征税范围

土地增值税是对转让国有土地使用权及其地上建筑物和附着物的行为征税，不包括国有土地使用权出让所取得的收入。

国有土地使用权出让,是指国家以土地所有者的身份将土地使用权在一定年限内让与土地使用者,并由土地使用者向国家支付土地使用权出让金的行为,属于土地买卖的一级市场。土地使用权出让的出让方是国家,国家凭借土地的所有权向土地使用者收取土地的租金。出让的目的是实行国有土地的有偿使用制度,合理开发、利用、经营土地,因此,土地使用权的出让不属于土地增值税的征税范围。

国有土地使用权的转让,是指土地使用者通过出让等形式取得土地使用权后,将土地使用权再转让的行为,包括出售、交换和赠与,它属于土地买卖的二级市场。土地使用权转让,其地上的建筑物、其他附着物的所有权随之转让。土地使用权的转让,属于土地增值税的征税范围。

土地增值税的征税范围不包括未转让土地使用权、房产产权的行为,是否发生转让行为主要以房地产权属(指土地使用权和房产产权)的变更为标准。凡土地使用权、房产产权未转让的(如房地产的出租),不征收土地增值税。

土地增值税的基本范围包括如下几项。

1) 转让国有土地使用权

国有土地,是指按国家法律规定属于国家所有的土地。出售国有土地使用权是指土地使用者通出让方式,向政府缴纳了土地出让金,有偿受让土地使用权后,仅对土地进行通水、通电、通路和平整地面等土地开发,不进行房产开发,即所谓"将生地变熟地",然后直接将空地出售出去。

2) 地上的建筑物及其附着物连同国有土地使用权一并转让

地上的建筑物,是指建于土地上的一切建筑物,包括地上地下的各种附属设施。附着物,是指附着于土地上的不能移动或一经移动即遭损坏的物品。纳税人取得国有土地使用权后进行房屋开发建造然后出售的,这种情况即是一般所说的房地产开发。虽然这种行为通常被称作卖房,但按照国家有关房地产法律和法规的规定,卖房的同时,土地使用权也随之发生转让。由于这种情况既发生了产权的转让又取得了收入,所以应纳入土地增值税的征税范围。

3) 存量房地产的买卖

存量房地产是指已经建成并已投入使用的房地产,其房屋所有人将房屋产权和土地使用权一并转让给其他单位和个人。这种行为按照国家有关的房地产法律和法规,应当到有关部门办理房产产权和土地使用权的转移变更手续;原土地使用权属于无偿划拨的,还应到土地管理部门补交土地出让金。

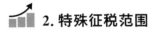

2. 特殊征税范围

1) 房地产的继承

房地产的继承,是指房产的原产权所有人、依照法律规定取得土地使用权的土地使用人死亡以后,由其继承人依法承受死者房产产权和土地使用权的民事法律行为。这种行为虽然发生了房地产的权属变更,但作为房产产权、土地使用权的原所有人(即被继承人)并没有因为权属变更而取得任何收入。因此,这种房地产的继承不属于土地增值税的征税范围。

2）房地产的赠与

房地产的赠与，是指房产所有人、土地使用权所有人将自己所拥有的房地产无偿地交给其他人的民事法律行为。但这里的"赠与"仅指以下情况：

（1）房产所有人、土地使用权所有人将房屋产权、土地使用权赠与直系亲属或承担直接赡养义务人的；

（2）房产所有人、土地使用权所有人通过中国境内非营利的社会团体、国家机关将房屋产权、土地使用权赠与教育、民政和其他社会福利、公益事业的。

上述所称社会团体是指中国青少年发展基金会、希望工程基金会、宋庆龄基金会、减灾委员会、中国红十字会、中国残疾人联合会、全国老年基金会、老区促进会以及经民政部门批准成立的其他非营利性的公益性组织。

房地产的赠与虽发生了房地产的权属变更，但作为房产所有人、土地使用权的所有人并没有因为权属的转让而取得任何收入。因此，房地产的赠与不属于土地增值税的征税范围。

3）房地产的出租

房地产的出租，是指房产的产权所有人、依照法律规定取得土地使用权的土地使用人，将房产、土地使用权租赁给承租人使用，由承租人向出租人支付租金的行为。房地产出租后，出租人虽取得了收入，但没有发生房产产权、土地使用权的转让。因此，不属于土地增值税的征税范围。

4）房地产的抵押

房地产的抵押，是指房地产的产权所有人、依法取得土地使用权的土地使用人作为债务人或第三人向债权人提供不动产作为清偿债务的担保而不转移权属的法律行为。这种情况由于房产的产权、土地使用权在抵押期间并没有发生权属的变更，房产的产权所有人、土地使用权人仍能对房地产行使占有、使用、收益等权利，房产的产权所有人、土地使用权人虽然在抵押期间取得了一定的抵押贷款，但实际上这些贷款在抵押期满后是要连本带利偿还给债权人的。因此，对房地产的抵押，在抵押期间不征收土地增值税。待抵押期满后，视该房地产是否转移占有而确定是否征收土地增值税。对于以房地产抵债而发生房地产权属转让的，应列入土地增值税的征税范围。

5）房地产的交换

房地产的交换，是指一方以房地产与另一方的房地产进行交换的行为。由于这种行为既发生了房产产权、土地使用权的转移，交换双方又取得了实物形态的收入，按《土地增值税暂行条例》规定，它属于土地增值税的征税范围。但对个人之间互换自有居住用房地产的，经当地税务机关核实，可以免征土地增值税。

6）合作建房

对于一方出地，一方出资金，双方合作建房，建成后按比例分房自用的，暂免征收土地增值税；建成后转让的，应征收土地增值税。

7）房地产的代建行为

房地产的代建行为是指房地产开发公司代客户进行房地产的开发，开发完成后向客户收取代建收入的行为。对于房地产开发公司而言,虽然取得了收入,但没有发生房地产权属的转移,其收入属于劳务收入性质,故不属于土地增值税的征税范围。

8) 房地产的重新评估

房地产的重新评估,主要是指国有企业在清产核资时对房地产进行重新评估而使其升值的情况。这种情况下,房地产虽然有增值,但其既没有发生房地产权属的转移,房产产权、土地使用权人也未取得收入,所以不属于土地增值税的征税范围。

二、税率

土地增值税实行四级超率累进税率:
(1)增值额未超过扣除项目金额50%的部分,税率为30%;
(2)增值额超过扣除项目金额50%、未超过扣除项目金额100%的部分,税率为40%;
(3)增值额超过扣除项目金额100%、未超过扣除项目金额200%的部分,税率为50%;
(4)增值额超过扣除项目金额200%的部分,税率为60%。

上述所列四级超率累进税率,每级"增值额未超过扣除项目金额"的比例,均包括本比例数。超率累进税率见表8-2。

表 8-2　土地增值税四级超率累进税率表　　　　　　　　　　　单位:%

级数	增值额与扣除项目金额的比率	税率	速算扣除系数
1	不超过50%的部分	30	0
2	超过50%~100%的部分	40	5
3	超过100%~200%的部分	50	15
4	超过200%的部分	60	35

三、应税收入与扣除项目

(一)应税收入

根据《土地增值税暂行条例》及《中华人民共和国土地增值税暂行条例实施细则》(以下简称《实施细则》)的规定,纳税人转让房地产取得的应税收入(不含增值税),应包括转让房地产的全部价款及有关的经济收益。从收入的形式来看,包括货币收入、实物收入和其他收入。

1. 货币收入

货币收入是指纳税人转让房地产而取得的现金、银行存款、支票、银行本票、汇票等各种信用票据和国库券、金融债券、企业债券、股票等有价证券。这些类型收入的实质都是转让方因转让土地使用权、房屋产权而向取得方收取的价款。货币收入一般比较容易确定。

2. 实物收入

实物收入是指纳税人转让房地产而取得的各种实物形态的收入,如钢材、水泥等建材,房屋、土地等不动产等。实物收入的价值不太容易确定,一般要对这些实物形态的财产进行估价,按取得收入时的市场价格折算成货币收入。

3. 其他收入

其他收入是指纳税人转让房地产而取得的无形资产收入或具有财产价值的权利,如专利权、商标权、著作权、专有技术使用权、土地使用权、商誉权等。这种类型的收入比较少见,其价值需要进行专门的评估。

(二)扣除项目

依据税法规定,在计算土地增值税的增值额时,准予从房地产转让收入额中减除下列相关项目金额。

1. 取得土地使用权所支付的金额

取得土地使用权所支付的金额包括两方面的内容:
(1)纳税人为取得土地使用权所支付的地价款;
(2)纳税人在取得土地使用权时按国家统一规定缴纳的有关费用。

2. 房地产开发成本

房地产开发成本是指纳税人房地产开发项目实际发生的成本,包括土地的征用及拆迁补偿费、前期工程费、建筑安装工程费、基础设施费、公共配套设施费、开发间接费用等。

(1)土地征用及拆迁补偿费,包括土地征用费、耕地占用税、劳动力安置费及有关地上和地下附着物拆迁补偿的净支出、安置动迁用房支出等。

(2)前期工程费,包括规划、设计、项目可行性研究和水文、地质、勘察、测绘、"三通一平"等支出。

(3)建筑安装工程费,指以出包方式支付给承包单位的建筑安装工程费,以自营方式发生的建筑安装工程费。

(4)基础设施费,包括开发小区内道路、供水、供电、供气、排污、排洪、通信、照明、环卫、绿化等工程发生的支出。

(5)公共配套设施费,包括不能有偿转让的开发小区内公共配套设施发生的支出。

(6)开发间接费用,指直接组织、管理开发项目发生的费用,包括工资、职工福利费、折旧费、修理费、办公费、水电费、劳动保护费、周转房摊销等。

3. 房地产开发费用

房地产开发费用是指与房地产开发项目有关的销售费用、管理费用和财务费用。按照规定,财务费用中的利息支出,凡能够按转让房地产项目计算分摊并提供金融机构证明的,允许据实扣除,但最高不能超过按商业银行同类同期贷款利率计算的金额。其他房地产开发费用,按计算的金额之和的5%以内计算扣除。凡不能按转让房地产项目计算分摊利息支出或不能提供金融机构证明的,房地产开发费用按计算的金额之和的10%以内计算扣除。计算扣除的具体比例,由各省、自治区、直辖市人民政府规定。

上述规定的具体含义包括如下几点。

(1)纳税人能够按转让房地产项目计算分摊利息支出,并能提供金融机构的贷款证明的,其允许扣除的房地产开发费用为:利息+(取得土地使用权所支付的金额+房地产开发成本)×5%以内(注:利息最高不能超过按商业银行同类同期贷款利率计算的金额)。

(2)纳税人不能按转让房地产项目计算分摊利息支出或不能提供金融机构贷款证明的,其允许扣除的房地产开发费用为:(取得土地使用权所支付的金额+房地产开发成本)×10%以内。全部使用自有资金,没有利息支出的,按照以上方法扣除。上述具体适用的比例按省级人民政府此前规定的比例执行。

(3)房地产开发企业既向金融机构借款,又有其他借款的,其房地产开发费用计算扣除时不能同时适用上述(1)、(2)项所述两种办法。

(4)土地增值税清算时,已经计入房地产开发成本的利息支出,应调整至财务费用中计算扣除。

此外,财政部、国家税务总局还对扣除项目金额中利息支出的计算问题作了两点专门规定:一是利息的上浮幅度按国家的有关规定执行,超过上浮幅度的部分不允许扣除;二是对于超过贷款期限的利息部分和加罚的利息不允许扣除。

4. 与转让房地产有关的税金

与转让房地产有关的税金,是指在转让房地产时缴纳的城市维护建设税、印花税。因转让房地产缴纳的教育费附加,也可视同税金予以扣除。

需要明确的是,房地产开发企业按照《施工、房地产开发企业财务制度》的有关规定,其在转让时缴纳的印花税已列入管理费用,故不允许再单独扣除。其他纳税人缴纳的印花税(按产权转移书据所载金额的0.5‰贴花)允许在此扣除。

"营改增"后,房地产开发企业实际缴纳的城市维护建设税、教育费附加,凡能够按清算项目准确计算的,允许据实扣除;凡不能按清算项目准确计算的,则按该清算项目预缴增值税时实际缴纳的城市维护建设税和教育费附加扣除。

5. 财政部确定的其他扣除项目

对从事房地产开发的纳税人,允许按取得土地使用权所支付的金额和房地产开发成本之和,加计20%的扣除。需要特别指出的是,此条优惠只适用于从事房地产开发的纳税人,除此之外的其他纳税人不适用,其目的是抑制炒买炒卖房地产的投机行为,保护正常开发投资者的积极性。

6. 旧房及建筑物的评估价格

纳税人转让旧房的,应按房屋及建筑物的评估价格、取得土地使用权所支付的地价款或出让金、按国家统一规定缴纳的有关费用和转让环节缴纳的税金作为扣除项目金额计征土地增值税。对取得土地使用权时未支付地价款或不能提供已支付的地价款凭据的,在计征土地增值税时不允许扣除。

对纳税人购房时缴纳的契税,凡能提供契税完税凭证的,准予作为"与转让房地产有关的税金"予以扣除,但不作为加计5%的基数。

对于转让旧房及建筑物,既没有评估价格,又不能提供购房发票的,税务机关可以实行核定征收。

四、应纳税额的计算

(一) 增值额的确定

确定增值额是计算土地增值税的基础,增值额为纳税人转让房地产所取得的收入减除规定的扣除项目金额后的余额。准确核算增值额,需要有准确的房地产转让收入额和扣除项目的金额。在实际房地产交易活动中,有些纳税人由于不能准确提供房地产转让价格或扣除项目金额,致使增值额不准确,直接影响应纳税额的计算和缴纳。因此,《土地增值税暂行条例》第九条规定,纳税人有下列情形之一的,按照房地产评估价格计算征收。

(1) 隐瞒、虚报房地产成交价格的;
(2) 提供扣除项目金额不实的;
(3) 转让房地产的成交价格低于房地产评估价格,又无正当理由的。

上述所说的房地产评估价格,是指由政府批准设立的房地产评估机构根据相同地段、同类房地产进行综合评定的价格。

(二) 应纳税额的计算方法

土地增值税按照纳税人转让房地产所取得的增值额和规定的税率计算征收。土地增值税的计算公式为:

$$应纳税额 = \sum (每级距的土地增值额 \times 适用税率)$$

但在实际工作中,分步计算比较烦琐,一般可以采用速算扣除法计算。即计算土地增值税税额,可按增值额乘以适用的税率减去扣除项目金额乘以速算扣除系数的简便方法计算,具体方法如下:

$$应纳税额 = 土地增值额 \times 适用税率 - 扣除项目金额 \times 速算扣除系数$$

公式中,适用税率和速算扣除系数的确定取决于增值额与扣除项目金额的比率:

(1) 增值额未超过扣除项目金额50%时,计算公式为:

$$土地增值税税额 = 增值额 \times 30\%$$

(2)增值额超过扣除项目金额50%,未超过100%时,计算公式为:

土地增值税税额=增值额×40%-扣除项目金额×5%

(3)增值额超过扣除项目金额100%,未超过200%时,计算公式为:

土地增值税税额=增值额×50%-扣除项目金额×15%

(4)增值额超过扣除项目金额200%时,计算公式为:

土地增值税税额=增值额×60%-扣除项目金额×35%

上述公式中的5%、15%、35%分别为2、3、4级的速算扣除系数,见前述表8-2。

◇ 同步案例8-3

假定某房地产开发公司转让商品房一栋,取得收入总额为2 000万元,应扣除的金额合计为900万元。请计算该房地产开发公司应缴纳的土地增值税。

【解析】

(1)增值额=2 000-900=1 100(万元)

(2)增值额与扣除项目金额的比率=1 100÷900×100%=122.2%

(3)应缴纳土地增值税=1 100×50%-900×15%=415(万元)

五、房地产开发企业土地增值税清算

土地增值税清算是指纳税人在符合土地增值税清算条件后,依照税收法律、法规及土地增值税有关政策的规定,计算房地产开发项目应缴纳的土地增值税税额,并填写土地增值税清算申报表,向主管税务机关提供有关资料,办理土地增值税清算手续,结清该房地产项目应缴纳土地增值税税款的行为。

纳税人进行土地增值税清算时应当如实申报应缴纳的土地增值税税额,保证清算申报的真实性、准确性和完整性。税务机关应当为纳税人提供优质纳税服务,加强土地增值税政策宣传辅导。主管税务机关应及时对纳税人清算申报的收入、扣除项目金额、增值额、增值率以及税款计算等情况进行审核,依法征收土地增值税。

(一)土地增值税的清算单位

土地增值税以国家有关部门审批的房地产开发项目为单位进行清算,对于分期开发的项目,以分期项目为单位清算。

开发项目中同时包含普通住宅和非普通住宅的,应分别计算增值额。

(二)土地增值税的清算条件

符合下列情形之一的,纳税人应进行土地增值税的清算:

(1)房地产开发项目全部竣工、完成销售的;
(2)整体转让未竣工决算房地产开发项目的;
(3)直接转让土地使用权的。

符合下列情形之一的,主管税务机关可要求纳税人进行土地增值税清算:

(1)已竣工验收的房地产开发项目,已转让的房地产建筑面积占整个项目可售建筑面积的比例在85%以上,或该比例虽未超过85%,但剩余的可售建筑面积已经出租或自用的;
(2)取得销售(预售)许可证满3年仍未销售完毕的;
(3)纳税人申请注销税务登记但未办理土地增值税清算手续的;
(4)省级税务机关规定的其他情况。

(三)土地增值税的清算时间

凡符合应办理土地增值税清算条件的项目,纳税人应当在满足条件之日起90日内到主管税务机关办理清算手续。

凡属税务机关要求纳税人进行土地增值税清算的项目,纳税人应当在接到主管税务机关下发的清算通知之日起90日内,到主管税务机关办理清算手续。

(四)土地增值税清算应税收入的确认

1. 一般情形下销售房地产应税收入的确认

土地增值税清算时,已全额开具商品房销售发票的,按照发票所载金额确认收入;未开具发票或未全额开具发票的,以交易双方签订的销售合同所载的售房金额及其他收益确认收入。销售合同所载商品房面积与有关部门实际测量面积不一致,在清算前已发生补、退房款的,应在计算土地增值税时予以调整。

房地产开发项目的销售行为跨越"营改增"前后的,按以下方法确定土地增值税应税收入:

土地增值税清算应税收入="营改增"前转让房地产取得的收入+"营改增"后转让房地产取得的不含增值税收入

2. 视同销售房地产应税收入的确认

房地产开发企业将开发产品用于职工福利、奖励、对外投资、分配给股东或投资人、抵偿债务、换取其他单位和个人的非货币性资产等,发生所有权转移时应视同销售房地产,其收入按下列方法和顺序确认:

(1)按本企业在同一地区、同一年度销售的同类房地产的平均价格确定;
(2)由主管税务机关参照当地当年、同类房地产的市场价格或评估价值确定。

房地产开发企业将开发的部分房地产转为企业自用或用于出租等商业用途时,如果产权未发生转移,不征收土地增值税,在税款清算时不列收入,不扣除相应的成本和费用。

(五)土地增值税清算的扣除项目

房地产开发企业办理土地增值税清算时计算与清算项目有关的扣除项目金额,应根据《土地增值税暂行条例》第六条及《实施细则》第七条的规定执行。除另有规定外,扣除取得土地使用权所支付的金额、房地产开发成本、费用及与转让房地产有关税金,须提供合法有效凭证;不能提供合法有效凭证的,不予扣除。

房地产开发企业办理土地增值税清算所附送的前期工程费、建筑安装工程费、基础设施费、开发间接费用的凭证或资料不符合清算要求或不实的,税务机关可结合房屋结构、用途、区位等因素,核定上述四项开发成本的单位面积金额标准,并据以计算扣除。具体核定方法由省级税务机关确定。

房地产开发企业开发建造的与清算项目配套的居委会和派出所用房、会所、停车场(库)、物业管理场所、变电站、热力站、水厂、文体场馆、学校、幼儿园、托儿所、医院、邮电通信等公共设施,按以下原则处理:

(1)建成后产权属于全体业主所有的,其成本、费用可以扣除;

(2)建成后无偿移交给政府、公用事业单位用于非营利性社会公共事业的,其成本、费用可以扣除;

(3)建成后有偿转让的,应计算收入,并准予扣除成本、费用。

房地产开发企业销售已装修的房屋,其装修费用可以计入房地产开发成本。房地产开发企业的预提费用,除另有规定外,不得扣除。

属于多个房地产项目共同的成本费用,应按清算项目可售建筑面积占多个项目可售总建筑面积的比例或其他合理的方法,计算确定清算项目的扣除金额。

房地产开发企业在工程竣工验收后,根据合同约定,扣留建筑安装施工企业一定比例的工程款,作为开发项目的质量保证金,在计算土地增值税时,建筑安装施工企业就质量保证金对房地产开发企业开具发票的,按发票所载金额予以扣除;未开具发票的,扣留的质保金不得计算扣除。

房地产开发企业逾期开发缴纳的土地闲置费不得扣除。

房地产开发企业为取得土地使用权所支付的契税,应视同"按国家统一规定交纳的有关费用",计入"取得土地使用权所支付的金额"中扣除。

拆迁补偿费的扣除,按以下规定处理。

(1)房地产企业用建造的该项目房地产安置回迁户的,安置用房视同销售处理,按《国家税务总局关于房地产开发企业土地增值税清算管理有关问题的通知》(以下简称《通知》)(国税发〔2006〕187号)第三条第(一)款规定确认收入(即按本企业在同一地区、同一年度销售的同类房地产的平均价格确定;或由主管税务机关参照当地当年、同类房地产的市场价格或评估价值确定),同时将此确认为房地产开发项目的拆迁补偿费。房地产开发企业支付给回迁户的补差价款,计入拆迁补偿费;回迁户支付给房地产开发企业的补差价款,应抵减本项目拆迁补偿费。

(2)开发企业采取异地安置,异地安置的房屋属于自行开发建造的,房屋价值按《通知》

的规定计算,计入本项目的拆迁补偿费;异地安置的房屋属于购入的,以实际支付的购房支出计入拆迁补偿费。

(3)货币安置拆迁的,房地产开发企业凭合法有效凭据计入拆迁补偿费。

(六)土地增值税清算应报送的资料

纳税人办理土地增值税清算,应报送以下资料。

(1)土地增值税清算表及其附表。

(2)房地产开发项目清算说明,主要内容应包括房地产开发项目立项、用地、开发、销售、关联方交易、融资、税款缴纳等基本情况及主管税务机关需要了解的其他情况。

(3)项目竣工决算报表、取得土地使用权所支付的地价款凭证、国有土地使用权出让合同、银行贷款利息结算通知单、项目工程合同结算单、商品房购销合同统计表、销售明细表、预售许可证等与转让房地产的收入、成本和费用有关的证明资料。主管税务机关需要相应项目记账凭证的,纳税人还应提供记账凭证复印件。

纳税人委托税务中介机构审核鉴证的清算项目,还应报送中介机构出具的《土地增值税清算税款鉴证报告》。

(七)土地增值税清算项目的审核鉴证

主管税务机关受理纳税人清算资料后,应在一定期限内及时组织清算审核。具体期限由各省、自治区、直辖市、计划单列市税务机关确定。

税务中介机构受托对清算项目审核鉴证时,应按税务机关规定的格式对审核鉴证情况出具鉴证报告。对符合要求的鉴证报告,税务机关可以采信。

税务机关要对从事土地增值税清算鉴证工作的税务中介机构在准入条件、工作程序、鉴证内容、法律责任等方面提出明确要求,并做好必要的指导和管理工作。

(八)土地增值税的核定征收

房地产开发企业有下列情形之一的,税务机关可以参照与其开发规模和收入水平相近的当地企业的土地增值税税负情况,按不低于预征率的征收率核定征收土地增值税:

(1)依照法律、行政法规的规定应当设置但未设置账簿的;

(2)擅自销毁账簿或者拒不提供纳税资料的;

(3)虽设置账簿,但账目混乱或者成本资料、收入凭证、费用凭证残缺不全,难以确定转让收入或扣除项目金额的;

(4)符合土地增值税清算条件,未按照规定的期限办理清算手续,经税务机关责令限期清算,逾期仍不清算的;

(5)申报的计税依据明显偏低,又无正当理由的。

核定征收必须严格依照税收法律法规规定的条件进行,任何单位和个人不得擅自扩大核定征收范围,严禁在清算中出现"以核定为主、一核了之""求快图省"的做法。凡擅自将核定征收作为本地区土地增值税清算主要方式的,必须立即纠正。对确需核定征收的,要严格按照税收法律法规的要求,从严、从高确定核定征收率。为了规范核定工作,核定征收率原则上不得低于5%,各省级税务机关要结合本地实际,区分不同房地产类型制定核定征收率。

(九)清算后再转让房地产的处理

在土地增值税清算时未转让的房地产,清算后销售或有偿转让的,纳税人应按规定进行土地增值税的纳税申报,扣除项目金额按清算时的单位建筑面积成本费用乘以销售或转让面积计算。

单位建筑面积成本费用＝清算时的扣除项目总金额÷清算的总建筑面积

(十)土地增值税清算后应补缴的土地增值税加收滞纳金

纳税人按规定预缴土地增值税后,清算补缴的土地增值税,在主管税务机关规定的期限内补缴的,不加收滞纳金。

六、税收优惠

(一)建造普通标准住宅的税收优惠

纳税人建造普通标准住宅出售,增值额未超过扣除项目金额20%的,免征土地增值税;增值额超过扣除项目金额20%的,应就其全部增值额按规定计税。普通标准住宅,是指按所在地一般民用住宅标准建造的居住用住宅。高级公寓、别墅、度假村等不属于普通标准住宅。

对于纳税人既建造普通标准住宅,又建造其他房地产开发的,应分别核算增值额。不分别核算增值额或不能准确核算增值额的,其建造的普通标准住宅不能适用这一免税规定。

对企事业单位、社会团体以及其他组织转让旧房作为公租房房源,且增值额未超过扣除项目金额20%的,免征土地增值税。

(二)国家征用、收回的房地产的税收优惠

因国家建设需要依法征用、收回的房地产,免征土地增值税。

因国家建设需要依法征用、收回的房地产,是指因城市实施规划、国家建设的需要而被政府批准征用的房产或收回的土地使用权。

(三)因城市规划、国家建设需要而搬迁由纳税人自行转让原房地产的税收优惠

因城市实施规划、国家建设的需要而搬迁,由纳税人自行转让原房地产的,免征土地增值税。

因城市实施规划而搬迁,是指因旧城改造或因企业污染、扰民(指产生过量废气、废水、废渣和噪声,使城市居民生活受到一定危害),而由政府或政府有关主管部门根据已审批通过的城市规划确定进行搬迁的情况。因国家建设的需要而搬迁,是指因实施国务院、省级人民政府、国务院有关部委批准的建设项目而进行搬迁的情况。

(四)对企事业单位、社会团体以及其他组织转让旧房作为改造安置住房或公共租赁住房房源的税收优惠

对企事业单位、社会团体以及其他组织转让旧房作为改造安置住房或公共租赁住房房源且增值额未超过扣除项目金额20%的,免征土地增值税。享受上述税收优惠政策的改造安置住房,是指相关部门和单位与棚户区被征收人签订的房屋征收(拆迁)补偿协议或棚户区改造合同(协议)中明确用于安置被征收人的住房或通过改建、扩建、翻建等方式实施改造的住房;公共租赁住房,是指纳入省、自治区、直辖市、计划单列市人民政府及新疆生产建设兵团批准的公共租赁住房发展规划和年度计划,并按照《关于加快发展公共租赁住房的指导意见》(建保〔2010〕87号)和市、县人民政府制定的具体管理办法进行管理的公共租赁住房。

(五)个人销售住房的税收优惠

自2008年11月1日起,对个人销售住房暂免征收土地增值税。

(六)企业改制重组有关土地增值税政策

自2021年1月1日至2023年12月31日,企业改制重组有关土地增值税政策如下。

(1)企业按照《公司法》有关规定整体改制,包括非公司制企业改制为有限责任公司或股份有限公司,有限责任公司变更为股份有限公司,股份有限公司变更为有限责任公司,对改制前的企业将国有土地使用权、地上的建筑物及其附着物(以下称房地产)转移、变更到改制后的企业,暂不征土地增值税。整体改制是指不改变原企业的投资主体,并承继原企业权利、义务的行为。

(2)按照法律规定或者合同约定,两个或两个以上企业合并为一个企业,且原企业投资主体存续的,对原企业将房地产转移、变更到合并后的企业,暂不征土地增值税。

(3)按照法律规定或者合同约定,企业分设为两个或两个以上与原企业投资主体相同的企业,对原企业将房地产转移、变更到分立后的企业,暂不征土地增值税。

(4)单位、个人在改制重组时以房地产作价入股进行投资,对其将房地产转移、变更到被投资的企业,暂不征土地增值税。

改制重组有关土地增值税政策不适用于房地产转移任意一方为房地产开发企业的情形。

不改变原企业投资主体、投资主体相同,是指企业改制重组前后出资人不发生变动,出资人的出资比例可以发生变动;投资主体存续,是指原企业出资人必须存在于改制重组后的企业,出资人的出资比例可以发生变动。

改制重组后再转让房地产并申报缴纳土地增值税时,对"取得土地使用权所支付的金额",按照改制重组前取得该宗国有土地使用权所支付的地价款和按国家统一规定缴纳的有关费用确定;经批准以国有土地使用权作价出资入股的,为作价入股时县级及以上自然资源部门批准的评估价格。按购房发票确定扣除项目金额的,按照改制重组前购房发票所载金额并从购买年度起至本次转让年度止每年加计5%计算扣除项目金额,购买年度是指购房发票所载日期的当年。

七、征收管理

(一)预征管理

由于房地产开发与转让周期较长,造成土地增值税征管难度大,根据《土地增值税暂行条例实施细则》的规定,对纳税人在项目全部竣工结算前转让房地产取得的收入,可以预征土地增值税,具体办法由各省、自治区、直辖市税务局根据当地情况制定。为了发挥土地增值税在预征阶段的调节作用,对已经实行预征办法的地区,可根据不同类型房地产的实际情况,确定适当的预征率。除保障性住房外,东部地区省份预征率不得低于2%,中部和东北地区省份不得低于1.5%,西部地区省份不得低于1%。

对于纳税人预售房地产所取得的收入,凡当地税务机关规定预征土地增值税的,纳税人应当到主管税务机关办理纳税申报,并按规定比例预交税款,待办理决算后,多退少补;凡当地税务机关规定不预征土地增值税的,也应在取得收入时先到税务机关登记或备案。

(二)纳税地点

土地增值税的纳税人应向房地产所在地主管税务机关办理纳税申报,并在税务机关核定的期限内缴纳土地增值税。房地产所在地,是指房地产的坐落地。纳税人转让的房地产坐落在两个或两个以上地区的,应按房地产所在地分别申报纳税。

在实际工作中,纳税地点的确定又可分为以下两种情况。

(1)纳税人是法人的。当转让的房地产坐落地与其机构所在地或经营所在地一致时,则在办理税务登记的原管辖税务机关申报纳税即可;如果转让的房地产坐落地与其机构所在地或经营所在地不一致时,则应在房地产坐落地所管辖的税务机关申报纳税。

(2)纳税人是自然人的。当转让的房地产坐落地与其居住所在地一致时,则在住所所在地税务机关申报纳税;当转让的房地产坐落地与其居住所在地不一致时,则在房地产坐落地的税务机关申报纳税。

(三)纳税申报

土地增值税的纳税人应在转让房地产合同签订后的7日内,到房地产所在地主管税务机关办理纳税申报,如实填写《财产和行为税纳税申报表》及相应的税源明细表。

第四节 车辆购置税

车辆购置税法,是指国家制定的用以调整车辆购置税征收与缴纳权利及义务关系的法律规范。现行车辆购置税法的基本规范,是2018年12月29日第十三届全国人民代表大会常务委员会第七次会议通过,并于2019年7月1日起施行的《中华人民共和国车辆购置税法》(以下简称《车辆购置税法》)。征收车辆购置税有利于合理筹集财政资金,规范政府行为,调节收入差距,也有利于配合打击车辆走私和维护国家权益。

一、纳税义务人与征税范围

(一)纳税义务人

车辆购置税是以在中国境内购置规定车辆为课税对象、在特定的环节向车辆购置者征收的一种税。就其性质而言,属于直接税的范畴。

车辆购置税的纳税人是指在中华人民共和国境内购置汽车、有轨电车、汽车挂车、排气量超过150毫升的摩托车(以下统称应税车辆)的单位和个人。其中购置是指以购买、进口、自产、受赠、获奖或者其他方式取得并自用应税车辆的行为。车辆购置税实行一次性征收。购置已征车辆购置税的车辆,不再征收车辆购置税。

(二)征税范围

车辆购置税以列举的车辆作为征税对象,未列举的车辆不纳税。其征税范围包括汽车、有轨电车、汽车挂车、排气量超过150毫升的摩托车。

地铁、轻轨等城市轨道交通车辆,装载机、平地机、挖掘机、推土机等轮式专用机械车,以及起重机(吊车)、叉车、电动摩托车,不属于应税车辆。

纳税人进口自用应税车辆,是指纳税人直接从境外进口或者委托代理进口自用的应税车辆,不包括在境内购买的进口车辆。

为了体现税法的统一性、固定性、强制性和法律的严肃性特征,车辆购置税征收范围的调整,由国务院决定,其他任何部门、单位和个人无权擅自扩大或缩小车辆购置税的征税范围。

二、税率与计税依据

（一）税率

车辆购置税实行统一比例税率，税率为10％。

（二）计税依据

计税依据为应税车辆的计税价格，按照下列规定确定。

(1) 纳税人购置应税车辆，以发票电子信息中的不含增值税价作为计税价格。纳税人依据相关规定提供其他有效价格凭证的情形除外。

应税车辆存在多条发票电子信息或者没有发票电子信息的，纳税人按照购置应税车辆实际支付给销售方的全部价款（不包括增值税税款）申报纳税。

(2) 纳税人进口自用应税车辆的计税价格，为关税完税价格加上关税和消费税；纳税人进口自用应税车辆，是指纳税人直接从境外进口或者委托代理进口自用的应税车辆，不包括在境内购买的进口车辆。

(3) 纳税人自产自用应税车辆的计税价格，按照纳税人生产的同类应税车辆（即车辆配置序列号相同的车辆）的销售价格确定，不包括增值税税款；没有同类应税车辆销售价格的，按照组成计税价格确定。组成计税价格计算公式为：

$$组成计税价格 = 成本 \times (1 + 成本利润率)$$

属于应征消费税的应税车辆，其组成计税价格中应加计消费税税额。

上述公式中的成本利润率，由国家税务总局各省、自治区、直辖市和计划单列市税务局确定。

(4) 纳税人以受赠、获奖或者其他方式取得自用应税车辆的计税价格，按照购置应税车辆时相关凭证载明的价格确定，不包括增值税税款。

这里所称的购置应税车辆时相关凭证，是指原车辆所有人购置或者以其他方式取得应税车辆时载明价格的凭证。无法提供相关凭证的，参照同类应税车辆市场平均交易价格确定其计税价格。原车辆所有人为车辆生产或者销售企业，未开具机动车销售统一发票的，按照车辆生产或者销售同类车辆的销售价格确定应税车辆的计税价格。无同类应税车辆销售价格的，按照组成计税价格确定应税车辆的计税价格。

纳税人以外汇结算应税车辆价款的，按照申报纳税之日的人民币汇率中间价折合成人民币计算缴纳税款。

三、应纳税额的计算

车辆购置税实行从价定率的方法计算应纳税额，计算公式为：

$$应纳税额 = 计税依据 \times 税率$$

由于应税车辆的来源、应税行为的发生以及计税依据组成的不同，因而，车辆购置税应纳税额的计算方法也有区别。

(一)购买自用应税车辆应纳税额的计算

纳税人购买自用的应税车辆的计税价格,为纳税人实际支付给销售者的全部价款,不包括增值税税款。

◇ **同步案例8-4**

宋某2023年5月从某汽车有限公司购买一辆小汽车供自己使用,支付了含增值税税款在内的款项232 780元,所支付的款项由该汽车有限公司开具机动车销售统一发票。请计算宋某应纳车辆购置税。

【解析】

(1)计税依据=232 780÷(1+13%)=206 000(元)

(2)应纳税额=206 000×10%=20 600(元)

(二)进口自用应税车辆应纳税额的计算

纳税人进口自用应税车辆的计税价格,为关税完税价格加上关税和消费税。纳税人进口自用的应税车辆应纳税额的计算公式为:

$$应纳税额=(关税完税价格+关税+消费税)×税率$$

◇ **同步案例8-5**

某外贸进出口公司2023年6月从国外进口10辆某公司生产的某型号小轿车。该公司报关进口这批小轿车时,经报关地海关对有关报关资料的审查,确定关税完税价格为每辆185 000元人民币,海关按关税政策规定每辆征收了关税46 200元,并按消费税、增值税有关规定分别代征了每辆小轿车的进口消费税40 800元和增值税35 360元。由于联系业务需要,该公司将一辆小轿车留在本单位使用。根据以上资料,计算应纳车辆购置税。

【解析】

(1)计税依据=185 000+46 200+40 800=272 000(元)

(2)应纳税额=272 000×10%=27 200(元)

（三）其他自用应税车辆应纳税额的计算

纳税人自产自用应税车辆的计税价格，按照纳税人生产的同类应税车辆的销售价格确定，不包括增值税税款。

纳税人以受赠、获奖或者其他方式取得自用应税车辆的计税价格，按照购置应税车辆时相关凭证载明的价格确定，不包括增值税税款。

◇ **同步案例8-6**

某客车制造厂将自产的一辆某型号的客车，用于本厂后勤服务，该厂在办理车辆上牌落籍前，出具该车的发票，注明金额为80 000元。计算该车应纳车辆购置税。

【解析】
应纳税额＝80 000×10％＝8 000（元）

（四）免税、减税情形变更

已经办理免税、减税手续的车辆因转让、改变用途等原因不再属于免税、减税范围的，纳税人、纳税义务发生时间、应纳税额按以下规定执行。

(1)发生转让行为的，受让人为车辆购置税纳税人；未发生转让行为的，车辆所有人为车辆购置税纳税人。

(2)纳税义务发生时间为车辆转让或者用途改变等情形发生之日。

(3)应纳税额计算公式为：

应纳税额＝初次办理纳税申报时确定的计税价格×(1－使用年限×10％)×10％－已纳税额

应纳税额不得为负数。

使用年限的计算方法是，自纳税人初次办理纳税申报之日起，至不再属于免税、减税范围的情形发生之日止。使用年限取整计算，不满1年的不计算在内。

四、税收优惠

我国车辆购置税实行法定减免，减免税范围的具体规定包括如下几条。

(1)外国驻华使馆、领事馆和国际组织驻华机构及其外交人员自用车辆免税。

(2)中国人民解放军和中国人民武装警察部队列入装备订货计划的车辆免税。

(3)悬挂应急救援专用号牌的国家综合性消防救援车辆免税。

(4)设有固定装置的非运输专用作业车辆免税。

(5)城市公交企业购置的公共汽电车辆免税。

(6)回国服务的在外留学人员用现汇购买 1 辆个人自用国产小汽车和长期来华定居专家进口 1 辆自用小汽车免征车辆购置税。

(7)防汛部门和森林消防部门用于指挥、检查、调度、报汛(警)、联络的由指定厂家生产的设有固定装置的指定型号的车辆免征车辆购置税。

(8)对购置日期在 2023 年 1 月 1 日至 2023 年 12 月 31 日期间内的新能源汽车,免征车辆购置税。

(9)中国妇女发展基金会"母亲健康快车"项目的流动医疗车免征车辆购置税。

(10)北京 2022 年冬奥会和冬残奥会组织委员会新购置车辆免征车辆购置税。

(11)原公安现役部队和原武警黄金、森林、水电部队改制后换发地方机动车牌证的车辆(公安消防、武警森林部队执行灭火救援任务的车辆除外),一次性免征车辆购置税。

(12)对购置日期在 2022 年 6 月 1 日至 2022 年 12 月 31 日期间内且单车价格(不含增值税)不超过 30 万元的 2.0 升及以下排量乘用车,减半征收车辆购置税。

五、征收管理

车辆购置税由税务机关负责征收。车辆购置税的征收规定如下。

(一)纳税申报

车辆购置税的纳税义务发生时间为纳税人购置应税车辆的当日,以纳税人购置应税车辆所取得的车辆相关凭证上注明的时间为准。纳税人应当自纳税义务发生之日起 60 日内申报缴纳车辆购置税。

纳税人应当在向公安机关交通管理部门办理车辆注册登记前,缴纳车辆购置税。

(二)纳税环节

车辆购置税的征税环节为使用环节,即最终消费环节。具体而言,纳税人应当在向公安机关等车辆管理机构办理车辆登记注册手续前,缴纳车辆购置税。

购买二手车时,购买者应当向原车主索要《车辆购置税完税证明》。购买已经办理车辆购置税免税手续的二手车,购买者应当到税务机关重新办理申报缴税或免税手续。

(三)纳税地点

纳税人购置应税车辆,应当向车辆登记注册地的主管税务机关申报纳税;购置不需办理车辆登记注册手续的应税车辆,应当向纳税人所在地主管税务机关申报纳税。车辆登记注册地是指车辆的上牌落籍地或落户地。

(四)纳税期限

纳税人购买自用的应税车辆,自购买之日起 60 日内申报纳税;进口自用的应税车辆,应当自进口之日起 60 日内申报纳税;自产、受赠、获奖和以其他方式取得并自用的应税车辆,应当自取得之日起 60 日内申报纳税。

上述的"购买之日"是指纳税人购车发票上注明的销售日期;"进口之日"是指纳税人报关进口的当天。

(五)车辆购置税的缴税管理

1. 车辆购置税的缴税方法

车辆购置税税款缴纳方法主要有以下几种。

(1)自报核缴。即由纳税人自行计算应纳税额、自行填报纳税申报表有关资料,向主管税务机关申报,经税务机关审核后,开具完税证明,由纳税人持完税凭证向当地金库或金库经收处缴纳税款。

(2)集中征收缴纳。包括两种情况:一是由纳税人集中向税务机关统一申报纳税,它适用于实行集中购置应税车辆的单位缴纳和经批准实行代理制经销商的缴纳;二是由税务机关集中报缴税款,即在纳税人向实行集中征收的主管税务机关申报缴纳税款,税务机关开具完税凭证后,由税务机关填写汇总缴款书,将税款集中缴入当地金库或金库经收处。它适用于税源分散、税额较少、税务部门实行集中征收管理的地区。

(3)代征、代扣、代缴。即扣缴义务人按税法规定代扣代缴、代收代缴税款,税务机关委托征收单位代征税款的征收方式。它适用于税务机关委托征收或纳税人依法受托征收税款。

2. 车辆购置税的缴税管理

车辆购置税的缴税管理主要体现在以下两个方面。

(1)税款缴纳方式。纳税人在申报纳税时,税款的缴纳方式主要有现金支付、支票、信用卡和电子结算及委托银行代收、银行划转等方式。

(2)完税凭证及使用要求。税务机关在征收车辆购置税时,应根据纳税人税款缴纳方式的不同,分别使用税收通用完税凭证、税收转账专用完税凭证和税收通用缴款书三种税票。

(六)车辆购置税的退税制度

已缴纳车辆购置税的车辆,发生下列情形之一的,准予纳税人申请退税:

(1)车辆退回生产企业或者经销商的;

(2)符合免税条件的设有固定装置的非运输车辆但已征税的;

(3)其他依据法律法规规定应予退税的情形。

纳税人申请退税时,应如实填写《车辆购置税退税申请表》,由本人、单位授权人员到主管税务机关办理退税手续。

车辆退回生产企业或者经销商的,纳税人申请退税时,主管税务机关自纳税人办理纳税申报之日起,按已缴纳税款每满1年扣减10%计算退税额;未满1年的,按已缴纳税款全额退税。

已征车辆购置税的车辆退回车辆生产或销售企业,纳税人申请退还车辆购置税的,应退税额计算公式为:

$$应退税额 = 已纳税额 \times (1 - 使用年限 \times 10\%)$$

应退税额不得为负数。

使用年限的计算方法是,自纳税人缴纳税款之日起,至申请退税之日止。

第五节 城市维护建设税

城市维护建设税法,是指国家制定的用以调整城市维护建设税征收与缴纳权利及义务关系的法律规范。现行城市维护建设税的基本法律规范,是2020年8月11日第十三届全国人民代表大会常务委员会第二十一次会议表决通过,并于2021年9月1日施行的《中华人民共和国城市维护建设税法》(以下简称《城市维护建设税法》)。

我国现行城市维护建设税主要有以下几个特点。一是属于附加税。城市维护建设税本身没有特定的课税对象,而是以纳税人实际缴纳的增值税、消费税的税额之和为计税依据。二是根据城镇规模设计地区差别比例税率。城市维护建设税根据城镇规模不同,设计不同比例税率。三是征收范围较广。增值税、消费税是我国流转环节的主体税种,而城市维护建设税又是其附加税,一般而言,缴纳增值税、消费税的纳税人就要缴纳城市维护建设税,因此城市维护建设税的征收范围也相应较广。

一、纳税义务人和扣缴义务人

(一)纳税义务人

在中华人民共和国境内缴纳增值税、消费税的单位和个人,为城市维护建设税的纳税人,应当依照规定缴纳城市维护建设税。

对进口货物或者境外单位和个人向境内销售劳务、服务、无形资产缴纳的增值税、消费税税额,不征收城市维护建设税。

采用委托代征、代扣代缴、代收代缴、预缴、补缴等方式缴纳增值税、消费税的,应当同时缴纳城市维护建设税。

（二）扣缴义务人

城市维护建设税的扣缴义务人为负有增值税、消费税扣缴义务的单位和个人，在扣缴增值税、消费税的同时扣缴城市维护建设税。

二、税率、计税依据和应纳税额的计算

（一）税率

城市维护建设税的税率，是指纳税人应缴纳的城市维护建设税税额与纳税人实际缴纳的增值税、消费税税额之间的比率。城市维护建设税按纳税人所在地的不同，设置了三档地区差别比例税率，除特殊规定外，即：

(1)纳税人所在地为市区的，税率为7%；
(2)纳税人所在地为县城、镇的，税率为5%；
(3)纳税人所在地不在市区、县城或者镇的，税率为1%。

上述所称"纳税人所在地"，是指纳税人住所地或者与纳税人生产经营活动相关的其他地点，具体地点由省、自治区、直辖市确定。

纳税人按所在地在市区、县城、镇和不在上述区域适用不同税率。市区、县城、镇按照行政区划确定。行政区划变更的，自变更完成当月起适用新行政区划对应的适用税率，纳税人在变更完成当月的下一个纳税申报期按新税率申报缴纳。

（二）计税依据

1. 基本规定

城市维护建设税的计税依据，是纳税人依法实际缴纳的增值税、消费税税额（以下简称两税税额）。

依法实际缴纳的两税税额，是指纳税人依照增值税、消费税相关法律法规和税收政策规定计算的应当缴纳的两税税额（不含因进口货物或境外单位和个人向境内销售劳务、服务、无形资产缴纳的两税税额），加上增值税免抵税额，扣除直接减免的两税税额和期末留抵退税退还的增值税税额后的金额。

具体计算公式如下：

城市维护建设税计税依据＝依法实际缴纳的增值税税额＋依法实际缴纳的消费税税额

依法实际缴纳的增值税税额＝纳税人依照增值税相关法律法规和税收政策规定计算应当缴纳的增值税税额＋增值税免抵税额－直接减免的增值税税额－留抵退税额

依法实际缴纳的消费税税额＝纳税人依照消费税相关法律法规和税收政策规定计算应当缴纳的消费税税额－直接减免的消费税税额

另外,纳税人违反增值税、消费税等有关规定而加收的滞纳金和罚款,是税务机关对纳税人违法行为的经济制裁,不作为城市维护建设税的计税依据;但纳税人在被查补增值税、消费税并被处以罚款时,应同时对其偷漏的城市维护建设税进行补税、征收滞纳金并按规定处以罚款。

2. 免抵税额城市维护建设税的申报缴纳时间

对增值税免抵税额征收的城市维护建设税,纳税人应在税务机关核准免抵税额的下一个纳税申报期内向主管税务机关申报缴纳。

3. 直接减免的两税税额含义

直接减免的两税税额,是指依照增值税、消费税相关法律法规和税收政策规定,直接减征或免征的两税税额,不包括实行先征后返、先征后退、即征即退办法退还的两税税额。

4. 留抵退税额在计税依据中扣除的具体规则

纳税人自收到留抵退税额之日起,应当在以后纳税申报期从城市维护建设税计税依据中扣除。

留抵退税额仅允许在按照增值税一般计税方法确定的城市维护建设税计税依据中扣除。当期未扣除完的余额,在以后纳税申报期按规定继续扣除。

对于增值税小规模纳税人更正、查补此前按照一般计税方法确定的城市维护建设税计税依据,允许扣除尚未扣除完的留抵退税额。

(三)应纳税额的计算

城市维护建设税纳税人的应纳税额大小是由纳税人实际缴纳的增值税、消费税税额决定的,其计算公式为:

$$应纳税额=纳税人实际缴纳的增值税、消费税税额\times 适用税率$$

◇ **同步案例8-7**

某企业位于城市市区,2023年9月实际缴纳增值税22.6万元、消费税10万元。计算该企业应纳的城市维护建设税税额。

【解析】

应纳城市维护建设税税额=(22.6+10)×7%=2.282(万元)

三、税收优惠和征收管理

（一）税收优惠

城市维护建设税原则上不单独减免，但因城市维护建设税又具附加税性质，当主税发生减免时，城市维护建设税相应发生税收减免。《城市维护建设税法》第六条规定，根据国民经济和社会发展的需要，国务院对重大公共基础设施建设、特殊产业和群体以及重大突发事件应对等情形可以规定减征或者免征城市维护建设税，报全国人民代表大会常务委员会备案。

根据《财政部 国家税务总局关于继续执行的城市维护建设税优惠政策的公告》（财政部 税务总局公告2021年第27号），《城市维护建设税法》实施后，有关城市维护建设税的下列优惠政策继续执行。

(1)对黄金交易所会员单位通过黄金交易所销售且发生实物交割的标准黄金，免征城市维护建设税。

(2)对上海期货交易所会员和客户通过上海期货交易所销售且发生实物交割并已出库的标准黄金，免征城市维护建设税。

(3)对国家重大水利工程建设基金免征城市维护建设税。

(4)自2019年1月1日至2021年12月31日，对增值税小规模纳税人可以在50%的税额幅度内减征城市维护建设税。

(5)自2019年1月1日至2021年12月31日，实施扶持自主就业退役士兵创业就业城市维护建设税减免。

(6)自2019年1月1日至2025年12月31日，实施支持和促进重点群体创业就业城市维护建设税减免。

(7)自2022年1月1日至2024年12月31日，由省、自治区、直辖市人民政府根据本地区实际情况以及宏观调控需要确定，对增值税小规模纳税人、小型微利企业和个体工商户可以在50%的税额幅度内减征城市维护建设税。

（二）征收管理

城市维护建设税的纳税义务发生时间与两税的纳税义务发生时间一致，分别在缴纳两税的同一缴纳地点、同一缴纳期限内，一并缴纳对应的城市维护建设税。

《城市维护建设税法》规定，对进口货物或者境外单位和个人向境内销售劳务、服务、无形资产缴纳的两税税额不征收城市维护建设税。因此，上述的代扣代缴，不含因境外单位和个人向境内销售劳务、服务、无形资产代扣代缴增值税的情形。

在退税环节，因纳税人多缴发生的两税退税，同时退还已缴纳的城市维护建设税。但是，两税实行先征后返、先征后退、即征即退的，除另有规定外，不予退还随两税附征的城市维护建设税。"另有规定"主要指在增值税实行即征即退等情形下，城市维护建设税可以给予免税的特殊规定，例如，《财政部 国家税务总局关于黄金税收政策问题的通知》（财税〔2002〕142号）规定，黄金交易所会员单位通过黄金交易所销售标准黄金（持有黄金交易所开具的《黄金交易结算凭证》),发生实物交割的,由税务机关按照实际成交价格代开增值税专用发票,并实行增值税即征即退的政策,同时免征城市维护建设税。

对出口产品退还增值税、消费税的,不退还已缴纳的城市维护建设税。

第六节 教育费附加和地方教育附加

教育费附加和地方教育附加是对缴纳增值税、消费税的单位和个人,就其实际缴纳的税额为计算依据征收的一种附加费。教育费附加是为了加快发展地方教育事业、扩大地方教育经费的资金而征收的一项专用基金。2010年,财政部下发了《关于统一地方教育附加政策有关问题的通知》,对各省、自治区、直辖市的地方教育附加进行了统一。

一、征收范围及计征依据

教育费附加和地方教育附加对缴纳增值税、消费税的单位和个人征收,以其实际缴纳的增值税、消费税税款为计征依据,分别与增值税、消费税同时缴纳。

对海关进口的产品征收的增值税、消费税,不征收教育费附加。

教育费附加、地方教育附加计征依据与城市维护建设税计税依据一致。

二、计征比率

教育费附加征收比率为3%。地方教育附加征收率从2010年起统一为2%。

三、应纳税额计算

教育费附加和地方教育附加的计算公式为:

应纳教育费附加或地方教育附加=实际缴纳的增值税、消费税×征收比率(3%或2%)

◇ 同步案例8-8

某企业2023年3月实际缴纳增值税300 000元,缴纳消费税300 000元。计算该企业应缴纳的教育费附加和地方教育附加。

> **【解析】**
> 应纳教育费附加＝(300 000＋300 000)×3％＝18 000(元)
> 应纳地方教育附加＝(300 000＋300 000)×2％＝12 000(元)

四、减免规定

关于教育费附加和地方教育附加的减免规定主要有如下几条。

(1)对由于减免增值税、消费税而发生退税的,可同时退还已征收的教育费附加。但对出口产品退还增值税、消费税的,不退还已征的教育费附加。

(2)对国家重大水利工程建设基金免征教育费附加。

(3)自2016年2月1日起,按月纳税的月销售额或营业额不超过10万元(按季度纳税的季度销售额或营业额不超过30万元)的缴纳义务人,免征教育费附加、地方教育附加。

(4)自2022年1月1日至2024年12月31日,由省、自治区、直辖市人民政府根据本地区实际情况以及宏观调控需要确定,对增值税小规模纳税人、小型微利企业和个体工商户可以在50％的税额幅度内减征教育费附加、地方教育附加。

◇ 本章小结

本章分成六个小节,包含六种行为类税收,分别是印花税、契税、土地增值税、车辆购置税、城市维护建设税、教育费附加和地方教育附加。印花税是以经济活动和经济交往中,书立、领受应税凭证的行为为征税对象征收的一种税。契税是以在中华人民共和国境内转移土地、房屋权属为征税对象,向承受权属的单位和个人征收的一种税。土地增值税是对转让国有土地使用权、地上的建筑及其附着物并取得收入的单位和个人征收的一种税。车辆购置税是以在中国境内购置规定车辆为课税对象、在特定的环节向车辆购置者征收的一种税。城市维护建设税是对从事经营活动,缴纳增值税、消费税的单位和个人征收的一种税。教育费附加和地方教育附加是对缴纳增值税、消费税的单位和个人,就其实际缴纳的税额为计算依据征收的一种附加费。每个税种的税制要素和应纳税额的计算是本章需要学习的重点。

◇ 本章思考题

1.行为类税具有哪些特点?

2.简述证券交易印花税的征收方法。

3.居民甲购买一套住房,成交价格为140万元(不含增值税),当地适用契税税率为5%,试计算甲应缴纳的契税。

4.什么是超率累进税率?我国有哪些税种适用这种税率?

5.简述车辆购置税的应纳税额计算公式。

6.什么是附加税?我国有哪些附加税?

第九章 财产类税

◇ 学习目标

■ 1.知识目标
(1)了解房产税、车船税的概念、特点;
(2)了解房产税、车船税的征收范围;
(3)了解房产税、车船税税率的设置以及种类;
(4)掌握房产税、车船税征收管理的有关规定。

■ 2.能力目标
(1)了解房产税、车船税的税制要素;
(2)掌握房产税、车船税应纳税额的计算。

■ 3.情感目标
(1)了解、掌握并学会运用房产税、车船税等财产类税收法律的相关规定;
(2)了解财产类税收对于保护合法产权和增加财政收入的意义。

◇ 学习重难点

1.了解现有财产类税收的优惠政策规定。
2.了解房地产税的改革试点情况。

◇ 本章关键词

房产税　车船税

◇ **导入案例**

中国房地产税改革概况

2010年10月18日,党的十七届五中全会通过《中共中央关于制定国民经济和社会发展第十二个五年规划的建议》,再次提出研究房地产税改革。这一建议被"十二五"规划纲要采纳。鉴于税制改革的复杂性,此轮改革试点工作秉持审慎原则,仅在部分城市进行试点,对购买部分类型住房的部分交易行为征收房产税。2011年1月,经国务院发文批准,上海、重庆开始房产税改革试点,由两市人民政府主导。这一改革体现了"立法先行"的特点,以地方立法引导推进试点工作,标志着我国房产税的征收由理论探索阶段迈入实践探索阶段,使房产税的后续立法试点与推出拥有了法律上的正当性。然而,本次改革未在全国范围内推广,其理论研究与论证工作仍在有序推进,房地产税法先后列入第十二届、第十三届全国人大常委会的立法规划,历任财政部长也多次在署名文章中强调"推进房地产税立法和实施"。可见,中央仍将房地产税改革作为税制改革的重中之重。2021年10月23日,第十三届全国人大常委会发表《关于授权国务院在部分地区开展房地产税改革试点工作的决定》,房地产税改革试点工作再度开启。在总结上海、重庆改革试点经验的基础上,提出由"立法先行"变为"先试点后立法",且试点工作由全国人大常委会授权国务院办理,较此前改革更为稳妥务实。同时,本次改革还以5年为试点期限,国务院可在期限内根据试点情形随时调整授权情况,充分体现了中央对房地产税改革的审慎态度。总体来看,我国房地产税改革已呈现循序渐进、稳妥推进的特点,即试点先行,优化税制结构,兼顾国家、地方与个人利益,引导房地产合理消费,优化土地资源利用模式,拓宽财政收入来源,促进房地产市场平稳健康发展、国家经济平稳运行。在改革按下加速键的大背景下,如何进一步妥善解决历次试点中出现的问题,充分发挥房产税调节收入分配、增加政府收入的作用,将是未来一个时期我国房地产税改革的难点与关键所在。

资料来源:杨子琪.中国房产税改革的进展、困境与破解路径[J].中国市场,2023(33):5-8.

第一节 房产税

房产税法,是指国家制定的调整房产税征收与缴纳之间权利及义务关系的法律规范。现行房产税法的基本规范,是 1986 年 9 月 15 日国务院颁布的《中华人民共和国房产税暂行条例》(以下简称《房产税暂行条例》)。2011 年 1 月 8 日,国务院发布《关于废止和修改部分行政法规的规定》(国务院令第 388 号),《房产税暂行条例》得以修改。

征收房产税有利于地方政府筹集财政收入,也有利于加强房产管理。

一、纳税义务人与征税范围

(一)纳税义务人

房产税是以房屋为征税对象,按照房屋的计税余值或租金收入,向产权所有人征收的一种财产税。房产税以在征税范围内的房屋产权所有人为纳税人,具体规定如下。

(1)产权属国家所有的,由经营管理单位纳税;产权属集体和个人所有的,由集体单位和个人纳税。

(2)产权出典的,由承典人纳税。

(3)产权所有人、承典人不在房屋所在地的,或者产权未确定及租典纠纷未解决的,由房产代管人或者使用人纳税。

(4)应税单位和个人无租使用其他单位的房产,应依照房产余值代为缴纳房产税。

(二)征税范围

房产税以房产为征税对象。所谓房产,是指有屋面和围护结构(有墙或两边有柱),能够遮风避雨,可供人们在其中生产、学习、工作、娱乐、居住或储藏物资的场所。房地产开发企业建造的商品房,在出售前,不征收房产税;但对出售前房地产开发企业已使用或出租、出借的商品房,应按规定征收房产税。

房产税的征税范围为城市、县城、建制镇和工矿区,具体规定如下。

(1)城市是指国务院批准设立的市。

(2)县城是指县人民政府所在地的地区。

(3)建制镇是指经省、自治区、直辖市人民政府批准设立的建制镇。

(4)工矿区是指工商业比较发达、人口比较集中、符合国务院规定的建制镇标准,但尚未设立建制镇的大中型工矿企业所在地。开征房产税的工矿区须经省、自治区、直辖市人民政府批准。

房产税的征税范围不包括农村,主要是因为农村的房屋,除农副业生产用房外,大部分是农民居住用房。对农村房屋不纳入房产税征税范围,有利于减轻农民负担,繁荣农村经济,促进农业发展和社会稳定。

二、税率、计税依据和应纳税额的计算

(一)税率

我国现行房产税采用的是比例税率。由于房产税的计税依据分为从价计征和从租计征两种形式,所以房产税的税率也有两种:一种是按房产原值一次减除10%～30%后的余值计征,税率为1.2%;另一种是按房产出租的租金收入计征,税率为12%。自2008年3月1日起,对个人出租住房,不区分用途,均按4%的税率征收房产税。对企事业单位、社会团体以及其他组织向个人、专业化规模化住房租赁企业出租住房的,减按4%的税率征收房产税。

(二)计税依据

房产税的计税依据是房产的计税余值或房产的租金收入。按照房产计税余值征税的,称为从价计征;按照房产租金收入计征的,称为从租计征。

1. 从价计征

《房产税暂行条例》规定,从价计征房产税的计税余值,是指依照税法规定按房产原值一次减除10%～30%损耗价值以后的余值。各地扣除比例由当地省、自治区、直辖市人民政府确定。相关注意事项主要有如下几点。

(1)房产原值,是指纳税人按照会计制度规定,在会计核算账簿"固定资产"科目中记载的房屋原价。

(2)房产原值应包括与房屋不可分割的各种附属设备或一般不单独计算价值的配套设施。

(3)纳税人对原有房屋进行改建、扩建的,要相应增加房屋的原值。

(4)凡在房产税征收范围内的具备房屋功能的地下建筑,包括与地上房屋相连的地下建筑以及完全建在地面以下的建筑、地下人防设施等,均应当依照有关规定征收房产税。

此外,关于房产税的从价计征和从租计征,还应注意以下几个问题。

(1)对投资联营的房产,在计征房产税时应予以区别对待。对于以房产投资联营、投资者参与投资利润分红、共担风险的,按房产余值作为计税依据计征房产税;对以房产投资收取固定收入、不承担联营风险的,实际是以联营名义取得房产租金,应根据《房产税暂行条例》的有关规定由出租方按租金收入计缴房产税。

(2)融资租赁的房产,由承租人自融资租赁合同约定开始日的次月起依照房产余值缴纳房产税;合同未约定开始日的,由承租人自合同签订的次月起依照房产余值缴纳房产税。

(3)从2007年1月1日起,对居民住宅区内业主共有的经营性房产,由实际经营(包括

自营和出租)的代管人或使用人缴纳房产税。其中自营的,依照房产原值减除10%～30%后的余值计征,没有房产原值或不能将业主共有房产与其他房产的原值准确划分开的,由房产所在地税务机关参照同类房产核定房产原值;出租的,依照租金收入计征。

2. 从租计征

房产出租的,以房产租金收入为房产税的计税依据。

所谓房产的租金收入,是房屋产权所有人出租房产使用权所得的报酬,包括货币收入和实物收入。

如果是以劳务或者其他形式为报酬抵付房租收入的,应根据当地同类房产的租金水平,确定一个标准租金额从租计征。

对出租房产,租赁双方签订的租赁合同约定有免收租金期限的,免收租金期间由产权所有人按照房产原值缴纳房产税。

出租的地下建筑,按照出租地上房屋建筑的有关规定计算征收房产税。

(三)应纳税额的计算

房产税的计税依据有两种,与之相适应的应纳税额计算也分为两种:一是从价计征的计算;二是从租计征的计算。

1. 从价计征的计算

从价计征是按房产的原值减除一定比例后的余值计征,其计算公式为:

$$应纳税额 = 应税房产原值 \times (1 - 扣除比例) \times 1.2\%$$

◇ **同步案例9-1**

某企业的经营用房原值为300万元,按照当地规定允许减除20%后按余值计税,适用税率为1.2%。请计算其应纳房产税税额。

【解析】

应纳税额=300×(1−20%)×1.2%=2.88(万元)

2. 从租计征的计算

从租计征是按房产的租金收入计征,其计算公式为:

$$应纳税额 = 租金收入 \times 12\%(或4\%)$$

◇ **同步案例9-2**

某公司出租仓库1间,年租金收入为40 000元,适用税率为12%。请计算其应纳房产税税额。

【解析】

应纳税额=40 000×12%=4 800(元)

三、税收优惠

房产税的税收优惠是根据国家政策需要和纳税人的负担能力制定的。由于房产税属于地方税,因此,给予地方一定的减免权限,有利于地方因地制宜地处理问题。

目前,房产税的税收优惠政策主要有如下几点。

(1)国家机关、人民团体、军队自用的房产免征房产税。

上述人民团体,是指经国务院授权的政府部门批准设立或登记备案并由国家拨付行政事业费的各种社会团体。

上述自用的房产,是指这些单位本身的办公用房和公务用房。

需要注意的是,上述免税单位的出租房产以及非自身业务使用的生产、营业用房不属于免税范围。

(2)由国家财政部门拨付事业经费的单位,如学校、医疗卫生单位、托儿所、幼儿园、敬老院、文化、体育、艺术等实行全额或差额预算管理的事业单位所有的,本身业务范围内使用的房产免征房产税。

需要注意的是,由国家财政部门拨付事业经费的单位,其经费来源实行自收自支后,应征收房产税。

(3)宗教寺庙、公园、名胜古迹自用的房产免征房产税。

宗教寺庙自用的房产,是指举行宗教仪式等的房屋和宗教人员使用的生活用房。

公园、名胜古迹自用的房产,是指供公共参观游览的房屋及其管理单位的办公用房。

宗教寺庙、公园、名胜古迹中附设的营业单位,如影剧院、饮食部、茶社、照相馆等所使用的房产及出租的房产,不属于免税范围,应照章纳税。

(4)个人所有非营业用的房产免征房产税。

个人所有的非营业用房,主要是指居民住房,不分面积多少,一律免征房产税。

对个人拥有的营业用房或者出租的房产,不属于免税房产,应照章纳税。

(5)对非营利性医疗机构、疾病控制机构和妇幼保健机构等卫生机构自用的房产,免征房产税。

(6)从2001年1月1日起,对按政府规定价格出租的公有住房和廉租住房,包括企业和自收自支事业单位向职工出租的单位自有住房,房管部门向居民出租的公有住房,落实私房政策中带户发还产权并以政府规定租金标准向居民出租的私有住房等,暂免征收房产税。

暂免征收房产税的企业和自收自支事业单位向职工出租的单位自有住房,是指按照公有住房管理或纳入县级以上政府廉租住房管理的单位自有住房。

(7)为支持公共租赁住房(公租房)的建设和运营,对经营公租房的租金收入,免征房产税。公共租赁住房经营管理单位应单独核算公共租赁住房租金收入,未单独核算的,不得享受免征房产税优惠政策。

(8)企业办的各类学校、医院、托儿所、幼儿园自用的房产,免征房产税。

(9)经有关部门鉴定,对毁损不堪居住的房屋和危险房屋,在停止使用后,可免征房产税。

(10)自2004年7月1日起,纳税人因房屋大修导致连续停用半年以上的,在房屋大修期间免征房产税。

(11)凡是在基建工地为基建工地服务的各种工棚、材料棚、休息棚、办公室、食堂、茶炉房、汽车房等临时性房屋,无论是施工企业自行建造还是基建单位出资建造,交施工企业使用的,在施工期间,一律免征房产税。但是,如果在基建工程结束后,施工企业将这种临时性房屋交还或者低价转让给基建单位的,应当从基建单位接收的次月起,依照规定缴纳房产税。

(12)纳税单位与免税单位共同使用的房屋,按各自使用的部分分别征收或免征房产税。

(13)为推进国有经营性文化事业单位转企改制,对由财政部门拨付事业经费的文化事业单位转制为企业的,自转制注册之日起5年内对其自用房产免征房产税。2018年12月31日之前已完成转制的企业,自2019年1月1日起,对其自用房产可继续免征5年房产税。

(14)房地产开发企业建造的商品房,在出售前不征收房产税。但出售前房地产开发企业已使用或出租、出借的商品房,应按规定征收房产税。

(15)自2019年6月1日至2025年12月31日,为社区提供养老、托育、家政等服务的机构自用或其通过承租、无偿使用等方式取得并用于提供社区养老、托育、家政服务的房产免征房产税。

(16)自2018年1月1日至2023年12月31日,对纳税人及其全资子公司从事大型民用客机发动机、中大功率民用涡轴涡桨发动机研制项目自用的科研、生产、办公房产,免征房产税。

四、征收管理

(一)纳税义务发生时间

关于房产税纳税义务发生时间的规定如下:

(1)纳税人将原有房产用于生产经营,从生产经营之月起缴纳房产税;

(2)纳税人自行新建房屋用于生产经营,从建成之次月起缴纳房产税;

(3)纳税人委托施工企业建设的房屋,从办理验收手续之次月起缴纳房产税;

(4)纳税人购置新建商品房,自房屋交付使用之次月起缴纳房产税;

(5)纳税人购置存量房,自办理房屋权属转移、变更登记手续,房地产权属登记机关签发房屋权属证书之次月起,缴纳房产税;

(6)纳税人出租、出借房产,自交付出租、出借房产之次月起,缴纳房产税;

(7)房地产开发企业自用、出租、出借本企业建造的商品房,自房屋使用或交付之次月起,缴纳房产税;

(8)纳税人因房产的实物或权利状态发生变化而依法终止房产税纳税义务的,其应纳税款的计算应截止到房产的实物或权利状态发生变化的当月末。

(二)纳税期限

房产税实行按年计算、分期缴纳的征收方法,具体纳税期限由省、自治区、直辖市人民政府确定。

(三)纳税地点

房产税在房产所在地缴纳。房产不在同一地方的纳税人,应按房产的坐落地点分别向房产所在地的税务机关申报纳税。

专栏 9-1
上海、重庆
两地房地产税
改革试点
基本规定

(四)纳税申报

房产税的纳税人应按照《房产税暂行条例》的有关规定,及时办理纳税申报,并如实填写《财产和行为税纳税申报表》及相应的税源明细表。

第二节 车船税

车船税法,是指国家制定的用以调整车船税征收与缴纳权利及义务关系的法律规范。现行车船税法的基本规范,是 2011 年 2 月 25 日第十一届全国人民代表大会常务委员会第十九次会议通过的《中华人民共和国车船税法》(以下简称《车船税法》),自 2012 年 1 月 1 日起施行。

车船税是以车船为征税对象,向拥有车船的单位和个人征收的一种税。征收车船税有利于为地方政府筹集财政资金,有利于车船的管理和合理配置,也有利于调节财富差异。

一、纳税义务人与征税范围

（一）纳税义务人

车船税是指在中华人民共和国境内的车辆、船舶（以下简称车船）的所有人或者管理人按照《车船税法》应缴纳的一种税。

在中华人民共和国境内，车船的所有人或者管理人，应当依照《车船税法》的规定缴纳车船税。

（二）征税范围

车船税的征税范围是指在中华人民共和国境内属于《车船税法》所附《车船税税目税额表》规定的车辆、船舶。车辆、船舶是指：

(1)依法应当在车船登记管理部门登记的机动车辆和船舶；

(2)依法不需要在车船登记管理部门登记、在单位内部场所行驶或者作业的机动车辆和船舶。

车船登记管理部门，是指公安、交通运输、农业、渔业、军队、武装警察部队等依法具有车船登记管理职能的部门；单位，是指依照中国法律、行政法规规定，在中国境内成立的行政机关、企业、事业单位、社会团体以及其他组织。

境内单位和个人租入外国籍船舶的，不征收车船税。境内单位和个人将船舶出租到境外的，应依法征收车船税。

经批准临时入境的外国车船和香港特别行政区、澳门特别行政区、台湾地区的车船，不征收车船税。

二、税目与税率

车船税实行定额税率。定额税率计算简便，是适宜从量计征的税种。车船税的适用税额，依照《车船税法》所附的《车船税税目税额表》（见表9-1）执行。

表9-1 车船税税目税额表

税目		计税单位	年基准税额（元）	备注
乘用车[按发动机气缸容量（排气量）分档]	1.0升(含)以下的	每辆	60～360	核定载客人数9人(含)以下
	1.0升以上至1.6升(含)的		300～540	
	1.6升以上至2.0升(含)的		360～660	
	2.0升以上至2.5升(含)的		660～1 200	
	2.5升以上至3.0升(含)的		1 200～2 400	
	3.0升以上至4.0升(含)的		2 400～3 600	
	4.0升以上的		3 600～5 400	

续表

	税目	计税单位	年基准税额(元)	备注
商用车	客车	每辆	480～1 440	核定载客人数9人(包括电车)以上
	货车	整备质量每吨	16～120	1. 包括半挂牵引车、挂车、客货两用汽车、三轮汽车和低速载货汽车等 2. 挂车按照货车税额的50%计算
其他车辆	专用作业车	整备质量每吨	16～120	不包括拖拉机
	轮式专用机械车	整备质量每吨	16～120	
摩托车	—	每辆	36～180	
船舶	机动船舶	净吨位每吨	3～6	拖船、非机动驳船分别按照机动船舶税额的50%计算;游艇的税额另行规定
	游艇	艇身长度每米	600～2 000	

车辆的具体适用税额由省、自治区、直辖市人民政府依照《车船税法》所附《车船税税目税额表》规定的税额幅度和国务院的规定确定。

船舶的具体适用税额由国务院在《车船税法》所附《车船税税目税额表》规定的税额幅度内确定。

车船税采用定额税率,即对征税的车船规定单位固定税额。车船税确定税额总的原则是:非机动车船的税负轻于机动车船;人力车的税负轻于畜力车;小吨位船舶的税负轻于大船舶。由于车辆与船舶的行驶情况不同,车船税的税额也有所不同。具体规定如下:

1. 机动船舶

机动船舶的具体适用税额为:
(1)净吨位小于或者等于200吨的,每吨3元;
(2)净吨位201～2 000吨的,每吨4元;
(3)净吨位2 001～10 000吨的,每吨5元;
(4)净吨位10 001吨及以上的,每吨6元。
拖船按照发动机功率每1千瓦折合净吨位0.67吨计算征收车船税。

2. 游艇

游艇的具体适用税额为：
(1)艇身长度不超过10米的游艇，每米600元；
(2)艇身长度超过10米但不超过18米的游艇，每米900元；
(3)艇身长度超过18米但不超过30米的游艇，每米1 300元；
(4)艇身长度超过30米的游艇，每米2 000元；
(5)辅助动力帆艇，每米600元。

游艇艇身长度是指游艇的总长。

另外，还需注意以下事项。

(1)《车船税法》及其实施条例涉及的整备质量、净吨位、艇身长度等计税单位，有尾数的一律按照含尾数的计税单位据实计算车船税应纳税额。计算得出的应纳税额小数点后超过两位的可四舍五入保留两位小数。

(2)乘用车以车辆登记管理部门核发的机动车登记证书或者行驶证书所载的排气量毫升数确定税额区间。

(3)《车船税法》及其实施条例所涉及的排气量、整备质量、核定载客人数、净吨位、功率（千瓦或马力）、艇身长度，以车船登记管理部门核发的车船登记证书或者行驶证相应项目所载数据为准。依法不需要办理登记、依法应当登记而未办理登记或者不能提供车船登记证书、行驶证的，以车船出厂合格证明或者进口凭证相应项目标注的技术参数、所载数据为准；不能提供车船出厂合格证明或者进口凭证的，由主管税务机关参照国家相关标准核定，没有国家相关标准的参照同类车船核定。

三、应纳税额的计算

纳税人按照纳税地点所在的省、自治区、直辖市人民政府确定的具体适用税额缴纳车船税。车船税由税务机关负责征收。

购置的新车船，购置当年的应纳税额自纳税义务发生的当月起按月计算。计算公式为：

$$应纳税额＝(年应纳税额÷12)×应纳税月份数$$
$$应纳税月份数＝12－纳税义务发生时间(取月份)＋1$$

在1个纳税年度内，已完税的车船被盗抢、报废、灭失的，纳税人可以凭有关管理机关出具的证明和完税证明，向纳税所在地的主管税务机关申请退还自被盗抢、报废、灭失月份起至该纳税年度终了期间的税款。

已办理退税的被盗抢车船，失而复得的，纳税人应当从公安机关出具相关证明的当月起计算缴纳车船税。

已缴纳车船税的车船在同一纳税年度内办理转让过户的，不另纳税，也不退税。

已经缴纳车船税的车船，因质量原因，车船被退回生产企业或者经销商的，纳税人可以向纳税所在地的主管税务机关申请退还自退货月份起至该纳税年度终了期间的税款。退货月份以退货发票所载日期的当月为准。

◇ **同步案例9-3**

某运输公司拥有整备质量为20吨的货车30辆,大客车20辆,小汽车2辆。适用车船税税率为:货车每吨年税额70元,大客车每辆年税额800元,小汽车每辆年税额480元。试计算该公司应纳车船税。

【解析】
(1)货车应纳税额=30×20×70=42 000(元)
(2)大客车应纳税额=20×800=16 000(元)
(3)小汽车应纳税额=2×480=960(元)
(4)全年应纳车船税额=42 000+16 000+960=58 960(元)

四、税收优惠

车船税税收优惠的相关规定主要有如下几点。
(1)捕捞、养殖渔船免征车船税。
(2)军队、武装警察部队专用的车船免征车船税。
(3)警用车船免征车船税。
(4)悬挂应急救援专用号牌的国家综合性消防救援车辆和国家综合性消防救援专用船舶免征车船税。
(5)依照法律规定应当予以免税的外国驻华使领馆、国际组织驻华代表机构及其有关人员的车船免征车船税。
(6)节能汽车减半征收车船税。
(7)新能源车船免征车船税。免征车船税的新能源汽车是指纯电动商用车、插电式(含增程式)混合动力汽车、燃料电池商用车。纯电动乘用车和燃料电池乘用车不属于车船税征税范围,对其不征车船税。
(8)省、自治区、直辖市人民政府根据当地实际情况,可以对公共交通车船、农村居民拥有并主要在农村地区使用的摩托车、三轮汽车和低速载货汽车定期减征或者免征车船税。

五、征收管理

(一)纳税期限

车船税纳税义务发生时间为取得车船所有权或者管理权的当月。以购买车船的发票或其他证明文件所载日期的当月为准。

（二）纳税地点

车船税的纳税地点为车船的登记地或者车船税扣缴义务人所在地。

扣缴义务人代收代缴车船税的,纳税地点为扣缴义务人所在地。

纳税人自行申报缴纳车船税的,纳税地点为车船登记地的主管税务机关所在地。

依法不需要办理登记的车船,纳税地点为车船的所有人或者管理人所在地。

（三）纳税申报

车船税按年申报,分月计算,一次性缴纳。纳税人应如实填写《财产和行为税纳税申报表》及相应的税源明细表。纳税年度为公历1月1日至12月31日。具体申报纳税期限由省、自治区、直辖市人民政府规定。

车船税纳税申报的有关规定如下。

（1）税务机关可以在车船管理部门、车船检验机构的办公场所集中办理车船税征收事宜。

（2）公安机关交通管理部门在办理车辆相关登记和定期检验手续时,对未提交自上次检验后各年度依法纳税或者免税证明的,不予登记,不予发放检验合格标志。

（3）海事部门、船舶检验机构在办理船舶登记和定期检验手续时,对未提交依法纳税或者免税证明,且拒绝扣缴义务人代收代缴车船税的纳税人,不予登记,不予发放检验合格标志。

（4）对于依法不需要购买机动车交通事故责任强制保险的车辆,纳税人应当向主管税务机关申报缴纳车船税。

（5）纳税人在首次购买机动车交通事故责任强制保险时缴纳车船税或者自行申报缴纳车船税的,应当提供购车发票及反映排气量、整备质量、核定载客人数等与纳税相关的信息及其相应凭证。

（6）从事机动车第三者责任强制保险业务的保险机构为机动车车船税的扣缴义务人,应当在收取保险费时依法代收车船税,并出具代收税款凭证。

◇ 本章小结

本章介绍了两种财产类税收,分别是房产税和车船税。房产税是以房屋为征税对象,按照房屋的计税余值或租金收入,向产权所有人征收的一种财产税。车船税是指在中华人民共和国境内的车辆、船舶的所有人或者管理人按照《车船税法》应缴纳的一种税。两个税种的税制要素和应纳税额的计算是本章需要学习的要点。同学们学习本章后,应了解我国现行房产税的征税方法,知悉房产税在上海、重庆两地改革试点的现状,以及掌握房产税与车船税应纳税额的正确计算。

◇ **本章思考题**

1. 假如恢复对个人所有的非营业性住房征收房产税,将会产生哪些影响?
2. 车船税具有哪些特点?

参考文献

[1] 财政部会计财务评价中心.经济法基础[M].北京:经济科学出版社,2023.

[2] 蔡昌.税务教学案例精选[M].北京:中国财政经济出版社,2022.

[3] 陈晨.国家税务总局发布 2022 年税收数据 超 4.2 万亿元税费"红包"惠及市场主体[N].光明日报,2023-02-01(10).

[4] 姜慧梓.财政部:约七成小微企业和个体工商户无须缴税[EB/OL].(2023-09-07)[2023-12-15]. https://baijiahao.baidu.com/s?id=1776373815206727276&wfr=spider&for=pc.

[5] 李斐.证券交易印花税减半征收[J].国企管理,2023(09):54-55+8.

[6] 梁文涛.税法[M].北京:中国人民大学出版社,2023.

[7] 刘剑文.财税法——原理、案例与材料[M].北京:北京大学出版社,2022.

[8] 刘剑文,熊伟.财政税收法[M].北京:法律出版社,2019.

[9] 刘金涛.案例中的《税收征收管理法》[M].北京:中国财政经济出版社,2023.

[10] 刘颖.2023 年注册会计师考试应试指导及全真模拟测试——税法[M].北京:北京科学技术出版社,2023.

[11] 马海涛.中国税制[M].北京:中国人民大学出版社,2022.

[12] 全国税务师职业资格考试教材编写组.税法(Ⅰ)[M].北京:中国税务出版社,2023.

[13] 全国税务师职业资格考试教材编写组.税法(Ⅱ)[M].北京:中国税务出版社,2023.

[14] 王君星.守正创新,深化改革,奋力推进新征程税收现代化[N].中国税务报,2023-01-16(1).

[15] 王玉娟,田春红.税法与纳税实务[M].北京:中国人民大学出版社,2023.

[16] 《新中国税收 70 年》编写组.新中国税收 70 年[M].北京:中国税务出版社,2020.

[17] 杨子琪.中国房产税改革的进展、困境与破解路径[J].中国市场,2023(33):5-8.

[18] 曾金华.2024 年 1 月 1 日起,我国调整部分商品进出口关税——持续发挥进出口对经济支撑作用[EB/OL].(2023-12-24)[2024-01-15]. https://www.gov.cn/yaowen/liebiao/202312/content_6922117.htm.

[19] 张莹.税收理论与实务[M].北京:中国人民大学出版社,2021.

[20] 赵建华.国家税务总局:"多税种共治"的绿色税制发力[EB/OL].(2024-01-18)[2024-01-30]. https://baijiahao.baidu.com/s?id=1788417580938226569&wfr=spider&for=pc.

[21] 中国注册会计师协会.会计[M].北京:中国财政经济出版社,2023.
[22] 中国注册会计师协会.税法[M].北京:中国财政经济出版社,2023.
[23] 《中华人民共和国现行税收法规及优惠政策解读》编委会.中华人民共和国现行税收法规及优惠政策解读[M].上海:立信会计出版社,2023.

与本书配套的二维码资源使用说明

本书部分课程及与纸质教材配套数字资源以二维码链接的形式呈现。利用手机微信扫码成功后提示微信登录,授权后进入注册页面,填写注册信息。按照提示输入手机号码,点击获取手机验证码,稍等片刻就会收到4位数的验证码短信,在提示位置输入验证码成功后,再设置密码,选择相应专业,点击"立即注册",注册成功(若手机已经注册,则在"注册"页面底部选择"已有账号?立即登录",进入"账号绑定"页面,直接输入手机号和密码登录)。接着按照提示输入学习码,须刮开教材封面防伪涂层,输入13位学习码(正版图书拥有的一次性使用学习码),输入正确后提示绑定成功,即可查看二维码数字资源。手机第一次登录查看资源成功以后,再次使用二维码资源时,在微信端扫码即可登录进入查看。